Johann Hubert Kessel

Der selige Gerrich, Stifter der Abtei Gerresheim

ein Beitrag zur Gründungsgeschichte des Christenthums im Bergischen Lande

Johann Hubert Kessel

Der selige Gerrich, Stifter der Abtei Gerresheim
ein Beitrag zur Gründungsgeschichte des Christenthums im Bergischen Lande

ISBN/EAN: 9783743627079

Hergestellt in Europa, USA, Kanada, Australien, Japan

Cover: Foto ©ninafisch / pixelio.de

Weitere Bücher finden Sie auf **www.hansebooks.com**

Der selige Gerrich

Stifter der Abtei Gerresheim.

Ein Beitrag
zur Gründungsgeschichte des Christenthums
im Bergischen Lande.

Quellenmäßig dargestellt
von
Johann Hubert Kessel,
Doctor der Theologie und Canonicus der Stiftskirche zu Aachen.

Düsseldorf
L. Schwann'sche Verlagshandlung
1877.

Das Grabmal des sel. Gerricus
in der ehemaligen Stiftskirche zu Gerresheim.

Der selige Gerrich

Stifter der Abtei Gerresheim.

Ein Beitrag
zur Gründungsgeschichte des Christenthums
im Bergischen Lande.

Quellenmäßig dargestellt

von

Johann Hubert Kessel,

Doctor der Theologie und Canonicus der Stiftskirche zu Aachen.

Düsseldorf
L. Schwann'sche Verlagshandlung
1877.

Imprimi permittitur.

Coloniae d. 14. m. Junii 1875.

Vicarius Archiepiscopi in Spiritual. Gen.
BAUDRI.

Vorwort.

Je mehr in unseren Tagen die Entchristlichung der menschlichen Gesellschaft zunimmt, je mehr der Indifferentismus und der Unglaube sich breit machen und selbst in die Schichten des Volkes eindringen, um so allgemeiner und gebieterischer tritt das Bedürfniß hervor, die Vergangenheit in ihren glücklichen und unglücklichen Tagen dem Bewußtsein des gläubigen Volkes näher zu bringen; denn die Geschichte gibt uns wirksame und erprobte Mittel zur Heilung der zahlreichen Schäden der Gegenwart an die Hand und sie weiß mit einer gewissen Sicherheit den Muth und das Gottvertrauen der Menschen unter allen Stürmen und Verfolgungen zu erfrischen und zu stärken. Es ist darum mehr als reiner Zufall, es ist ein Zeichen der Zeit, daß die verschiedenen Fächer der Kirchengeschichte dermalen nicht bloß für Theologen, sondern für Gebildete aller Klassen und Stände quellenmäßig und mit großem Fleiße bearbeitet werden, und zwar zu dem bestimmten Zwecke, das Interesse und Verständniß für die Kirche und ihre unermeßlichen Verdienste um die Bildung und Wohlfahrt der Menschheit anzuregen und zugleich die Erfahrungen der verflossenen Jahrhunderte für die Gestaltung der Gegenwart auszubeuten und zu verwerthen. Bei diesen wissenschaftlichen Bestrebungen ist es namentlich eine Parthie der kirchengeschichtlichen Litteratur, welche gegenwärtig mit großer Vorliebe gepflegt wird, ich meine die Monographien der Glaubensboten und Begründer der Kirchen in den verschiedenen Gauen unseres deutschen Vaterlandes. Es ist dies eine erfreuliche und trostreiche Erscheinung, und zwar um so mehr, weil den Bemühungen im Allgemeinen ein recht günstiger Erfolg entspricht, da diese Schriften,

wenn sie nur den billigen Anforderungen der historischen
Kritik und des gesunden Geschmacks genügen, gern und
mit Beifall aufgenommen und gelesen werden. Diese Thatsache liefert den Beweis, daß das religiöse Bewußtsein des
christlichen Volkes durch die perfiden und gewaltthätigen
Angriffe des modernen Liberalismus, dem alle Pietät
gegen das Heilige und Religiöse geschwunden zu sein scheint,
nicht erschüttert, sondern vielmehr geweckt und gestärkt
wird. Der Nutzen aber, den die genannten Schriften
stiften, ist vielfacher Art; ich erwähne nur Folgendes:

Das größte Gut der Menschheit ist das Christenthum,
und daher sind wir allen, welche mitgewirkt haben, daß
dasselbe unseren Vorfahren und durch diese uns selbst zu
Theil geworden ist, zum größten Danke verpflichtet. An
diese Schuld werden wir durch die in Rede stehenden
Arbeiten erinnert; wir lernen nämlich unsere größten
Wohlthäter im Lichte historischer Quellen kennen, dieselben
treten gewissermaßen als wiedererstandene Verkündiger der
christlichen Heilswahrheit vor unseren Augen auf, wir
sehen ihre Mühen, Beschwerden und Opfer, denen sie sich
um unserentwillen freiwillig unterzogen haben. Welcher
Christ kann bei Betrachtung ihres Glaubenseifers gefühllos
bleiben? Welches Herz, das für Christus und die Kirche
schlägt, ergießt sich nicht in Anerkennung und Dank gegen
dieselben?

Ein anderer Hauptnutzen, den die bezeichneten Schriften
gewähren, ist patriotischer Natur. Durch die Belehrung
nämlich, welche sie in localgeschichtlicher Beziehung bieten,
halten sie bei Vielen das Interesse am heimathlichen Boden
wach, begeistern für das Glück der glaubensfreudigen Vergangenheit und erwärmen manches starre Gemüth mit
der Gluth des heiligen Feuergeistes, der aus den Thaten
der frommen Voreltern sprüht. Ist aber von diesen um
die Einführung und Befestigung des Christenthums in unserer Heimath hochverdienten Männern bisher nur wenig
bekannt gewesen, mußte sogar ein ungenießbares Legenden-
buch die Stelle der historischen Quellen vertreten, und dieses
ist in den deutschen Diözesen noch bei manchen der Fall,

dann ist es nicht bloß als ein löbliches Unternehmen, sondern als eine heilige Pflicht christlicher Gelehrten zu bezeichnen, daß sie mit der Leuchte gründlicher Wissenschaft und Kritik in das Dunkel der Vorzeit einbringen und den geschichtlichen Nachrichten über jene Männer nachspüren; denn ihnen liegt es zunächst und berufsmäßig ob, Alles was zum Heiligthum der christlichen Religion und der Kirche gehört, nach Entstehung und Entwicklung historisch wahr und sprachlich klar darzustellen. Dabei aber ist und bleibt es immerhin besser, das Lebensbild einer solchen Persönlichkeit in wenigen, aber historisch zuverlässigen Zügen zu entwerfen, als demselben eine mit ungenießbaren Legenden und Volkssagen ausgeschmückte Staffage zu geben, die doch vor dem Kennerblick sich als hinfälliges Blumenwerk erweist. Dadurch will ich den Werth ächter Legenden nicht verkleineren oder verdächtigen, aber Thatsache ist es, daß Legenden, Sagen und Märchen von vielen Schriftstellern unterschiedslos durch einander gemengt werden. Die Zeiten sind vorbei, wo man glaubte, den Heiligen der katholischen Kirche (und die in Rede stehenden Personen zählen meistens darunter) in Beziehung auf die Darstellung ihrer Lebensgeschichte durch wohlfeiles Auflesen und Zusammenstellen von allerlei Legenden und Sagen gerecht zu werden; die historische Wahrheit ist zu ermitteln und heute, wo die Quellen der Geschichte fast überall gesammelt und bereitwillig erschlossen werden, forscht der fleißige und gründliche Gelehrte selten umsonst; findet er auch nicht die volle Wahrheit, dann findet er doch wenigstens Körner derselben. Haben die bezeichneten, um die Civilisation und Beglückung der Menschheit hochverdienten Männer wirklich existirt und gewirkt, was die Tradition von ihnen sagt, dann können auch ihre Spuren im Wechsel der Dinge unmöglich ganz verwischt sein; dafür stand im Mittelalter und bis zu unseren Tagen herab Christenthum, Kirche und Alles, was damit zusammenhängt, im Ansehen viel zu hoch.

Ein solcher hochverdiente Mann ist der selige Gerrich, Stifter der im Bergischen Lande gelegenen Abtei Gerresheim, eine Perle des fränkischen Ritterstandes im IX. Jahr-

hundert. An der Befestigung des Christenthums daselbst
und an der Verbreitung von deſſen Segnungen hat er
namhaften Antheil, durch die Heiligkeit ſeines Lebens
ſtrahlt er unter den Genoſſen ſeines Standes wie ein hell-
leuchtender Stern hervor. Die von ihm geſtiftete Abtei
iſt im Anfange dieſes Jahrhunderts bei der allgemeinen
Aufhebung der Klöſter und klöſterlichen Inſtitute untergegangen; aber auch auf des Stifters Andenken und Namen
ſcheint die Säcularisation ihre verſengende Kraft ausgeübt
zu haben; denn die Verehrung deſſelben als Seligen, die
Jahrhunderte lang mit der heiligen Stätte verknüpft war,
erſcheint ſeitdem wie erſtorben; ſelbſt die Reliquien deſſelben ſind vergeſſen und gleich gewöhnlichen Todtengebeinen
unbeachtet geblieben. Die Säcularisation ſeiner Güter
mögen diejenigen verantworten, denen Bereicherung mit
Kirchengut als Vortheil und Gewinn erſcheint; die Säcu-
lariſation ſeines Namens aber iſt ein Unrecht, das wir Katholiken wieder gut zu machen haben. In dem Beſtreben,
das Andenken dieſes Mannes zu erneuern, habe ich es ver-
ſucht, das Leben und Wirken deſſelben nach allen Seiten, welche
die vorfindlichen Quellen eröffnen, kritiſch-hiſtoriſch dar-
zuſtellen und damit zugleich für die Gründungsgeſchichte
der katholiſchen Kirche im Bergiſchen Lande einen Beitrag
zu liefern. Die Quellen, die ich benutzt habe, ſind überall
angeführt, ich hielt mich daher auch aller Polemik gegen
Schriftſteller, die des Seligen in antikatholiſchem Geiſte
und wegwerfend gedenken[1]), überhoben. Trotz der Mühe,
die zur Herbeiſchaffung und Sichtung des Quellenmaterials
und Verarbeitung deſſelben zu einem organiſchen Ganzen
nöthig war, gewährte es mir ein ſüßes Wonnegefühl, mich
aus der gährenden, dem Chriſtenthum vielfach abgeneigten
Gegenwart in die ruhige und glaubensfreudige Vergangenheit zu verſetzen, mich zu flüchten zu dem einfachen
und natürlichen Leben unſerer chriſtkatholiſchen Vorfahren,
in jene Zeit, wo der Glaubensſtrom noch lebendig fluthete
und der chriſtliche Liebesquell noch reichlich aus den Herzen

---

1) Z. B. A. Fahne, die Fahnenburg, Düſſeldorf 1873, S. 11.

floß. Mit Wonne athmen wir ja den erfrischenden Hauch der christlichen Einfalt und der heiligen Ruhe, der aus dem Leben unserer Väter herüberweht. Daher hoffe ich auch, meinen Landsleuten im Bergischen in dieser Schrift eine nicht unwillkommene Gabe zu bieten.

Zum Schlusse bemerke ich, daß diese Schrift schon vor mehreren Jahren ausgearbeitet worden; die Verzögerung ihrer Veröffentlichung lag in den traurigen Zeitverhältnissen.

Aachen, den 1. Juni 1877.

Der Verfasser.

Inhaltsverzeichniß.

Erstes Kapitel.

Das Bergische Land im ersten Jahrtausend nach Christus, besonders in Beziehung auf die Einführung und Befestigung des Christenthums.

Nachdem die Macht der Römer am Niederrhein vernichtet war, setzten sich die Franken in den Besitz ihrer Herrschaft. Weil dieselben auf beiden Ufern des Rheines zwischen den Grenzpunkten des alten Ubierlandes ihre bleibenden Wohnsitze aufschlugen, wurden sie Ripuarier (Uferbewohner) genannt zum Unterschiede von den salischen Franken, welche in der Diözese Lüttich, in Brabant und an der Yssel wohnten. Die Franken waren kein Einzelvolk, sondern ein Völkercomplex, der sich im dritten Jahrhundert zu dem Zwecke gebildet hatte, um dem Vordringen der Römer in Deutschland entgegen zu treten; es waren[1] die Sigambern, Chamaver, Tubanten, Attuarier, Bructerer, Chatten u. a. Uebrigens standen diese Völkerschaften deßhalb unter sich doch in keinem engeren Verbande, was schon aus ihrer gegenseitigen offenen Bekriegung hervorgeht; sie waren selbstständige, auf eigene Faust kriegende Stämme, weßhalb sie auch den Namen Franken führten.[2] Unter diesen bewohnten die Bructerer schon im vierten Jahrhundert das Gebiet, welches späterhin die Grafschaften Mark und Berg umfaßten. Dafür gibt Gregor von Tours

---

1) Vergl. Grimm, Geschichte der deutschen Sprache. Bd. I S. 368. Waitz, deutsche Verfassungsgeschichte, Bd. II S. 10.
2) Ledebur, Land und Volk der Bructerer. S. 39.

in seiner Geschichte der Franken ein eclatantes Zeugniß.
Arbogast, ein von Marcomer und Sunno aus seiner
Heimath vertriebener Franke, verband sich nämlich mit den
Römern und bat den Kaiser Valentinian II., die Aus-
lieferung der ihm feindlichen Fürsten zu verlangen. Als
er dieses nicht durchzusetzen vermochte, zog er im Jahre 389
mit einem, auf eigene Faust gerüsteten römischen Heere
zu Köln über den Rhein, um an seinen Landsleuten Rache
zu nehmen. Hier stieß er, wie Gregor sagt, zuerst auf
die dem Rheine zunächst wohnenden Bructerer.[1]) Er ver-
wüstete ihr Gebiet und drang vor bis in den Gau der
Chamaver[2]), aber es stellte sich ihm kein Feind entgegen;
nur auf den fernen Höhenzügen zeigte sich eine Schaar
Ampsivarier (zwischen Oberruhr und Emscher) und Chatten.
In der Lobrede des Eumenius auf Constantin wird von
der Brücke, die dieser bei Köln gebaut, gesprochen und
gesagt, sie sei ein Gegenstand des Aergers für den Rest
des niedergeworfenen Bructerervolkes.[3]) Auch hier ist
offenbar das Bergische Land als damaliger Wohnsitz der

---

1) Gregorii Turon. hist. Franc lib. II. c. 9. Bricteros ripae
proximos. Dieser Ausdruck ist jedoch nicht wörtlich zu nehmen;
jedenfalls wohnten sie nicht bis an den Rhein. Das Land zwischen
Rhein und dem der Stadt Köln gegenüberliegenden Vorgebirge wurde
wahrscheinlich, soweit es die langhingestreckten Sümpfe und Moräste
zuließen, von den Ubiern und Römern bewohnt. Darauf weisen
offenbar die römischen Kalk- und Steingruben bei Dünwald und
Gladbach hin, ferner die verschiedenen Ortsnamen, die an die Römer
erinnern, Romaney, aufm Rom, Römerscheid u. s. w.; auch erwähnt
Gelenius einer Votivara, die zu Burg im Dünthale gefunden wurde.
Nimmermehr würden die Ubier und Römer es geduldet haben, daß
ihre geschwornen Feinde, die Deutschen, bis an den Rhein, Köln
unmittelbar gegenüber, ihre Herrschaft ausgedehnt hätten; auch würden
event. die römischen Schriftsteller, die uns doch sonst über die Ubier
reichliche Nachrichten bringen, dies nicht verschwiegen haben. Vielleicht
bildeten die noch erkennbaren alten Grenzwehren des genannten Vor-
gebirges die Markscheide.
2) Der später in Urkunden vielgenannte Gau Hamaland
erinnert an ihre Wohnsitze.
3) Insuper etiam Agrippinensi ponte faciundo reliquiis adflictae
gentis insultas; cf. Duodecim panegyrici veteres, ed. Jaeger 1779
cap. 13.

Bructerer gemeint, nur ist uns über die vom Kaiser Constantin den Bructerern beigebrachte Niederlage, die nach
den Worten des Panegyrikers fast einer Vernichtung
ähnlich sah, wenig bekannt. Wann und unter welchen
Umständen sich dieselben zuerst ins Bergische verbreitet
haben, ist schwer zu bestimmen. Im Allgemeinen kann
nur die Zeit von Tiberius bis Arbogast angegeben werden;
denn die römischen Schriftsteller berichten, daß seit jener
Zeit, wo der Kaiser Tiberius 40,000 Germanen, meistens
Sigambern, auf das linke Rheinufer und in gallische
Städte verpflanzte, ein Theil der Bructerer nördlich der
Lippe in Folge ihrer fortwährenden Kämpfe mit den
Angrivariern aus dem dortigen Gebiete ausgewandert sei[1]
und südlich der Lippe bis zur Ruhr ihre Wohnsitze genommen habe.[2] Hieraus erhellt zugleich, daß sie sich von
der Mark aus ins Bergische verbreitet haben. Durch die
erwähnte Auswanderung der Bructerer scheint auch die
von den alten Schriftstellern berichtete Eintheilung derselben in große und kleine entstanden zu sein; die großen
Bructerer wohnten nördlich der Lippe, die kleinern südlich
derselben.

Hier blieben dieselben ungestört wohnen, wenn sie
auch mit den Römern noch manchen Strauß zu bestehen
hatten. Je mehr aber das römische Reich seinem Zerfalle
entgegen ging, desto mehr schwächten sich die nationalen
Gegensätze zwischen Römern und Franken ab, zumal neue
Feinde auf den Schauplatz der Geschichte traten, die mit
aller Energie zu bekämpfen beide ein gleiches Interesse
hatten; es waren die wilden Vandalen, Alanen und
Sueven. Soweit kam es, daß die rheinischen Römer sich
Glück dazu wünschten, an den kräftigen und kriegsgewohnten
Franken Beschützer ihrer Familie und ihres Eigenthums
zu finden. So aber zeigte die römische Herrschaft selbst,
daß sie alt und morsch geworden. Im Jahre 456 zogen
endlich die Franken in Köln ein und erhoben die Stadt

---

1) Tacit. Germ. c. 33.
2) Sueton. Aug. c. 21; Tib. c. 9. Tacit. A. lib. II c. 26.

zur Hauptstadt des schon lange bestandenen ripuarischen Frankenreichs.[1])

Der District der kleinen Bructerer, der von der Lippe bis zur Ruhr reichte, wurde am Schlusse des siebenten Jahrhunderts von den Altsachsen eingenommen, nachdem der Kern des Volkes zum größten Theile niedergemacht worden war; aber der Name Vorthergau, Brictcrergau u. s. w. ist der Gegend nichtsbestoweniger verblieben.[2]) Daß auch ein großer Theil des Bergischen durch diese Invasion der Sachsen gelitten hat, kann keinem Zweifel unterliegen, da die Bergischen Bructerer mit den Ruhr-Lippischen eines Stammes waren und diese ihren Genossen bei der Vertheidigung gewiß werden geholfen haben; aber sicher ist es, daß sie aus ihrem Gebiete nicht verdrängt worden sind. Eine überraschende Bestätigung das Gesagten finden wir im Leben des h. Suidbert von Pseudo-Marzellin[3]), welches berichtet, daß die Sachsen Ratingen, einen Hauptort im Bructerergebiete, um jene Zeit zerstört hätten. Zwar findet sich bei diesem Schriftsteller Manches, was unrichtig ist und in eine weit spätere Zeit fällt, doch haben wir keinen Grund, auch diese Nachricht zu verdächtigen, da sie im Zusammenhange der Begebenheiten durchaus glaublich erscheint und im nahen Canonichenstifte zu Kaiserswerth, wo die Schrift zweifelsohne entstanden ist, wohl erhalten bleiben konnte. Da aber seit jener Zeit

---

1) Gesta Francorum bei Bouquet II. 546.

2) Lacomblet, U. B. I. 38, 48, 109 u. s. w. Ausführlicher werde ich die Geschichte der Bructerer in meinem Werke über die Stadt Ratingen behandeln.

3) Vita S. Suitberti episcopi Werdensis c. 22. Auch Ledebur l. c. S. 280 und H. Middendorf, die Wohnsitze der Bructerer S. 51 u. A. nehmen diese Nachricht als eine historisch beglaubigte an. Uebrigens möchte ich dieses Werk nicht in Bausch und Bogen verwerfen, wie es gewöhnlich geschieht, obgleich ich anerkenne, daß es von Unrichtigkeiten bezüglich der Geschichte und Geographie strotzt. Es ist ohne allen Zweifel ein apocryphes Machwerk späterer Zeit, etwa des XI. Jahrhunderts, aber gleichwohl birgt es manche ächte Notizen, die auch vom Geschichtschreiber Berücksichtigung verdienen, wo die Wahrheit des Erzählten aus dem Zusammenhange der Thatsachen oder anderswie sich ergibt.

das Volk der Bructerer gewissermaßen vom Schauplatze der Geschichte verschwindet, so scheint es, daß die Bergischen Bructerer mit den anderen Franken[1]) in allen wichtigen Fragen gemeinschaftliche Sache gemacht, auf ihre nationale Selbstständigkeit oder Besonderheit kein weiteres Gewicht gelegt, wenigstens dieserhalb politische Ansprüche nie mehr erhoben haben, die sie ohnehin wegen der, fast einer Vernichtung gleichkommenden Schwächung ihrer Kräfte nicht hätten geltend machen können. Daher mag es auch kommen, daß die Gegend zwischen Lippe und Ruhr, auch nachdem die Sachsen dieselben ganz in Besitz genommen hatten, vorzugsweise den Namen Bructerergau behielt, während im Bergischen, wie wir später sehen werden, sowohl der Name wie das Andenken des Bructerischen Volksstammes sich fast bis zur Unkenntlichkeit verdunkelt hat.

Gehen wir jetzt zur Schilderung der religiösen Verhältnisse unter den Bructerern über. Wenn auch Chlodwig und mit ihm eine große Schaar Franken zu Zülpich[2]) im Jahre 496 das Christenthum angenommen haben, so blieb doch der größte Theil derselben noch im Heidenthum. Dies gilt auch von den Bructerern und den südlippischen Sigambern. Es scheint aber, daß hier von Seiten der Metropole Kölns und des Stiftes Xanten eifrige Versuche gemacht worden sind, das Christenthum zu verbreiten. Ein wichtiges Anzeichen dafür liegt in den Patrozinien verschiedener dortiger Kirchen. Die ehemaligen uralten Kirchen zu Wenden, Calle, Esbeck, Camen, Swese in der Soester Börde, Scheda u. a., die leider jetzt fast alle protestantisch sind, waren dem h. Severin, Bischof von Köln, geweiht; ebenso zählt der h. Cunibert in jenen Districten manche

---

1) Schon der Geograph von Ravenna (VI. Jahrhundert) spricht nur von Rheinfranken auf beiden Seiten des Rheines und sagt, daß sich ihr Gebiet von Mainz bis Fletio (Vleuten bei Utrecht) erstreckt habe. (Vergl. die Ausgabe von Gronov im Anhange zu Pomponius Mela.)

2) Die gegen den Ort der Entscheidungsschlacht zu Tolbiacum (Zülpich) erhobenen Zweifel sind längst gründlich widerlegt. Vergl. Sugenheim, Geschichte des deutschen Volkes und seiner Cultur. Leipzig 1866. 1. Bd. S. 188.

auf seinen Namen geweihte Kirchen, z. B. Büderich bei
Werl, Hünsborn bei Werden u. s. w. Der Leib des h.
Cunibert hat längere Zeit in der von ihm als Eigen
besessenen Stadt Soest geruht, wurde aber später nach
Köln zurückgebracht und hier in der St. Clemenskirche
(jetzt Pfarrkirche zum h. Cunibert) beigesetzt.[1]) Daß auch
das Xantener Stift sich an der Christianisirung dieser
Districte betheiligt habe, ist theils aus der hervorragenden
Stellung desselben in der Diözese Köln, die es vielleicht
schon in der römischen Zeit besaß, theils aus der Thatsache
abzunehmen, daß der Probst dieses Stiftes seit dem elsten
Jahrhundert Archidiacon der Duisburger Decanie war.
Die Annahme, daß der kölnische Erzbischof ihm das Amt
eines Archidiacon (er bekleidete es auch in den Decanien
Xanten, Zephlik, Süchteln, also in weitem Umkreise um
Xanten) zufällig und ohne erworbenes Verdienst übertragen habe, entspricht nicht der hierarchischen Ordnung
der alten Zeit, die Alles soweit als möglich auf traditionelles
Recht basirte. Die Archidiaconen von Xanten und Bonn
betrachteten sich stets als die Amtsnachfolger der an diesen
alten Römer-Castellen ehedem fungirenden Chorbischöfen[2]),

1) Kampschulte, Die westfälischen Kirchenpatronien S. 141.
2) Es ist hier zwar nicht der Ort, die schwierige Frage über
die Chorepiscopate von Xanten und Bonn zur vollständigen Erörte-
rung zu bringen, aber der Zusammenhang erheischt es, wenigstens
zwei Punkte näher zu bestimmen. 1) Wie erweist sich die Con-
tinuität der Archidiaconate von Xanten und Bonn mit den ehemaligen
Chorepiscopaten dieser Orte? Diese erweist sich urkundlich; denn
schon im 7. Jahrhundert erscheint im Trierischen der Archidiaconat
mit der chorbischöflichen Würde vereinigt (cf. Beyer, Urk.-B. II.
S. CXXXIII.) und bei Lacomblet, U. B. I. 299 heißt es: Ecke-
bertus, maioris ecclesie decanus et Bunnensis chorepiscopatus curam
gerens. Die Urkunde datirt aus dem Jahre 1124. 2) Wann und
warum sind diese Chorepiscopate eingegangen? Weil die Diözesan-
bischöfe in ihren Bisthümern, nachdem dieselben eine feste Begrenzung
erhalten hatten (dies war ungefähr ums Jahr 800 der Fall), andere
Bischöfe mit bischöflichen Rechten und selbstständigen Functionen nicht
dulden wollten. Daher begann auch gerade um jene Zeit der Sturm
gegen die Chorbischöfe; Karl der Gr. scheint sie indeß geschützt zu
haben. Caroli M. opp. ed. Migne I. 510. Hefele, Conciliengeschichte
III. S. 694.

die, freilich in steter Unterordnung unter den kölnischen
Diözesanbischof, im Norden und Süden des alten Ubier-
gebietes die Christianisirung des Volkes begründet haben.
Als daher im Jahre 1138 die genannten Pröbste dem
von St. Gereon den Vorrang streitig machten, da beriefen
sie sich unter Anderem darauf, daß sie Vorsteher von
jenen Kirchen wären, mit welchen Archidiaconate seit ihrer
Gründung verbunden seien.[1] Dies ist freilich an sich
unrichtig, da die Archidiaconate in der kölnischen Diöze
erst im elften Jahrhundert aufgekommen sind,[2] aber es
war damals allgemeine Sitte, die Archidiaconate mit den
ehemaligen Chorepiscopaten zu identifiziren.[3] Im Bewußtsein dieses seines alten Rechtes nennt sich daher im Jahre
1130 Probst Gottfried von Xanten: Gottfried, durch Gottes
Gnade Archidiacon der h. Kirche zu Xanten.[4] Die Frage
aber, welche Kirchen zwischen Lippe und Ruhr ursprünglich
von Xanten aus gestiftet worden, ist heutzutage schwer zu
beantworten, da jener District bis zum Anfange des achten
Jahrhunderts vielen Wechselfällen und Verwüstungen heidnischer Völker, namentlich der Sachsen, ausgesetzt war, und
die bezüglichen Documente verloren gegangen sind. Hier
können daher nur mehr oder minder wahrscheinliche Vermuthungen Platz greifen. Zu solchen, von Xanten direct
oder indirect gestifteten Kirchen zählen wir: 1) Walsum
(ehedem Walsheim); die Kirche[5] ist dem h. Dionysius
geweiht, das Kapitel zu Xanten war ursprünglich, später
der Comthur des Johanniter-Ordens zu Köln Collator.

---

1) Hartzheim, Concil. Germ. III. p. 388.

2) Binterim, Denkwürdigkeiten, Bd. I. 1. S. 413. Der Lüt-
ticher Dombechant Wazo sagt in einer Schrift des Jahres 1042:
Chorepiscopos et Archidiaconos removit ecclesia, unde his caret
in praesens Metropolis Colonia et tota provincia.

3) Lacomblet, U. B. I. 203, 272, 288, 299, 307.

4) Binterim und Mooren, alte Erzdiöze III. S. 103. Rechtmäßig hätte er sich Archidiacon der kölnischen Kirchen nennen müssen.
Der erste Probst von Xanten kommt, soviel mir bekannt ist, im Jahre
864 vor. Annal. Xant. bei Pertz, Monum. Germ. II. p. 219 und 231.

5) Binterim und Mooren l. c. I. 272; II. 13.

2) Halen; diese Kirche[1]) war dem h. Petrus geweiht und besaß das Kapitel zu Xanten das Collationsrecht über dieselbe. 3) Repelen[2]); diese Kirche war dem h. Martin geweiht, Collator desselben war nachweislich seit 1176 der Probst von Xanten. In diesem Jahre wurde die Kirche, die dem Stifte entzogen gewesen zu sein scheint, demselben durch Erzbischof Philipp von Heinsberg zurückgegeben und der Kellnerei desselben incorporirt. Ob die Kirchen zu Schwerte und Dorsten[3]), die dem Xantener Stift durch eine Cappenberger Edelfrau, Namens Reinmod, im Jahre 1032 geschenkt worden und die auf den Namen des h. Victor geweiht sind, in alten Beziehungen zu Xanten standen, ist nicht mehr zu ermitteln.

Zur Christianisirung der süblippischen Districte haben aber auch die fränkischen Herrscher, namentlich Dagobert, mitgewirkt. Sie suchten ihr Reichsgebiet immer weiter auszudehnen und daher der fortwährende Kampf derselben

---

1) Binterim und Mooren l. c. II, 15 und Localnachrichten. Manien zu Halen nebst andern zum Haupthofe Friemersheim im Kreise Crefeld gehörigen schenkte Karl der Gr. dem Bischofe Hildigrim, dieser aber dem Kloster des h. Liudger zu Werden. Lacomblet, Archiv II Bd. S. 218. Die Kirche zu Halen wurde vor 300 Jahren vom Rheine verschlungen; bei niedrigem Wasserstande sind die Trümmer noch zu sehen. Dieselbe diente in letzter Zeit nicht bloß den Einwohnern von Halen und Homberg, sondern auch denen von Neuenkamp und Ruhrort zum Gotteshause.

2) Binterim und Mooren l. c. I, 274; II, 16 und Notizen jüngeren Datums. Die beiden zuletzt genannten Kirchen lagen früher auf der rechten Rheinseite oder auf einem großen Werth. Es ist ausgemacht, sagt Binterim (l. c. I. S. 271), daß der ganze Strich, den wir Duisburger Decanat nennen, einst auf dem rechten Rheinufer lag. Noch jetzt ist im Linner Felde zwischen Bokum und Crefeld das alte Rheinbett deutlich erkennbar. Wann der Rhein seine jetzige Richtung genommen hat oder jener Arm versandet ist, entzieht sich aus Mangel historischer Beweise der näheren Bestimmung, aber sicher in vorurkundlicher Zeit und ohne Zweifel nach der Bildung der Decanien. Da aber letztere bis in die fränkische Zeit zurückreichen, so haben wir hier ein bemerkenswerthes Zeugniß für das Chorepiscopat von Xanten aus ältester Zeit.

3) Tibus, Gründungsgeschichte der Stifter, Pfarrkirchen und Klöster im alten Bisthum Münster 1. Bd. S. 764.

mit ben angrenzenden Sachsen, ein Kampf, der sich seit[1]) Chlotar I. bis auf Karl ben Gr. mit kurzen Unterbrechungen fortspinnt. Wie das Chronicon Moissiac. verbürgt,[2]) waren die Sachsen in der Gegend von Soest schon dem Könige Dagobert, Sigeberts Sohne, tributpflichtig. Dagobert schenkte seine Besitzungen daselbst ums Jahr 633 dem Erzbischofe Cunibert von Köln zu Eigen.[3]) Doch den schwersten Kampf führten die Franken mit den Sachsen, wie bereits erwähnt, im Jahre 695. Vornehmlich nördlich der Lippe wurde derselbe ausgekämpft; er scheint einer der blutigsten gewesen zu sein, welche die Weltgeschichte kennt. Die Bructerer, auf die es von den Sachsen, besonders abgesehen war, erlitten dabei eine furchtbare Niederlage, indem sie von der Uebermacht derselben fast erdrückt wurden. Das ganze Volk spielt seitdem in der Geschichte keine Rolle mehr. Bereits hatte der h. Suidbert, wie uns Beda berichtet[4]), unter denselben zwei Jahre lang missionirt und zwar mit dem besten Erfolge.[5]) Die Niederlage der Bructerer setzte seiner dortigen Wirksamkeit ein Ziel. Mit den von ihm Bekehrten floh er zu

---

1) Gregor, Turon. lib. IV. cap. 10.
2) Pertz, Monume Germ. I. p. 287.
3) Wigand, Archiv II. S. 232.
4) Der h. Suidbert hat seine Missionsthätigkeit unter den Bructerern zuerst im Jahre 693 angefangen. Nach dem Tode des Bischofs Theodor von Kent wurde zu dessen Nachfolger Berechtwald im Jahre 692 erwählt, und während dieser in Frankreich war, um sich zum Bischof weihen zu lassen, empfing Suidbert, den seine britischen Gefährten zu ihrem Bischof gewählt hatten, von Bischof Wilfrid von York die bischöfliche Weihe. Hierauf verließ er England und ging nicht lange nachher zum Volke der Bructerer. So berichtet Beda, der uns hier zur Quelle dient, Hist. eccles. gentis Anglorum lib. V. cap. 12. Unrichtig ist offenbar die Angabe Pseudo-Marzellinus, der l. c. cap. 19 angibt, der h. Suidbert sei erst im Jahre 705 ins Bructererland gekommen. Uebrigens ist die Wirksamkeit des Heiligen nördlich der Lippe bisher fast in keinem geschichtlichen Werke berücksichtigt worden; weil Marzellin sie behauptete (c. XVI, XVII u. s. w.), darum läugnete man sie einfach ab und doch ergibt sich die Wahrheit seines Berichtes aus dem oben Mitgetheilten unwiderleglich.
5) Multos eorum praedicando ad vitam veritatis perduxit. cf. Beda l. c. cap. 12.

ben kleinen Bructerern nach dem Rheine hin, wo er auf
die Fürsprache der h. Plectrud, der Gemahlin Pippins,
die zu Köln residirte, von letzterem die Rheininsel auf'm
Werth, später Kaiserswerth genannt, als Missionsstätte
zum Geschenk erhielt.[1]) Die Sachsen aber, namentlich die
Angrivarier[2]), von benen eben die Bructerer geschlagen
worden waren, nahmen alles Land derselben in Besitz und
rückten den Flüchtlingen, soweit sie konnten, nach. Dieselben wurden fortan der angreifende Theil. So gerieth
nicht bloß das Land nördlich der Lippe, das spätere Westfalen, sondern auch der größte Theil des Gebietes der
kleinen Bructerer südlich der Lippe bis an die Ruhr,
sowie alles Sigamberland, das spätere Engern, in die
Herrschaft der Sachsen. Nach einer Urkunde[3]) vom Jahre
966 lag Essen im sächsischen Boructergau, dagegen Werden
nach einer Urkunde [4]) vom Jahre 819 im fränkischen
Ruhrgau oder in der Provinz Ripuarien. Noch im elften
Jahrhundert[5]) war zwischen Werden und Essen die alte
Grenze zwischen Franken und Sachsen bekannt; sie lief
zwischen diesen Stiftern hindurch auf Hardenberg und
Barmen zu; ja heutzutage bezeichnet noch die Tradition
Barmen als einen sächsischen, dagegen Elberfeld als einen
fränkischen Ort. Mit den Angern aber zog sächsische

---

1) Sed expugnatis non longe post tempore Boructuariis a gente
antiquorum Saxonum (zur Unterscheidung von den Angelsachsen in
England) dispersi sunt quolibet hi, qui verbum receperant. Ipseque
antistes cum quibusdam Pipinum petiit, qui interpellante Bliththrude
coniuge sua dedit ei locum mansionis in insula quadam Rheni, quae
lingua eorum vocatur in littore; Beda l. c. Diese Insel kommt
seitdem in allen Schriftstücken unter dem Namen Suidbertswerth, seit
Friedrich Barbarossa aber, der dort ein Reichsschloß aufführen ließ,
unter dem Namen Kaiserswerth vor. Schon längst ist die Insel
unterdrückt, indem dieselbe durch Vereinigung beider Rheinarme zum
Festlande gezogen worden ist.

2) Die Angrivarier sind kein anderes Volk als die Angern, wie
auch die Boructuarier mit den Bructerern und die Hattuarier mit
den Hatterern identisch sind.

3) Lacomblet, U. B. I. 109.
4) Lacomblet, U. B. I. 37.
5) Lacomblet, U. B. I. 162.

Sprache, Sitte und Recht in das alte Bructerer- und
Sigamberland und wurde herrschend. Noch heute lassen
sich die Spuren des Volkes aus den zurückgebliebenen
Namen erkennen und verfolgen. Ortsnamen, wie Sachsen-
hausen, Sassendorf, Holthausen, Hövel, Sprockhövel, Berg-
hövel, Steinhövel erinnern unzweideutig an die Wohnsitze
der Sachsen, während Mülheim, Frankenheim und überhaupt alle Namen, die auf heim endigen, im Allgemeinen
auf die Franken hinweisen.

Die fränkischen Könige betrachteten indessen das ver-
lorne Land, das sie auch nach den Siegen der Sachsen
noch immer Ostfranken nannten, fortwährend gleichsam in
partibus infidelium als ihr Eigen und suchten es mit
aller Gewalt vermittelst des Schwertes wieder zu gewinnen.
In den Jahren 718, 720, 729 und 733 unternahm Karl
Martell, der Sohn Pippins, siegreiche Heereszüge gegen
die Sachsen; im Jahre 738 zwang er sie zur Leistung
eines jährlichen Tributs.[1]) Seine Söhne, Pippin der
Kleine und Karlmann, erlangten endlich wieder das Ueber-
gewicht, indem sie vom Jahre 743 bis 755 bald von
Thüringen, bald von Ripuarien aus in das sächsische
Gebiet vordrangen und alles Land südlich der Lippe
wiedergewannen.[2]) Im Jahre 753 drang Pippin mit
einem großen Heere bis Remen bei Minden vor. Während
dieses Feldzugs wurde der kölnische Bischof Hildigar auf
der Feste Iburg, südlich von Osnabrück getödtet.[3]) Daß
er als Krieger mitgezogen sei, wie in vielen neueren
Geschichtswerken gemeldet wird, sagen die Quellen nicht;
wahrscheinlicher war die Wahrnehmung des bischöflichen
Hirtenamtes sein Zweck.[4]) In demselben Jahre 753

---

1) Annal. Fuld. ad. h. a.; Annal. Einharti ad a. 737.
2) Annal. Einharti ad a. 743, 744, 745, 749, 752 und 755.
3) Annal. Einharti ad a. 753.
4) Wie gut er als Bischof bei diesen Kriegszügen wirken konnte,
zeigen die Annalen von Einhart. Dort heißt es zum Jahre 744:
„Mit Heeresmacht drang Karlmann in das Land der Sachsen, die
sich wieder empört hatten, ein. Diejenigen, welche an der Grenze
des Reiches wohnten, unterwarf er seiner Herrschaft ohne Kampf
und die meisten von ihnen ließen sich taufen." Desgleichen wird

wurden in den Friedensbedingungen freie Predigt und Taufe durch christliche Missionare ausbedungen. Welch' rasche Fortschritte die Christianisirung dieses sächsischen Bructererlandes gemacht hat, zeigt am Besten der Erfolg. Zur Zeit Karls des Gr. war der ganze District südlich der Lippe bis zur Ruhr vollständig christianisirt und gehörte zum kölnischen Erzbisthum; daher kommt er auch bei der Vertheilung Sachsens in Bisthümer gar nicht in Betracht und der h. Liudger tritt, obgleich ausdrücklich das Sachsenvolk (grex Saxonicus) seiner Hirtensorge anvertraut, und er als Hirte im westlichen Theile des Sachsenlandes (Pastor in parte occidentali Saxonum) eingesetzt war,[1] zum Lande südwärts der Lippe in gar keine Beziehung. Zur Erklärung dieser raschen Annahme des Christenthums dürfen wir nicht vergessen, daß die früheren Bewohner dieser Gegend, mit denen sich die Angrivarier vermischt

ad a. 747 erzählt, wie die Sachsen, die ihr Versprechen der Treue gegen die Franken gebrochen hatten, bekriegt und zum Gehorsam zurückgebracht worden seien; zum Schluß heißt es: „Die meisten von ihnen verlangten die christlichen Sacramente, da sie einsahen, daß sie der Gewalt der Franken nicht gewachsen seien und daher nicht widerstehen könnten.“

Was nun Hildigar anlangt, so sagt Gelenius in seinem Werke über die Größe Kölns ausdrücklich, derselbe habe auf diesem Feldzuge für den Glauben Christi den Martyrertod erlitten (pag. 42 und 270) und nennt ihn daher heilig. Die Grabschrift dieses Bischofs in der Kirche St. Gereon, wo seine Gebeine ruhen, lautet:

Hildebertus (wahrsch. Hildegarus) meritis qui fulsit episcopus almis
Assumptus celo hoc iacet in tumulo.
Obiit Ao. incarnat. Domin.
DCCL VII. IV. Kal. Julii.

Leider kann ich nicht angeben, wann diese Inschrift zuerst auf das Grab des Bischofs gesetzt worden ist; sie ist jedenfalls nicht gleichzeitig, wie schon die offenbare Verwechselung von Hildigar mit Hildebert beweist; auch ist das Todesjahr unrichtig angegeben.

1) Mabillon, act. Sanctorum tom. V. p. 25. In manchen Ausgaben der vita s. Liudgeri liest man die Lesart in parte orientali Saxonum, die schon Oberlehrer Dr. Bender in seiner gehaltreichen Abhandlung „das kölnische Westfalen“ in der Zeitschrift für westfälische Geschichte und Alterthumskunde als Unrichtigkeit vermuthet hat. Im Original dieser vita, das in meinem Besitze ist, steht wirklich in parte occidentali Saxonum.

hatten, zum Theil bereits christlich waren, aber sie setzt gleichwohl eine großartige Missionsthätigkeit voraus, die sich nach meiner Ansicht auf die Missionare von Xanten und Suidbertswerth, namentlich den h. Suidbert und seinen Nachfolger Willeicus, vertheilt. Von der Missionsthätigkeit des kölnischen Diözesanbischofs in diesem Districte ist wenig bekannt, auch zeigt keine Kirche in ihrem Patrozinium oder in ihrer Zugehörigkeit eine Spur, die auf einen kölnischen Bischof als Gründer hinwiese. Und füglich konnte auch der kölnische Diözesanbischof diesen den beregten Missions- bezirk überlassen, da sie ja in seinem Auftrage handelten und der h. Suidbert von Pippin deßhalb die Rheininsel auf'm Werth erhalten hatte, um von dort als von einem sicheren Stationsorte aus sich desto freier und unbehin- derter[1]) der Christianisirung oder vielmehr Wiedergewinnung des sächsischen Bructererlandes für die Kirche widmen zu können. Gewiß waren die meisten alten Kirchen zwischen Lippe und Ruhr von den Sachsen zerstört worden; die Xantener Kirche selbst, die doch auf dem linken Rheinufer lag, war von ihnen verwüstet worden. In einer bisher ungedruckten Chronik von Xanten[2]), die im 18. Jahr- hundert aus den dortigen Stiftsarchivalien zusammen- gestellt worden, werden vom Anfange des achten Jahrhunderts bis 864, wo daselbst der erste Probst eingesetzt wurde, fol- gende „Chorbischöfe und Aebte" von Xanten aufgeführt[3]):

---

1) Offenbar bot damals die Rheininsel dem h. Suidbert eine sichere Missionsstation, sonst würde der Zweck seiner dortigen Ansiede- lung verfehlt gewesen sein. Dies setzt aber auch eine, wenigstens theilweise christliche Umgebung voraus. Uebrigens war die Zahl der in dortiger Gegend sowohl auf dem rechten als linken Rheinufer vor der Zeit des h. Suidbert bestandenen Kirchen eine geringe, da bei weitem die meisten von Kaiserswerth aus gegründet worden sind, wie wenigstens das Abhängigleits-Verhältniß und der Kirchenpatron andeuten.

2) Der Titel des Werkes, früher Eigenthum des Freiherrn Dr. von Mering, jetzt in meinem Besitze, lautet: Annales Conventus Xantensis Capucin. per R. D. Eusebium Cassel conscripti, a. 1742.

3) Die Stelle lautet im Original: Quos primis saeculis ecclesia Xanthensis praesules tulerit, prorsus latet. Erant primitus chorepi- scopi et Abbates. Ex his in archivis inveniuntur:

1. Abalgerus Er begann das von den Ungläubigen zerstörte Gotteshaus des h. Victor wiederherzustellen; er starb 730.
2. Hertwarb; er starb 763.
3. Hilbolph; er starb 791.
4. Wibufind; unter ihm wurde das Gotteshaus des h. Victor vollendet; er starb 822.
5. Guizo; er starb 847.
6. Everwinus; er wurde im Jahre 864 als erster Probst eingesetzt und starb 874.

Die verdienten Verfasser des Werkes „Alte und neue Erzdiözese Köln" entdeckten nach Herausgabe des liber valoris ein werthvolles MS. aus dem XIII. Jahrhundert, welches jetzt als Beitrag zur kirchlichen Geographie der alten Erzdiözese Köln den zweiten Band dieses Werkes bildet. Es ist ein liber procurationum et petitionum Archidiaconi Xantensis oder ein Verzeichniß dessen, was die zum Archidiaconat des Xantener Probstes gehörigen Pfarrkirchen und Capellen demselben jedes Schaltjahr an Beföstigung und Beede theils in Geld theils in Früchten zu entrichten hatten. Der Codex stammt zwar der Schrift nach aus der zweiten Hälfte des XIII. Jahrhunderts, aber es liegt in der Natur solcher Bücher, daß sie ihrer ursprünglichen Anlage nach weit älter sind als die Schrift bekundet, da sie sich wegen des offiziellen Gebrauchs immer erneuerten. Es werden darin folgende Pfarrkirchen des Duisburger Decanats aufgeführt: Mintard, Mülheim a. b. R., Meiderich, Duisburg, Beeck, Walsum, Gotterswick (wahrscheinlich das aus den Heereszügen Karls des Großen bekannte Lippeham), Spellen, Hünze, Galen, Hisfeld,

---

730 Adalgarus.
763 Hetuuardus.
791 Hildulphus.
822 Widukindus.
} Sub his praesulibus templum sci Victoris ab infidelibus dirutum magno sumptu et splendore reaedificatum est.

841 Guizo.
864 Eueruuinus qui primus praepositus electus est.
874 Euoldus.

Rheinberg, Barle, Halen, Repelen, Mörs, Ober-Emmerich, Friemersheim, Ober-Bubberg, Bochum, Drevenich.

Daß auch der h. Suidbert in diesem District gewirkt habe, unterliegt keinem Zweifel; daher kann auch bei den wenigsten der genannten Kirchen festgestellt werden, welche von Xanten, und welche von Suidbertswerth (Kaiserswerth) aus ins Leben gerufen worden sei. Das aber ist wohl sicher, daß die Missionare da, wo bereits früher Kirchen existirt hatten, bei ihrem Missionswerke werden angeknüpft haben. Die Kirche in Hünxe ist auf den Namen des h. Suidbert geweiht und es existiren in dortiger Pfarrei nach den mir gewordenen Mittheilungen noch interessante Sagen, die an ihn erinnern; daher wird er wohl wenn nicht ihr Stifter, so doch Apostel der Gegend sein. Auch die Pfarrkirchen Mintard und Meiderich, welche der selige Gerrich, der Stifter von Gerresheim, dem daselbst errichteten Damenstifte im Jahre 870 zur Dotation schenkte, möchte ich hinsichtlich ihrer Entstehung auf die Wirksamkeit des Klosters Suidbertswerth zurückführen; denn beide Kirchen sind auf dem Grundeigenthum Gerrichs erbaut und Gerresheim, wo letzterer seinen Haupt-Edelsitz hatte, lag in der Decanie von Suidbertswerth. Auch hat es alle Wahrscheinlichkeit für sich, wie wir später zeigen werden, daß die Vorfahren Gerrich's durch den h. Suidbert in den Schooß der katholischen Kirche sind aufgenommen worden. Nicht weniger als im Decanat Duisburg hat der h. Suidbert auch in den Decanaten Dortmund, Essen und Wattenscheid gewirkt, wenn auch diese kirchlichen Sprengeln damals noch nicht bestanden. Er hat also im eigentlichen Centrum des alten Bructerergau's gewirkt und daher heißt er mit Recht und vorzugsweise der Apostel der Bructerer. Doch dies weiter zu erörtern, liegt nicht im Zwecke dieser Abhandlung.

Da die kirchliche Eintheilung in Decanate den Gaugrenzen zu folgen pflegte, so kommen wir aus der Decanie des Duisburger- oder Ruhrgaues in die des Kelbachgaues. Dieser Gau bildete den eigentlichen Kern des Bergischen Landes in seinem nördlichen Theile und so sehen wir auch in der Decanie desselben das pulsirende Leben des Christenthums in seiner Entstehung und Entwicklung am intensivsten und am frühesten. Wann sich dieselbe gebildet hat, ist schwer zu ermitteln, aber es lassen sich in diesem Districte schon vor dem achten Jahrhundert Spuren des Christenthums, ja sogar christliche Kirchen aufweisen, die eine von der Domkirche zu Köln ausgegangene Missionsthätigkeit verrathen. Auch ist diese Decanie späterhin dem Domdechanten zugetheilt gewesen.[1]) Zu den Kirchen dieses Districts, die wahrscheinlich einen vorsuibbertinischen Ursprung haben und von Köln aus gestiftet worden sind, zählen folgende: 1) Hilden. Hier war schon zur Zeit des h. Bischofs Cunibert (623—663) eine Kirche[2]); überhaupt hatte der Ort eine nicht geringe Bedeutung. Hier, wo die alte aus Westfalen kommende Heerstraße sich theilte und einerseits nach Mülheim, andererseits nach dem nahegelegenen Zons[3]) jenseits des Rheines lief, besaßen die kölnischen Bischöfe ein Tafelgut und dieses ist ihnen bis spät ins Mittelalter verblieben. Dieses Tafelgut bestand in einem uralten Frohnhofe nebst einem Palatium im alten Sinne des Wortes, wo sie ein uraltes Recht, nämlich das Geleit nach Westfalen, ausübten. Dieses Recht soll ihnen König Dagobert geschenkt haben. Hilden war wegen dieser seiner Bedeutung ein Ort, wo sich die kölnischen Bischöfe in älterer Zeit häufig aufhielten. 2) Eine zweite vorsuibbertinische Kirche im Kelbachgau ist die von Richrath (Ruchrothe). Dieselbe ist dem h. Martin geweiht und gehörte[4]) seit unvordenklicher Zeit der Domküsterei. Dort besaß das Stift Suibbertswerth im elften Jahrhundert eine Rente, die zum alten Klostervermögen gehörte[5]),

1) Binterim und Mooren l. c. I. S. 208.
2) Lacomblet, Archiv II. S. 100 flg.
3) Lacomblet l. c. S. 59. In Zons, das als Capelle zur Pfarrkirche Bürgel (das römische Buruncum) gehörte, stiftete der h. Cunibert Matricularien, d. i. Armenspenden oder ein Pflegehaus für Arme und Kranke — ein Zeichen, daß die erwähnte Straße stark frequentirt war. Lacomblet, Archiv II. S. 63.
4) Binterim und Mooren l. c. I. S. 313 u. 222.
5) Lacomblet, U. B. I. 257.

also wahrscheinlich in die Zeit seines Stifters, d. h. Suidbert, zurückreichte. Mit Richrath und Hilden erscheint seit
alter Zeit die Kirche von Elberfeld verbunden, aber kein
Zeugniß spricht dafür, daß sie schon zu Suidberts Zeit
bestanden habe, im Gegentheil die Thatsache, daß sie dem
h. Laurentius als Patron gewidmet ist, weist auf spätere
Ursprungszeit, wenigstens auf's 10. Jahrhundert, wo in
Folge des am Feste dieses Heiligen 955 erfochtenen Sieges
über die Magyaren, der für Deutschland von unermeßlicher
Tragweite war, viele Laurentiuskirchen entstanden sind. [1]
Im Norden des Gaues gehören hierhin die Kirchen zu
Mündelheim und Wittlar, die dem Namen nach auf fränkischen Ursprung hinweisen, von denen die erste dem
h. Dionysius, letztere dem h. Remigius gewidmet ist. Auf
der linken Rheinseite liegen zwei alte Kirchen, die heutzutage Capellen sind und zur Pfarrei Lank gehören, aber
höchst wahrscheinlich einen vorsuidbertinischen Ursprung
haben, nämlich Strümp und Ossum. Kirchenpatrone der
ersteren sind die merowingischen Heiligen Sebastus und
Amandus, Kirchenpatron der letzteren ist der h. Pancratius.
Strümp, (Streimpeche) kommt in dem vorerwähnten
Renten-Verzeichniß des XI. Jahrhunderts vor. Wo die
Ossumer Capelle steht, soll, wie die Localsage berichtet, in
römischer Zeit der h. Julineus gemartert worden sein. [2]
Jedenfalls scheint es, daß diese beiden Kirchen zu den
ältesten der Gegend zählen. Wahrscheinlich fand der h. Suidbert, als er sich in der Nähe auf dem Rheinwerth nieder-
ließ, noch mehre vor; denn sicher war die Gegend damals
zum größten Theil christlich; sonst würde der Zweck seiner
Klosterstiftung daselbst unerklärlich sein.

Auch späterhin haben die Bischöfe resp. Erzbischöfe
von Köln diesen Bezirk nie aus dem Auge verloren. Erz-

---

1) Elberfeld war ein altes Tafelgut des kölnischen Erzbischofs.
Vielleicht hat ein tapferer Ministerial desselben, der an jener Schlacht
Theil nahm, die dortige Kirche gegründet. Vergl. Kampschulte, die
westfäl. Kirchenpatrozinien, S. 152.

2) So schreibt mir Landdechant H. J. Grüneschild, Pfarrer
zu Lank.

bischof Wichfried (925—953) consecrirte zu Haan[1]) eine
Kapelle zu Ehren der heiligen Martyrer Chrysantus und
Daria —, ein Zeichen, daß damals die Pfarrei Hilden,
wohin eben die Bauerschaft Haan gehört, nicht klein gewesen ist. Ein Denkstein mit der bezüglichen Inschrift
findet sich noch heute in die Kirchenmauer von Haan
eingefügt.[2]) Erzbischof Bruno, der Bruder des Kaisers
Otto I., erwarb durch Kauf[3]) für die kölnische Domkirche
den Oberhof Ratingen nebst dem Patronat über die dortige Kirche, bzw. den großen Zehnten: im Jahre 1165
wurde die Kirche bleibend mit der Domprobstei verbunden[4]),
und bildete für dieselbe einen bedeutenden Theil ihrer
Einkünfte. Erzbischof Anno II. (1056—1075) incorporirte
die Kirche zu Homberg[5]) dem von ihm errichteten St. Georgs-
stifte zu Köln; man muß daher glauben, daß dieselbe schon
lange bestanden habe, worauf auch der Umstand hinweist,
daß dieselbe dem h. Jacobus, dem Patron der alten
mit dem genannten Stifte verbundenen Pfarrkirche, geweiht ist.

Die meisten Kirchen im nördlichen Theile des Bergischen Landes weisen indessen urkundlich auf nahe Beziehungen zum Stifte Kaiserswerth und zwar seit ältester Zeit,
so daß die Annahme ihrer Stiftung durch den h. Suidbert
oder seine Nachfolger zu Werth alle Wahrscheinlichkeit
für sich hat. Ich führe hier folgende an: Mülheim a. d. R.,
Velbert, Ratingen, Calcum, Düsseldorf, Rath, Mettmann,
Gerresheim, Himmelgeist, Bilk, Hardenberg, Grüten, Wülfrath. Da die Zahl dieser Kirchen eine große ist, so erkennt man auch deutlich, daß das Verdienst der Begründung
des Christenthums im Bergischen Lande dem h. Suidbert
und seinem Kloster gebührt, so daß er mit Recht der
Apostel des Bergischen Landes genannt wird. Mehre
dieser Kirchen bewahren die bestimmte Localtradition, daß

1) Lacomblet, Archiv II. S. 101.
2) Lacomblet, l. c.
3) Kessel, Urkundenbuch der Stadt Ratingen S. 3.
4) Kessel, l. c. S. 6.
5) Lacomblet, Urkundenbuch I. 209.

sie vom h. Suibbert selbst eingeweiht seien, nämlich Bilk, Ratingen, Velbert und Wülfrath. In Ratingen[1]) soll früher an der erhöhten Stelle der Kirche ein Thurm gestanden haben, welcher der Heidenthurm hieß[2]); die Kirche selbst soll ursprünglich ein Heidentempel gewesen sein. Noch in diesem Jahrhundert zeigte man daselbst hinter der Pastorat eine sumpfige Stelle, vor mehren Jahrhunderten eine Springquelle, woraus der h. Suibbert das Taufwasser geschöpft haben soll. Naive, dem Character der Suibbertinischen Zeit entsprechende Sagen über den heiligen Apostel sind dort annoch in aller Munde. Bilk bewahrt, wie Dr. Binterim mittheilt[3]), die schriftliche von den Pfarrern des Ortes aufbewahrte Ueberlieferung, daß der h. Suibbert dort die Kirche zu Ehren des h. Martin eingeweiht habe. Auch in Gerresheim, Velbert und Wülfrath existirt diese Tradition in Beziehung auf die dortigen Kirchen. Wie weit das Christenthum im 8. Jahrhundert im Bergischen verbreitet gewesen, dafür spricht auch nicht undeutlich die bereits erwähnte Urkunde aus dem XI. Jahrhundert, in welcher die Orte aufgezählt werden, wo den Klostergeistlichen von Werth damals bestimmte Jahresrenten zur Beschaffung ihres Brotbedarfs erfielen; diese Renten beruhten nämlich, wie das im Staatsarchiv zu Düsseldorf annoch im Original aufbewahrte Schriftstück besagt, auf uraltem Herkommen, also höchst wahrscheinlich aus der Zeit des h. Suibbert selbst († 713). Die Orte heißen dermalen:

----

1) Der Ort beweist selbst durch seine ältesten Namen Hretinga, Hratuga, (mein U. B. S. 1), daß er schon in frühfränkischer Zeit bestanden hat.

2) Prof. Dr. Schneider, Localforschungen über die alten Denkmäler des Kreises Düsseldorf, S. 9.

3) Binterim und Mooren, die alte Erzdiözese Köln I. 218. An der Chornische der alten Kirche zu Bilk ist eine römische Ziegelplatte eingemauert; die Chornische ist aus Tuff aufgebaut und heißt allgemein der Heidentempel, ebenso wie die mit römischen Ziegeln vermauerte Chornische zu Rynderen. Römische Denkmäler sind in Bilk nicht selten. Vgl. Bonner Jahrbücher XXXVI. S. 87.

2*

Styrum (oder Mülheim a. d. R.)[1]), Grüten, Metz-
kausen[2]), Heltorf[3]), Rheinhausen, Linnep[4]), Schmittberg[5]),
Mündelheim, Serm, Holtum[6]), Einbrüngen, Ninthausen[7]),
Holthausen[8]), Eckamp[9]), Leuchtenberger Bruch, Stockum,
Derendorf, Golzheim, Wülfrath, Broichhausen[10]), Menden[11]),
Leuchtenberg[12]), Zeppenheim, Schmitthaus[13]), Richrath,
Meiersberg[14]).

Wir sehen also, fast im ganzen Bergischen Lande hatten
die Klostergeistlichen von Werth Renten zu erheben, am
meisten in ihrer unmittelbaren Nähe. Da aber diese
Renten sicher nicht auf Kauf, sondern auf frommer Schenkung beruhen, so läßt sich daraus schließen, welch' ein
großes Ansehen der Heilige und sein Kloster in dortiger
Gegend genossen hat. Wenn auch nicht behauptet werden
kann, daß die Kirchen, die an vielen der angeführten Orten
bestehen, schon zu Suidberts Zeit bestanden haben oder

---

1) Kremer, Academische Beiträge zur Jülich-Bergischen Geschichte,
II. Band, S. 130 u. 156. Die Kirche daselbst ist dem h. Petrus
geweiht, grade wie auch in Kaiserswerth, und liegt auf dem Grund
und Boden des dortigen Haupthofes, der im Jahre 1263 curtis
antiqua, später alde Hof genannt wird.

2) Hof bei Hubbelrath, wovon die alte gleichnamige Honschaft
benannt ist.

3) Schon seit dem XIII. Jahrhundert Edelsitz.

4) Gehört zu den ältesten Rittersitzen des Bergischen Landes.

5) Hof bei Hubbelrath, der jetzt in mehre andere zertheilt ist;
einer von diesen ist nach der Himmelsgegend benannt und heißt
Osten-Schmittberg.

6) Hof bei Serm.

7) Der alte Frohnhof zu Kaiserswerth, auf dessen Grund und
Boden sich die Stadt entwickelt hat und der schon zu Pippins Zeit
große Rechte besaß (Lacomblet, U. B. I. 540).

8) Dorfschaft bei Mülheim an der Ruhr.

9) Hof bei Ratingen, wovon die gleichnamige Honschaft benannt ist.

10) Wahrscheinlich der Hof Broichhausen bei Rath.

11) Dorfschaft zum ehemaligen Fürstlichen Gerichte Broich-
Styrum gehörig.

12) ehemaliger Rittersitz bei Kaiserswerth, in älterer Zeit Luch-
mar genannt.

13) ein Hof bei Rath.

14) Haupthof der gleichnamigen Honschaft bei Hubbelrath.

ihm sogar Ursprung und Weihe verdanken, so zeugen doch die an diesen Orten erfallenden Renten dafür, daß Christen daselbst wohnten —, ein Zeichen, das für die Gründungs- geschichte des Christenthums in diesem District wichtig ist.[1])

Zwei Kirchen im Kelbachgau verdienen noch unsere besondere Aufmerksamkeit, theils weil vorliegende Schrift sie zu besprechen hat, theils weil sie auf die Anfänge des Christenthums in diesem District ein helles Licht werfen, ich meine die Pfarrkirche St. Margaretha in Gerresheim und die Kirche zu Sonnborn. Letztere hat der selige Gerrich dem von ihm vor dem Jahre 873 zu Gerresheim errich- teten Damenstifte als Dotalgut geschenkt.[2]) Daß sie also schon damals bestanden hat, ist klar. Aber wie verhält es sich mit der Pfarrkirche St. Margaretha in Gerresheim? Man hat ihr Dasein zur Gründungszeit des Damenstifts bezweifelt, aber mit Unrecht. Mit einem Kloster, nament- lich einem Frauenkloster, ist nothwendig von Anfang an eine Pfarrkirche verbunden. Ohne eine solche Verbindung treffen wir, wenigstens in den rheinisch-westfälischen Terri- torien, kein einziges altes Kloster und dies erscheint ganz natürlich; denn der Bestand eines Klosters, namentlich eines Frauenklosters, war ja nur durch die Verbindung mit einer Pfarrkirche gesichert.[3]) Die Gerresheimer Pfarr- kirche war, wie gesagt, der h. Margaretha geweiht. Die Verehrung dieser Heilige ist aber nicht erst, wie Kamp- schulte behauptet[4]), durch die Kreuzzüge nach dem Abend-

---

1) Ich hoffe bald in der Lage zu sein, eine quellenmäßige und ausführliche Gründungsgeschichte der Bergischen Kirchen in einer Monographie über das Leben und Wirken des h. Suibberts veröffent- lichen zu können.

2) Lacomblet, U. B. I. 68. und Beilage I. zu dieser Schrift.

3) Vgl. Tibus, Gründungsgeschichte der Stifter, Pfarrkirchen und Klöster im Bereich des alten Bisthums Münster. 1. Bd. S. 569.

4) Kampschulte, Westfälische Kirchenpatrozinien, S. 156. Eine Cappenberger Urkunde vom Jahre 1209 beweist, daß damals in Westfalen der St. Margarethentag ebenso wie der des h. Martin ein Termintag für Zinszahlungen war, was unzweifelhaft auf ein hohes Alter der Verehrung dieser Heilige in Westfalen hinweist. Vgl. Wilmans, U. B. Nr. 53.

lande verbreitet worden, im Gegentheil wir finden dieselbe schon im 9. und 10. Jahrhundert in verschiedenen
Kirchen Westfalens und jener Gegenden, in welchen angel-
sächsische Missionare gewirkt haben; z. B. Margarethen-
Lengerich im Münster'schen (IX. Jahrhundert), Emsteck im
Osnabrückischen (IX. Jahrhundert), Dortmund (1021),
Linn bei Crefeld u. s. w. Es hat daher alle Wahrscheinlichkeit für sich, wie Tibus richtig bemerkt (l. c.), daß dieselbe durch die angelsächsischen Mönche nach Deutschland
verbreitet worden ist. Nach der Legende der h. Margaretha ist dieselbe jene Jungfrau, die St. Georg, der ritter-
liche Kämpfer, dem Drachen abgestritten hat, und es ist
daher sehr wahrscheinlich, daß sich ihre Verehrung zugleich
mit der des Drachentödters nach dem Abenlande verbreitet hat. Die Spuren der Verehrung des letzteren
lassen sich hier schon im fünften Jahrhundert nachweisen.[1]
Die Verbreitung der Verehrung der h Jungfrau durch
die angelsächsischen Mönche bestätigt aber in überraschen-
der Weise die bereits erwähnte Sage, daß die Kirche von
Gerresheim durch den h. Suidbert eingeweiht worden sei,
ja es scheint, daß die Wahrheit der Sache auch innerlich
allen Zweifel ausschließt. Die Familie Gerrichs gehörte
nämlich, wie die weit ausgedehnten Besitzungen desselben
beweisen, zu den edelsten und reichsten des Landes. Er,
resp. seine Tochter Regenbierg schenkte, wie wir später
ausführlicher mittheilen werden, an das von ihm errichtete
Kloster zu Gerresheim außer den vielen Höfen, die eine
Urkunde aus dem XIII. Jahrhundert namhaft macht, nicht
weniger als 6 Pfarrkirchen, die auf seinem Grund und
Boden erbaut waren und über die er das Patronat besaß,
nämlich: Gerresheim, Sonnborn, Mintard, Meiderich, Linz
und Pier. Diese Erscheinung in jener Zeit, wo das
Christenthum verhältnißmäßig noch wenig verbreitet war,
setzt eine christliche Familie voraus, die noch von der ersten
Liebe zu ihrem Heiland und Erlöser durchdrungen war

---

1) Vgl. meine Schrift: Geschichtliche Mittheilungen über die
Heiligthümer in der Stiftskirche zu Aachen, S. 103.

und die sich für die durch ihn erlangte Heilsgnade nicht
besser dankbar zu erweisen wußte, als daß sie auch Anderen
die Erlangung oder Befestigung dieser Gnade durch Er-
bauung christlicher Gotteshäuser zu ermöglichen suchte.
Sechs Kirchen baut man aber nicht zu gleicher Zeit.
Berücksichtigen wir nun, daß im ersten Viertel des IX. Jahrhunderts, wo Gerrich geboren wurde, kaum 100 Jahre
seit dem Tode des h. Suitbert verflossen waren, so hat es
alle Wahrscheinlichkeit für sich, daß gerade der Apostel
des Bergischen Landes diese Edelfamilie in den Schooß
der katholischen Kirche aufgenommen, und daß letztere in
der angegebenen Zeit, wo noch die erste Liebe und Frömmig-
keit die Triebfeder all' ihrer Handlungen war, ihren Dank
für diese Gnade Gott dem Herrn dadurch bekundet hat, daß
sie auf all' ihren Hauptgütern Pfarrkirchen baute. Daß
diese Pfarrkirchen nicht zu Ehren des h. Suitbert geweiht
worden sind, ist erklärlich, da derselbe Seitens der Kirche
noch nicht canonisirt war; auch kann es nicht auffällig
erscheinen, daß Gerresheim auf diese Weise nicht eigentlich
vom seligen Gerrich, dem Stifter der Abtei, sondern von
einem Vorfahren desselben, etwa von seinem Großvater,
der ebenso geheißen, den Namen erhalten hat; denn es ist
erwiesen, daß schon damals in einer und derselben Familie
die Personennamen gewissermaßen erblich waren, und so
konnte auch der Großvater Gerrichs denselben Namen
geführt haben. Ein ähnlicher Fall findet sich in der Frecken-
horster Stiftungsurkunde erwähnt. Da nämlich die Pfarrei
Freckenhorst, die schon im Jahre 851 bestand, eine Filiale
von Everswinkel ist, so folgt, daß letztere als Pfarrei schon
vor dem Jahre 851 existirt hat, folglich vom h. Liudger
gestiftet ist. Nach dem Leben der h. Thiatildis ist Everword,
der Stifter von Freckenhorst, in einem Orte der Nähe
geboren, also wahrscheinlich, wie auch der Bollandist
P. Gamans annimmt, in Everswinkel, d. h. Everwords-
winkel. Nun wissen wir aber, daß der Stifter von Freckenhorst kurz vor dem Jahre 851 geheirathet hat, er kann
also nicht Zeitgenosse des h. Liudger gewesen sein, folglich
muß Everswinkel als Pfarrei von oder unter seinem Vater

ober Großvater gestiftet sein.[1]) Daß es sich mit Gerresheim ebenso verhält, dafür spricht noch folgender Umstand.
Weinberge zu Linz, welche der selige Gerrich von Gerresheim besessen, wurden noch im Anfange des XIII. Jahrhunderts upme Gerrich genannt.[2]) Diese Benennung
kann auf denselben nur dann bezogen werden, wenn die
Weinberge von ihm persönlich angekauft oder angelegt
worden sind. Nun aber besaß derselbe auch die dortige
Kirche nebst Patronat gerade so, wie die andern in der
Stiftungsurkunde von Gerresheim genannten Kirchen und
Güter; daher ist es viel wahrscheinlicher, daß sie Erbgut
waren, und in diesem Falle würde der Name upme Gerrich
nicht auf ihn, sondern auf einen seiner Vorfahren, der denselben Namen geführt und die Güter zuerst erworben hat,
sich beziehen.

Hiernach erscheint Gerresheim in der Geschichte des
h. Suidbert von ganz besonderer Bedeutung. Wie der
h. Bonifatius an den Voreltern des gedachten Eberword,
die er persönlich zum christlichen Glauben bekehrt, Stütze
und reiche Hülfe für seine Missionszwecke gefunden hat,
so der h. Suibbert an den Voreltern Gerrichs. Nun
begreift sich auch leicht das innige Freundschafts-Verhält-
niß, welches seit ältester Zeit zwischen den Klöstern Gerresheim und Kaiserswerth stets bestanden hat. Wir werden
darauf später ausführlicher zurückkommen.

Daß jener District des Bergischen Landes, der rechts
vom Rheine zwischen Kaiserswerth und Neuß gelegen ist,
später als das gegenüber liegende linksseitige kölnische Stiftsland für das Christenthum und die Kirche gewonnen worden
ist, dafür liegt der Beweis darin, daß nach alten Urkunden
letzteres noch im XIV. Jahrhundert den Namen „altes
Bisthum" führte.[3]) Gelenius, der diese Nachricht zuerst
beigebracht hat, erklärt dieselbe dahin, als ob diese Gegend

---

1) Tibus l. c. I. Bd. S. 721.
2) Siehe die Urkunde im Anhange zu dieser Schrift.
3) Vgl. Gelenius de adm. p. 65. Binterim und Mooren,
Erzdiözese Köln I, 273. Binterim, Denkwürdigkeiten Bd. V. S. 344.
Lacomblet, Archiv III. S. 4.

durch den h. Suibbert von Kaiserswerth aus pastorirt
worden sei und somit gewissermaßen ein eigenes altes Bisthum dargestellt habe.[1] Allein wie sollte neben und gegenüber der längst bestehenden Diözese Köln dieser fragliche
Bezirk zu dem Namen des alten Bisthums gekommen sein?
Auch wäre gewiß ein auf den gedachten Heiligen hinweisender
Beisatz in episcopatu s. Suitberti oder dergl. in diesem
Falle zu erwarten. So allgemein und ohne irgendwelche
nähere Bestimmung hingestellt und angewandt muß diese
Bezeichnung offenbar auf Köln selbst und einen von dort
dependirenden District sich beziehen. Professor Dr. Evelt,
dessen Worte wir bei Verwerfung dieser Meinung anführen[2],
macht mit Recht darauf aufmerksam, daß zwischen episcopatus und dioecesis zu unterscheiden sei, freilich nicht
in dem Sinne, in welchem wir heutzutage von der alten
Diözese Köln gegenüber der durch die Bulla de salute
animarum vorgenommenen neuen Circumscription reden
(für eine solche Gegenüberstellung lag im Mittelalter kein
Grund vor), sondern in dem Sinne, wie man in Ostpreußen
noch jetzt zwischen dem Bisthum und der Diözese Ermland
unterscheidet. Ersteres ist jenes Stück dieses Sprengels,
welches mit der Cathedrale zu Frauenburg in einem noch
engeren als dem bloßen Diözesanverbande stand, indem
es den zu deren Dotation bestimmten, vom deutschen Orden
unabhängigen Strich Landes umfaßte. Beweis für diese
Erklärung bietet auch eine für die Erzdiözese Köln im
Jahre 867 vom Könige Lothar II. (nicht Kaiser Lothar)
ausgestellte Urkunde.[3] Indem derselbe nämlich die Ver-

---

1) Auch Binterim schließt sich der Ansicht des Gelenius an,
indem er l. c. bemerkt: „Die Bezeichnung Bisthum bedeutet hier nicht
einen gewissen bischöflichen Sprengel, sondern den Strich Landes,
wo die gewöhnlichen Missionen gehalten wurden." Dabei beruft er
sich auf Willibald und Othlon, die berichten, der h. Bonifatius habe
als Bischof (episcopus) 36 Jahre, 6 Monate und 6 Tage gewirkt.
Die Behauptung Binterims aber ist unrichtig, das Citat nicht
beweisend.

2) Pick, Monatschrift, II. Jahrgang, S. 169.

3) Ennen und Eckertz, Quellen zur Geschichte der Stadt
Köln, I. S. 447.

ordnung des Erzbischofs Gunthar, wodurch den Canonici
der Domkirche und den Mitgliedern mehrer namhaft ge-
machten Klöster, die bisher mit dem Domstift in Verbindung gestanden hatten, die freie Theilung und selbstständige Verwaltung der Güter überlassen wird, genehmigt,
sagt er: „(Diese Concession) wird allen Klöstern ertheilt,
sowohl denjenigen, die innerhalb der Stadt Köln als auch
denjenigen, die außerhalb derselben liegen und zum episcopatus und zur ecclesia s. Petri gehören.“ In diesem
Zusammenhange kann das Wort episcopatus nur das
Domstift, mit welchem die Stifter St. Gereon, St. Severin,
St. Cunibert, St. Ursula, St. Pantaleon, Bonn, Xanten
bisher nach der chrodegangischen Regel in enger Verbindung gestanden hatten, nicht aber die Diözese Köln bezeichnen.

Der Ausdruck in antiquo episcopatu heißt also nichts
Anderes als das alte Stiftsland im Gegensatz zu den
späteren Acquisitionen. Welche Acquisitionen können aber
hier einen Gegensatz bilden? Offenbar nur die auf
der rechten Rheinseite gelegenen, also der durch die
Missionen des h. Suidbert bekehrte Theil des Bergischen
Landes. Uebrigens bildete der Missionsbezirk des h. Suidbert im Bergischen kein neues Bisthum im alten Bisthum
Köln, sondern es war nur ein zu diesem neuacquirirtes
Stück; denn es ist weder ein gleichzeitiges noch ein späteres
Zeugniß bekannt, welches zur Annahme berechtigte, daß
der h. Suidbert nicht in vollständiger Unterordnung unter
den kölnischen Diözesanbischof gestanden hätte. Wenn in
späterer Zeit der Erzpriester von Kaiserswerth (eine Urkunde aus dem XIII. Jahrhundert sagt: seit unvordenklicher Zeit) alle von Kaiserswerth aus gegründeten Kirchen
und Pfarreien ohne alle Mitwirkung des Archidiacon besetzte,
so wird dieses ohne Zweifel von Köln aus in dankbarer
Anerkennung der großen Verdienste des h. Suidbert um
die Verbreitung und Befestigung des Christenthums im
Bergischen gestattet oder zugelassen worden sein. Ebenso
mag es sich mit der Decanie des Kelbachgaus, die in älterer
Zeit dem Stifte Kaiserswerth und dessen Erzpriester (archi-

presbyter) unterstellt war, verhalten; erst im XIV. Jahrhundert ist dieselbe mit dem Kelbachgau selbst allmälig
verschwunden und erscheint von da an mit der Neußer
Decanie verschmolzen; alle Pfarreien, die ihr angehört
hatten, von Lank und Crefeld rheinaufwärts, und von der
Anger bis zur Wupper, die den Deutzer-Gau resp. Decanie
begrenzte, unterliegen [1]) seitdem der Archidiaconal-Gerichts-
barkeit des Dombechanten. Im Jahre 1621 wurden
endlich durch die sogenannte Provisional-Transaction
zwischen Erzbischof Ferdinand von Köln und Herzog Wolf-
gang Wilhelm von Jülich-Cleve-Berg die rechtsrheinischen
Pfarreien der Neußer Decanie von dieser getrennt und aus
derselben eine besondere Düsseldorfer Decanie gebildet. [2])

Aus dem Gesagten erhellt, daß zur Zeit des h. Suidbert das Christenthum fast in allen Theilen des Bergischen
Landes, und theilweise auch schon früher, verbreitet war.
Indessen dürfen wir uns über den Grad der Durchbildung
desselben in den sozialen Verhältnissen keine hohe Vorstellungen machen. Unsere heidnische Vorfahren hingen
mit zäher Festigkeit an gewissen althergebrachten Gebräuchen,
die mit der christlichen Sitte ganz und gar in Widerspruch
standen und denen sie sich um so schwerer entwinden
konnten, je enger dieselben mit ihrem täglichen Leben und
Wirken zusammenhingen. Ein Zeugniß über das Christenthum im Bergischen aus dem Jahre 734, also 21 Jahre
nach dem Tode des h. Suibbert, besitzen wir in einem
Päbstlichen Schreiben, das an keinen geringeren Mann
als den heiligen Bonifatius gerichtet war. [3]) Ist auch der
Apostel der Deutschen nicht im Bergischen als Missionar
thätig gewesen, so doch an den östlichen Grenzen desselben,
bei den Hessen und Thüringern, und hier konnte er die
religiösen Zustände des Landes wohl kennen gelernt und
darüber dem h. Vater Bericht erstattet haben. Das Schreiben

---

1) Binterim und Mooren, Erzdiözese Köln I. 208.
2) Binterim und Mooren, l. c.
3) Epist. 44 ed. Wurdtwein. Eckardt, Francia orient. lib.
22 n. 6.

ift ein von Pabft Gregor III. für Bonifatius ausgestellter
Empfehlungsbrief, gerichtet an die Häuptlinge und das
Volk der germanischen Provinzen, an die Thüringer, Hessen,
Bortharier,[1] Niftrefer, Webrever, Lognaer u. f. w.
In demselben ermahnt der h. Vater diese Völkerschaften,
von allen Arten des Heidenthums und des Aberglaubens,
die früher bei ihnen üblich gewesen, abzulassen, die Wahr-
sager, Loosbeuter, Todtenopfer, Hain- und Brunnendienste,
Amulette, Zaubereien und derartige Gebräuche zu meiden
und zu verabscheuen, und sich von ganzem Herzen zu Gott
zu wenden und ihn allein zu fürchten, zu ehren und anzubeten. Betrachten wir die genannten Völker näher, so
lassen sich von den vielfach entstellten oder, was noch glaub-
licher erscheint, als Provinzialismen aufzufassenden Namen
die Bortharier als Bructerer leicht wieder erkennen. Ihre
Nachbaren sind die Niftrefer, oder diejenigen, die an der
Nifter wohnen, einem Flüßchen, das unweit Hachenburg
im alten Auelgau in die Sieg fällt. Dann folgen die
Bewohner der Wetterau oder die Anwohner der Wetter,
darauf die der Lahn u. f. w. Man sieht, die Aufzählung
folgt nach einer bestimmten Ordnung, nämlich von Norden
nach Süden oder deutlicher, nach den Wohnsitzen der
betreffenden Völkerschaften, von Nordwest nach Südost, —
ein Beweis, daß wir die Bructerer in den Nordwesten zu
setzen haben, also in den Diftrict von der Sieg bis zur
Ruhr.

Auch findet sich in einem Päbftlichen Schreiben an
Bonifatius eine Bemerkung, die uns den geringen Grad
christlicher Religiofität und Bildung des Volkes bezeugt. Als
nämlich Bonifatius nach langjährigem Wirken in verschiedenen
Theilen Deutschlands sich entschlossen hatte, seine letzten
Lebenstage in der Stille an einem festen Bischofsfitze zu
verleben, wählte er dazu nach dem Tode des Bischofs
Reginfried von Köln († 747) dessen vacanten Bischofsfitz

---

[1] Die Erklärung Seiters (Bonifatius, S. 275), es seien darunter die Anwohner der Wohra oder Vordaa im Oberhessischen zu
verstehen, verdient dagegen keine Berücksichtigung.

und bat den Pabst Zacharias, ihm diese Stadt als Metropolitansitz zu bestätigen. In der Antwort des Pabstes
heißt es[1]): „Du schreibst mir, daß alle Frankenfürsten
eine Stadt, die bis an die Grenzen der Heiden und ins
Gebiet der deutschen Stämme hineinreicht, wo du bisher
das Wort Gottes gepredigt, erwählt haben, damit sie zum
Metropolitansitz für dich errichtet werde. Diese Stadt,
welche früher Agrippina hieß, jetzt aber Köln u. s. w.“
Offenbar ist der Ausdruck „Stadt, die bis an die Grenzen
der Heiden reicht“ nicht wörtlich zu nehmen; denn daß
man das Heidenthum in der nächsten Nähe von Köln
geduldet habe, während die kölnischen Bischöfe bis zum
7. Jahrhundert, wie wir oben gehört, es zwischen Lippe
und Ruhr zu vertilgen suchten, ist unglaublich. Auch beweisen die Zeugnisse für St. Suidberts Wirksamkeit im
Bergischen das Gegentheil. Die Sache verhält sich hier
gerade so, wie auch in den meisten Gegenden Deutschlands, wo
das Christenthum erst ein oder zwei Jahrhunderte eingeführt war; es hatte zwar zahlreiche Anhänger, aber die
national-heidnischen Ideen und Gebräuche machten dem
christlichen Gesetze in der Familie wie in der bürgerlichen
Gesellschaft nur zu oft und gewaltig die Herrschaft streitig.
Daher finden wir auch, daß die Synoden jener Zeit ihre
Thätigkeit namentlich gegen die abergläubischen Ideen und
heidnischen Gebräuche richteten. In der Synode des Jahres
745 schrieb der h. Bonifatius den Bischöfen vor, auf ihren
jährlichen Visitationsreisen sich besonders die Abstellung
der heidnischen Gebräuche (prohibere paganas observa-
tiones) angelegen sein zu lassen.[2]) Mit scharfen Verordnungen suchte die weltliche Regierung[3]) (besonders die
ersten Karolinger) den kirchlichen Vorschriften in dieser
Beziehung Nachdruck zu verschaffen, aber dennoch hat sich
das altheidnische Unwesen erhalten. Viele heidnische

---

1) Epist. S. Bonifacii 70 ed. Wurdtwein.
2) Hartzheim, Concil. Germ. tom. I. pag. 68.
3) Capitul. de part. Sax. apud Baluz. V. col. 252; capit.
a. 744 apud Baluz. I. col. 153, 254, 957 u. s. w.

Gebräuche, abergläubische Meinungen, Zaubermittel u. s. w.
sind durchs ganze Mittelalter hindurch bis zur neueren
Zeit bestehen geblieben. Der heilige Bonifatius hat uns
ein Verzeichniß der namhaftesten hinterlassen [1]), und daraus
können wir einen Schluß ziehen auf die Art und Inten-
sivität des Heidenthums im Bergischen, wenn auch jenes
Verzeichniß sich nicht gerade auf dieses Land speziel bezieht.
Hierhin gehört der Quellen- oder Brunnencult. Die Brunnen,
namentlich die Mineral- und Heilbrunnen, standen bei den
alten Deutschen in besonderer Verehrung; dort hielten sie
Hauptfeste, brachten Opfer dar und ergaben sich einem
zügellosen Götzendienste. Bischof Eligius ermahnte die
Heiden: „Nehmet eure Zuflucht nicht zu Denkzetteln, nicht
zu Brunnen, nicht zu Bäumen oder Waldgöttern. [2]) Im
Pönitenziale des h. Bonifatius wird demjenigen Christen
eine 5jährige Buße auferlegt, der an einem solchen Brunnen
Gelübde entrichtet, — ein Zeichen, daß dieser Götzendienst
dem christlichen Gesetze durchaus widersprach. Derselbe
scheint im Bergischen sehr verbreitet gewesen zu sein. Wir
finden einen solchen Brunnen zu Gerresheim hinter der
Kirche am Fuße eines bewaldeten Höhenzuges; noch jetzt
haftet eine, in dortiger Stadt allbekannte Teufelssage an
demselben; sein Namen, St. Gerricus-Pütz, weist darauf
hin, daß er ehedem ein heidnischer Opferbrunnen war;
denn es war kirchliche Vorschrift und Sitte jener Zeit,
um den durch heidnischen Aberglauben berühmt gewordenen
Quellen einen christlichen Character zu geben und dadurch
den heidnischen Brunnendienst zu zerstören, dieselben einem
christlichen Heiligen zu weihen. Wann der Name St. Gerricus-Pütz, der zugleich für die Heiligkeit Gerrichs ein Zeugniß ablegt, aufgekommen, wissen wir nicht; aber die Heiligkeit Gerrichs ist schon durch eine bischöfliche Urkunde [3])
vom Jahre 1106 bestätigt und der Gebrauch des Brunnen
als Heilbrunnen datirt seit unvordenklicher Zeit. Ein

---

1) Binterim, Denkw. 2. Bd. 2. Thl. S. 537.
2) Lecanu's Geschichte Satans. Regensburg 1863. S. 131.
3) Lacomblet, U. B. I. 267.

zweiter, noch wohl erhaltener heiliger Brunnen liegt zu
Holzerhof bei Leichlingen. Letzterer Ort ist uralt¹) und
kommt schon im zehnten Jahrhundert urkundlich vor. Im
Jahre 1873 fand man auf einem Acker in der Nähe der
Quelle eine keltische Goldmünze, die noch wohl erhalten
war²); auch früherhin hat man eine solche daselbst gefunden; dieselbe ist aber für die Wissenschaft unbeachtet
verloren gegangen. Eine dritte, schon durch ihren Namen
an heidnischen Cult erinnernde Quelle ist die von Sonnborn. Der Sonnencult ist urgermanisch; als Ueberrest
desselben ragt Tyr oder Tius (Zeus), der Gott des Lichtes,
in das späte Heidenthum hinein und gibt dem dritten
Wochentag den Namen Tiusdag, Tiwesdag, Dinstag. Da
Sonnborn schon im Jahre 873 eine Pfarrkirche (basilica)
besaß,³) so läßt sich vermuthen, daß der heidnische Brunnencult daselbst durch den christlichen Kirchenbau verdrängt
worden ist. Ob die Gezelinquelle in der Bürgermeisterei
Schlebusch auch zu diesen Brunnen zählt, ist mir zweifelhaft; jedenfalls läßt sich der h. Gezelinus ⁴), der in dortiger Kirche verehrt wird, nicht mit einer heidnischen Quelle

---

1) Dort wollte Erzbischof Gero (969—976) ein Kloster stiften,
wurde aber durch ein Unglück eingeschüchtert und errichtete es in
M.-Gladbach d'Achery Spicileg. tom. XII. p. 234. 1. Ausg. Der
frühe Bestand einer Pfarrkirche daselbst ist durch eine Urkunde vom
Jahre 1019 constatirt. Lacomblet, U. B. I. 153.

2) Jahrbücher des Vereins rhein. Alterthumsfreunde Heft 53
und 54 S. 299. Avers: ein bärtiger Kopf mit Diadem nach links.
Revers: ein Pferd im Lauf, darunter Blätterschmuck mit doppelter
Perlenreihe. Die Münze wiegt ungefähr 2 Kilogramm und hat heute
einen Geldwerth von 6 Mark.

3) Lacomblet, U. B. I. 68. Noch jetzt zeigt man dort den
Sonnenborn und geht die Sage, die Heiden hätten in denselben ihre
neugeborenen Kinder eingetaucht, um sie dem Schutze des Sonnen-
gottes anzuempfehlen. W. Langewiesche, Elberfeld und Barmen.
Beschreibung und Geschichte. Barmen, 1863. S. 126.

4) Act. Sanct. Bolland. ad 6. Aug. II. p. 172 seq.
Mering, Geschichte der Burgen u. s. w. 10. Heft, S. 12. Die
Tradition der Schlebuscher Kirche reicht bis ins XIV. Jahrhundert
zurück und ihr Inhalt stimmt ziemlich genau mit der Legende des
Heiligen, wie sie in einem werthvollen MS. der Stiftskirche zu
Aachen mitgetheilt wird.

daselbst in Verbindung bringen Dagegen kann es wohl keinem Zweifel unterliegen, daß der h. Brunnen vor der Stadt Duisburg im dortigen Walde zu diesen altheidnischen Opferstätten zählt. Seit unvordenklicher Zeit ward er von den Bewohnern dieser alten Stadt in Ehren gehalten und bis zur neuesten Zeit an gewissen Tagen des Jahres besucht. Den triftigsten Beweis aber gibt seine Lage; er liegt nämlich in der Nähe des großen altdeutschen Gräber= feldes, das sich nördlich bis Großenbaum hinzieht. Dieses Gräberfeld kennzeichnet den Duisburger Wald selbst hin= reichend als einen altdeutschen heiligen Hain.

Zweitens finden sich im Bergischen manche Spuren des Wodancult, welche bekunden, daß derselbe hier in besonderer Blüthe gestanden. Ueber diesen Gott, der bei allen Deutschen verehrt wurde, sagt Paulus Diaconus [1]): „Wodan, den sie (die Longobarden) mit Versetzung eines Buchstabens Gwodan nennen, ist eben der, den die Römer Mercur nennen; er wird als Gott von allen Völkern an= gebetet." Nach altdeutscher Vorstellung ist er der Gott des Himmels, der Jahreszeiten, des Kampfes und Sieges, der mit seinem Götterheere durch die Lüfte dahinfährt, eine Vorstellung, die noch in den Sagen von der wilden Jagd fortlebt; „be Wod tuet" d. i. zieht, ist ein heidnisch=deutscher Ausdruck, der sich auch im Bergischen noch erhalten hat. Pferd und Eber waren die ihm besonders geweihten Opfer= thiere, weshalb diese Thiere auch in der altdeutschen Mythologie eine große Rolle spielen und ihre Reste selbst in altdeutschen Gräbern sich vorfinden. Wie im Ubiergebiet Godesberg[2]), Godenau[3]) u. s. w., so erinnert der Godes= busch bei Gerresheim noch an den ehemaligen Cult dieses Götzen. Der genannte Busch reichte ehedem von der alten Kölner Landstraße an der Kaisersburg bis zum Grafenberg und bildete, soweit die Geschichte zurückreicht, die äußerste westliche Spitze des Bergischen Amtes Mettmann. Der=

1) Pauli Diaconi, hist. Longob. lib. I. c. 9.
2) Lacomblet, U. B. I. 54.
3) Simrock, Malerisches Rheinland. 4. Aufl. S. 338.

selbe war eine dem Gotte geweihte Cultusstätte,[1] namentlich der Grafenberg, wahrscheinlich wegen seiner, die Landschaft nach drei Weltgegenden beherrschenden Bergspitze und wegen des Schutzes, den er durch den unmittelbar an seinem Fuße vorbeifließenden Rheinarm und im Rücken durch die ausgedehnten Waldungen genoß. Auch erinnert noch an denselben Götzen der im ganzen Bergischen Lande gebräuchliche Name Godestag für Mittwoch).

Andere Erinnerungen an die heidnische Vorzeit z. B. der Baumcult,[2] Wahrsagerei, Wünschelruthe, Wehrwölfe, die verschiedenen Schutzmittel gegen Behexung und den Alp u. s. w. muß ich hier übergehen, um vom Thema nicht zu weit abzuirren.

Alles dieses bekundet aber die Thatsache, daß der Götzendienst im Bergischen mit den national-heidnischen Vorstellungen des Volkes tief verwachsen und viele Jahrhunderte nöthig waren, ehe das Licht des Christenthums dort die heidnische Finsterniß verscheucht hat. Die Bemerkung im Briefe des Pabstes Zacharias, Köln sei eine Stadt, die an das Gebiet der Heiden grenze, ist daher nicht ganz unrichtig, aber sie ist auch nicht wörtlich zu nehmen. Sie ist ein allgemeiner Ausdruck, wie sich ein ähnlicher im Leben des h. Liudger findet, wonach zur Zeit dieses Heiligen Werden noch von Heiden bewohnt gewesen sein soll, während derselbe doch gerade an einem sicheren christlichen Orte sich eine Pflanzschule gründen wollte[3], in welcher er tüchtige Diacone und Priester für seine Mission unter den Sachsen heran ziehen könnte.

Die bisherigen Erörterungen über die Bructerer im Bergischen und ihr Christenthum schließen wir mit einer geschichtlichen Hypothese, die sich uns nach dem Gesagten

---

1) Archivrath Dr. Harleß hat das Verdienst, dies zuerst und gründlich nachgewiesen zu haben. Zeitschrift des Bergischen Geschichtsvereins. Bd. 7. S. 205 flg. S. 314.

2) Z. B. Siebeneiken bei Neviges und am Lemmenhaus bei Schloß Roland.

3) Siehe meine Bemerkungen hierüber in Reusch, Theolog. Litt. Bl. 1868 S. 141 flg.

unabweislich aufdrängt. Wir glauben nämlich, daß der
Name Bercterer, Bricterer, Bortharer, wie die Bructerer
schon bei Gregor von Tours und noch in Urkunden des
neunten und zehnten Jahrhunderts[1]) genannt werden, in
dem unrichtig verstandenen und aus dem Lateinischen wieder
zurückübersetzten Worte „Berg" ruht, so daß also das
Bergische Land nicht das Land der Berge, sondern der
Berchther wäre. Diese Vermuthung, die zuerst Dr. Bouterwek
aufgestellt, aber nicht weiter begründet hat,[2]) hat auch
sonst noch viel Wahrscheinliches für sich. Die Namen der
Gaue hatten in alter Zeit im Munde des Volkes weniger
Bedeutung als in der Kanzlei der administrativen Behör-
den; das Volk kannte nur Länder. Der Geograph von
Ravenna (VI. Jahrhundert), der von Geburt ein Deutscher
gewesen zu sein scheint, braucht dafür überall das Wort
patria. Daher kommt es auch, daß sich die Namen der
Gaue bis auf den heutigen Tag nur in Urkunden, die
Namen der Volksstämme oder Länder im Munde des
Volkes, wenn auch oft sehr entstellt und abgeändert, lebendig erhalten haben. In Westfalen gibt es für diese Wahrnehmung die schlagendsten Beweise. Dort kennt das Volk
keine Gaue mehr, wohl aber ein Süderland (unrichtig
Sauerland), Emsland, die Länder Bilstein, Fredeburg.
Ebenso verhält es sich in der Erzdiözese Köln. Niemand
im Volke spricht mehr vom Kölngau, Jülichgau u. s. w.,
wohl aber Mancher vom Kölner Land, vom Jülicher Land,
vom Montjoier Land u. s. w. Demgemäß ist es auch mehr
als wahrscheinlich, daß der Volksausdruck, das Bergische
Land nichts Anderes heiße als das Land der Berchther,
d. h. der Bercterer oder der Bructerer.

Die Berchtherer waren indeß im 8. und 9. Jahrhundert nicht die einzigen Bewohner des Bergischen Landes;
strichweise wohnten auch im Nordosten und zerstreut unter

1) Lacomblet, U. B. I, 38, 48, 109. Archiv II, 239. 233;
in der vita S. Liudgeri heißen sie Borathri (cf. Mabillon act. Sanct.
ed Venet. tom. V. p. 31) anderswo Botrini; vielleicht ist auch der
Name „Soester Börde" eine Corruption des ursprünglichen Wortes.
2) Suidbert, der Apostel des Bergischen Landes. S. 22.

den Berchtherern im Norden die Attuarier. Der Hettergau, der sich nordöstlich bis Hattingen erstreckte[1]) und den Ruhrgau mehrfach durchkreuzte, erinnert daran. Wahrscheinlich wohnten die Attuarier in dem Districte, den die beiden kölnischen Decanate Attendorn und Lüdenscheid bildeten. Dieselben werden schon von Ammianus Marzellinus[2]) genannt und ausdrücklich zu den Franken gezählt. Um in ihr Gebiet zu gelangen, ging Julian im Jahre 360 bei Tricesimae (wahrscheinlich Birten bei Xanten) über den Rhein. Vielleicht sind die fortwährenden Kämpfe der Franken mit den Sachsen die Ursache gewesen, weßhalb dieselben theilweise von der linken Rheinseite auf die rechte gekommen sind; im 8. und 9. Jahrhundert war der Hauptsitz des Volkes an der Niers und in der Gegend von Geldern (pagus Hattuariorum)[3]). Ob dasselbe im 9. Jahrhundert größtentheils christianisirt gewesen, kann aus Mangel an Nachrichten nicht constatirt werden; daß es aber Christen unter denselben gegeben, folgt aus der, in jenem Jahrhundert geschriebenen Translationsgeschichte des h. Alexander[4]), worin auf die Fürbitte dieses Heiligen die Heilung eines attuarischen Weibes, Namens Werica aus Herbede an der Ruhr, berichtet wird; auch wird in der Lebensgeschichte des h. Liudger erzählt[5]), wie ein krankes Frauenzimmer aus dem Gebiete der Hatterer nach Werden gebracht und dort auf die Fürbitte des Heiligen geheilt worden sei.

An die Stammbewohner des Landes schließt sich passend die älteste Eintheilung desselben an. Im Laufe der vorhergehenden Darstellung haben wir zwar schon einige

---

1) Lebebur bei Ukert, Germ. S. 391 Not. 8. Zeuß, die Deutschen und ihre Nachbarstämme S. 336, Note.

2) Ammiani Marc. rerum gestarum lib. XX. cap. 10.

3) Zeuß, l. c. S. 337. Van Spaen, Inleid. tot de hist. van Gelderlant, Bd. II. S. 5 flg.

4) Pertz, Monum. Germ. II. p. 680. §. 12. Mulier Werica de pago Hatterun ex villa Heribiedu. Darnach heißt also die Gegend von Wattenscheid pagus Hatterun. Vergl. Annalen für die Geschichte des Niederrheins Heft 8. S. 271.

5) Mabillon act. Sanct. tom. V. pag. 53.

Namen der Gaue, worein das Land getheilt war, namhaft gemacht, aber der Uebersicht wegen wollen wir hier
alle Gaue der Reihe nach aufzählen und ihre Grenzen
angeben. Es sind folgende vier: Auelgau, Deutzgau,
Kelbachgau, Ruhrgau. Natürliche Grenzen, Flüsse, Berg-
ketten, Haiden, alte Straßen u. s. w. sind von jeher die
beliebtesten Markscheiden der Völker gewesen und dies
finden wir auch im Bergischen bestätigt. Der Auelgau
umfaßte das Land um den Oelberg, einen von den
Siebenbergen; die Agger, die kurz vor der Mündung der
Sieg in letztere fließt, schied ihn im Norden vom Deutzgau, im Süden in der Gegend von Altenkirchen und
Oberlahr, schied ihn die Wied vom Lohngau. Der Deutzgau lag zwischen Agger und Wupper; er grenzte südlich
an den Auelgau, westlich an den Rhein, nördlich an die
Wupper, östlich ans Sächsische oder an die sächsische Mark,
wie dieses Gebiet zur Zeit Karl des Gr. genannt wurde.[1]
Der Kelbachgau lag zwischen Wupper und Anger, die bei
Angerort in den Rhein fällt; er wurde im Westen vom
Rheine und im Osten, in der Gegend der Honschaft Hetter-
scheid und Elberfeld, vom Hettergau begrenzt. Da Gerresheim in Kelbachgau gelegen war, so erheischt es der Zweck
dieser Schrift, die Grenzen so genau als möglich zu
bestimmen. Urkundlich werden folgende Orte[2] als in dem-

---

1) Binterim und Mooren, alte Erzdiöze se Köln, I. S. 289.
Die verschiedenen Ortschaften daselbst, die auf scheid endigen, z. B.
Lünscheid, Hülscheid u. a. weisen unzweideutig darauf hin. Was
Einhart im Leben Karls des Gr. von den Grenzscheiden zwischen
Franken und Sachsen sagt, trifft dort wörtlich zu. „Die Grenze
zwischen uns und den Sachsen, sagt er cap. 7, zieht sich fast ununterbrochen in der Ebene hin mit Ausnahme einiger Stellen, wo
größere Waldungen oder dazwischen liegende Bergrücken eine scharfe
Grenzlinie bilden." Jene termini in plano, worauf bereits Binterim
hingewiesen, sind auf der Linie zwischen Steele und Dorsten, und
weiter auf der alten Grenzlinie gegen die Münstersche Diözese
hin zu suchen, und zwar die Berge zwischen dem Deutzer und
Attenborner Decanat, die Wälder aber an der Wupper, wo noch
Rade vor'm Wald liegt und wo es noch Höfe gibt mit dem Namen
vor der Mark, im Busch u. s. w.
2) Lacomblet, U. B. I. 83.

selben gelegen bezeichnet: Werth (Kaiserswerth), Himmelgeist, Mettmann, Neurath, Herscheid (letzteres jetzt nur
mehr eine Gemeinde-Abtheilung der Bürgermeisterei Velbert),
Heresbach bei Schöller, und der Hof Angeren bei Homberg.
Berücksichtigen wir, daß in älterer Zeit die kirchliche De-
canats-Eintheilung den Gaugrenzen zu folgen pflegte, so
erkennen wir aus der Ausdehnung des Bezirkes, in welchem die genannten Ortschaften liegen, daß der rechtsrheinische Theil des Neußer Decanats mit diesem Gaudistrict
zusammenfiel.[1]) Die alten Pfarreien im Decanat Düsseldorf heißen: Bilf, Düsseldorf, Calcum, Wittlar, Mündelheim, Ratingen, Homberg, Wülfrath, Düssel, Sonnborn,
Schöller, Wald, Grüten, Mettmann, Erkrath, Hilden, Richrath, Monheim, Himmelgeist, Benrath, Gerresheim, Voll-
merswerth, Uedesheim, Hamm. Die meisten dieser Pfarreien
bestanden schon im neunten Jahrhundert, wie sich urkundlich nachweisen läßt und theilweise im Vorhergehenden
nachgewiesen ist; bei anderen ist dies wenigstens wahrscheinlich. Der Ruhrgau endlich, auch Duisburgergau genannt, erstreckte sich auf beiden Seiten der Ruhr, etwa
von Steele bis Duisburg, und reichte nördlich bis zur
Emscher, südlich bis zur Anger.

Diese Gaue sind nicht erst eine Schöpfung der Franken,
sondern datiren aus alt-germanischer Zeit. Als Karl der
Gr. seine Regierung antrat, war der verfassungsmäßige
Zustand dieser Gaue noch so, wie ihn Tazitus beschrieben.[2])
Das Volk bestand aus freien Wehren und Hörigen, von
denen diese jenen dienten. Die Freien wohnten auf
ihren Höfen, jeder in seinem Gehöfte unabhängig, aber
zum Zweck gemeinsamer Vertheidigung und des Rechts-
schutzes in Honschaften (Centene oder 100 Höfe) und diese
in Marken zu einem großen Ganzen vereinigt. Das Recht

---

1) Binterim und Mooren, l. c. I. S. 218.
2) Tacit. germ. cap. 6, 11, 12, 14, 16, 25, 26; ferner Möser
Osnabrückische Geschichte Bd. 1. S. 13. Seibertz, Karl des Gr.
Gauverfassung im Herzogthum Westfalen cf. Wigands Archiv
Bd. VI. Heft 2.

ward nur durch Genossen gewiesen; gewählte Richter
sprachen es aus. Auch Karl der Gr. hat an dieser Verfassung wenig geändert; nur hat er die Gaue, die bisher
vielfach unbestimmt waren, schärfer begrenzt, um dadurch
bei der zunehmenden Population einerseits Streitigkeiten
zu verhüten, andererseits die fiscalische Verwaltung zu er-
leichtern.

Wir beschließen diese Erörterungen über die Stamm-
bewohner, Christianisirung und politische Eintheilung des
Bergischen Landes mit einem kurzen Ueberblick seiner
Territorialgeschichte im ersten Jahrtausend nach Christus.

Seit dem Sturze der Römerherrschaft vereinigte die
Merowingische Dynastie, wie bereits erwähnt, alle fränkischen Stämme und Gebiete am Rhein mit dem eroberten
Gallien. Das Ripuarische Frankenland, das ungefähr
mit der Erzdiözese Köln bezüglich des Umfanges sich deckt,
wurde stets als die alte reindeutsche Heimath der Franken
angesehen und besonders war es der rechtsrheinische Bergische Uferstrich von der Sieg bis zur Ruhr, der sich dieser
Ehrenbezeugung erfreute; denn bis zum vierten Jahrhundert hausten die Franken mit ihren verschiedenen Königen
auf der rechten Rheinseite und unternahmen von dort ihre
Verwüstungszüge ins römische Gebiet. Die Sigambern, die
von der Sieg benannt sind, bilden den vornehmsten Stamm
der Franken, weßhalb auch von Chlogio an bis Dagobert
aus ihrer Mitte die Könige gewählt wurden[1]); Chlogio
selbst gründete zu Duisburg seinen Herrschersitz.[2]) Das
Ripuarische Frankenland bildete den Kern der austrasischen
Länder. Ohne Zweifel war dies der Hauptgrund, weßhalb die fränkischen Könige den Uferstrich von Duisburg
bis zum Siebengebirge, den man das Bergische Land nennt,
namentlich den der Rheinebene zugewendeten Theil, stets
als Krongut sich vorbehalten haben, wenn auch die herr-

---

1) Ueber Ursprung und Heimath der Franken von Dr. Bender.
S. 21 und 24.

2) Gregor. Turon., hist. Franc. lib. II. cap. 9. Aimonius,
hist. Franc. lib. I. cap. 4 und 5.

lichen Waldungen, die sich hier finden, dazu ein wichtiges
äußeres Motiv mögen gebildet haben. Noch im zwölften
Jahrhundert war der ganze District zum größten Theile
Wald, nur durch Kirchdörfer, Edelsitze, Höfe und Kothen
unterbrochen; Kaiser Heinrich IV. nennt das große Dreieck
zwischen Rhein, Ruhr und Düssel e i n e n zusammenhän-
genden Wald.[1]) Wegen der Wichtigkeit dieses Landstriches
finden wir auch frühzeitig in demselben feste Plätze angelegt. Zu Duisburg im Ruhrgau baute Chlogio, wie bereits
erwähnt, sich einen Königspalast, welchen die merowingischen und karolingischen Könige resp. Kaiser stets als eine
der wichtigsten Reichsfesten angesehen und gehütet haben.
Im Kelbachgau auf'm Werth (Suidbertswerth) baute Pippin[2])
im Anfange des achten Jahrhunderts eine ähnliche Burg,
die zugleich zum Schutze des vom h. Suidbert daselbst
errichteten Klosters dienen sollte. Eine dritte Burg erhob
sich zu Deutz[3]) im Deutzgau, vielleicht auf den Trümmern
eines Römercastells. Zu diesen Pfalzen gehörte eine Menge
der herrlichsten Waldungen in naher Umgegend und der
reichsten Königshöfe, welche zur Zeit, wo die Könige die
Pfalzen bewohnten, zur Beschaffung des Unterhaltes dienten.
Zum Palatium in Duisburg gehörte der Ketilwald[4]); im
Jahre 1065, wo bereits alle unmittelbare Hoheit und der
Glanz königlicher Hofhaltung in unserem Bezirke aufgehört
hatte und die Grafen von Berg als neue Landesherren
auftreten, verschenkte[5]) ihn der vorgenannte Kaiser Heinrich IV. seinem Erzieher, dem Erzbischof Adalbert von
Bremen; ferner gehörte dazu der dortige Reichshof, auf
dessen Grund und Boden die spätere Stadt Duisburg sich

---

1) Lacomblet, U. B. I. 205.
2) Lacomblet, Archiv III. Bd. S. 3. Prifac, die Kirche
in Kaiserswerth im Kölner Domblatt 1851.
3) Jahrbücher der Alterthumsfreunde im Rheinlande XV. S. 12.
Lacomblet, U. B. I., 136, 137, 138, 141, 146, 153, 357.
4) Dies ist die alte Benennung für den Duisburger Wald;
cf. Thietmar bei Pertz, Monum. Germ. scr. tom. III. p. 768.
Lacomblet, U. B. I. 205. Wir werden dies ausführlicher in der
Geschichte der Stadt Ratingen nachweisen.
5) Lacomblet, U. B. I. 205.

entwickelt hat. Zur Reichsfeste in Werth gehörte der Wald zwischen Gerresheim und Ratingen, welcher den alten keltischen Namen Aap[1]) führt und in welchem das Kloster Suidbertswerth kraft kaiserlicher Bewilligung das Beholzungsrecht hatte[2]; ferner gehörten dazu die Königshöfe Rinthausen, (schon Pippin[3]) hatte diesem Hofe die Waldgrafschaft über die Gemarken Lintorf, Saarn, Grind, Ungensham, Loh, Ueberangern, Zeppenheim, Leuchtenberg, Stockum, Derendorf, Ratingen und Flingern als ein ihm anklebiges Besitzthum verliehen), sodann Rath, Mettmann u. a. Zur Burg in Deutz aber gehörten der Buchenforst (sylva buchonica), in welchem im Jahre 507 Sigebert, der Herrscher der Rheinfranken, auf Anstiften seines Sohnes ermordet wurde[4]), ferner der Mäusewald (Muyseloe), der sich abwärts von Dünwald zwischen Wupper und Düne hinzog, vor allem aber der große Königs= und Frankenforst[5]), der zwischen dem Strunderbach, Rhein und der Agger gelegen war. Alle diese Waldungen waren Eigenthum der fränkischen Könige und zur Hegung der Jagd und Trift gegen jeden Unbefugten in Bann und Frieden gelegt. In Folge dessen wurde das ganze Uferland resp. Bergische nie an einen Herzog zu Lehen gegeben. Erst nachdem das ephemere lotharingische Reich an den deutschen König Heinrich I. abgetreten worden war (923), und sich aus demselben ein ober= und niederlothringisches Herzogthum gebildet hatte, kam auch dieser Theil Ripuariens zeitweise unter Herzoge. Erzbischof Bruno, dem sein Bruder, Kaiser Otto I., das Herzogthum Nieder=Lothringen zur Verwaltung übergeben, hat in Folge dessen diesen

---

1) Eine ähnliche Benennung führt das Gebirge „Ebbe" bei Meinerzhagen im Märkischen, ferner der Walddistrict Ap bei Hünxe u. s. w.

2) Lacomblet, U. B. I. 339.

3) Lacomblet, U. B. I. 540, 85.

4) Gregor. Tur. II 37—40 Er erstreckte sich von Mülheim und Flittard bis Odenthal und B. Gladbach.

5) Lacomblet, U. B. I. 136. quartam partem silvae que dicitur vulgo Kuningesuorst.

Landstrich eine Zeit lang beherrscht. Seine Erwerbung des Oberhofs Ratingen nebst Patronat der dortigen Kirche für die Metropolitan-Domkirche, wovon in seinem Testamente die Rede ist, fällt in diese Zeit. Als das Herzogthum zerfallen war, kam das Bergische Uferland an die Pfalzgrafen, die es von ihrer Erzpfalz Aachen aus verwalteten. An den im Lande bestehenden Marken und Höfen wurde während des herzoglichen resp. pfalzgräflichen Regimentes nichts verändert, diese behielten ihre alte Verfassung und Gerechtigkeit. Aber auch noch andere, durch ihr Alter ehrwürdige Zeugnisse königlicher Huld- und Hofhaltung in hiesigem Bezirk liegen vor. Schon im siebenten Jahrhundert besaß Duisburg eine Münzstätte[1]) und hielten sich die Könige dort wie auch später zu Kaiserswerth wiederholt und auf längere Zeit mit ihren Kanzleien und ihrem Gefolge und Gesinde auf. Dafür geben den besten Beweis die vielen, an verschiedenen Orten dieses Bezirks ausgestellten Urkunden.[2]) Und wie oft mögen dieselben hier verweilt haben, bloß um sich von ihren Reichsgeschäften zu erholen und in den nahen Waldungen durch Pflege des edlen Waidwerks sich zu zerstreuen! Thietmar von Merseburg erzählt[3]) in seiner Chronik, Otto III. sei im Jahre 980 im Ketilwalde geboren; auch stellte Kaiser Heinrich IV. unter Zuziehung des Erzbischofs Anno von Köln im Jahre 1062 im Ketilwalde eine Urkunde aus.[4]) Wo dieses geschehen, wissen wir nicht, aber wir sehen daraus, wie lieb und theuer den fränkischen Königen und Kaisern dieser Territorialbesitz gewesen ist. Das benachbarte hochadelige Damenstift zu Essen wurde im 10. und 11. Jahrhundert fast nur von Töchtern oder nächsten Verwandten der Könige und Kaiser als Aebtissinnen verwaltet. Auf Bitten der Kaiserin Theophanu erhielt Werden im Jahre 974 Markt-

---

1) Binterim und Mooren, alte Erzdiözese Köln I. 268.
2) Lacomblet, U. B. I. 73, 81, 84, 109, 124, 149, 176, 183, 185, 186 u. s. w.
3) Pertz, monum. Germ. tom. III. p. 768. (Thietmar lib. III. c. 15). Lacomblet, Archiv III. S. 26.
4) Butkens. Trophées de Brabant I. preuves pag. 27.

und Münzrecht[1]). Zu Essen ward ihre Tochter Mechtildis erzogen, von wo Pfalzgraf Ezzo sie als Braut heimführte. Ihre Enkelin, ebenfalls Theophanu genannt, war selbst Aebtissin von Essen und Gerresheim.[2]) Noch heutzutage lebt deren Andenken zu Essen in bedeutenden Stiftungen[3]) und noch mehr in den kunstreichen, mit Edelsteinen, Emaillen und Filigranarbeit geschmückten Kirchengeräthen, womit sie die dortige Schatzkammer bereichert hat, fort. Diese Kirchengeräthe insbesondere weisen durch ihr byzantinisches Kunstgepräge und die wohlerhaltenen Inschriften, die sie tragen, gerade auf jene Zeit, wo die kaiserliche Familie der Ottonen sich gerne im Kelbach- und Ruhrgau aufhielt und sich mit griechischem Hofstaat umkleidete.

---

1) Lacomblet, U. B. I. 118.

2) Nach einer Urkunde im alten Evangelistarium der Gerresheimer Pfarrkirche.

3) Berühmt ist die von ihr errichtete Krypta der dortigen Münsterkirche, die noch wohl erhalten ist. Nicht bloß die Architectur und deren Details, die in vollster Uebereinstimmung mit den übrigen, den byzantinischen Prachtbau der karolingischen Basilika zu Aachen nachahmenden Bildungen dieser Kirche stehen, sondern auch chronicalische Nachrichten sprechen für die Errichtung derselben durch Aebtissin Theophanu; cf. Herm. Stangefol, annal. Circuli Westphal. Coloniae 1656 p 154. Am gewichtigsten aber ist das Zeugniß folgender gleichzeitiger Inschrift, die sich an einem Wandpfeiler nördlich neben dem Altare befindet und die durch Wegnahme der sie verdeckenden Tünche im Jahre 1854 zum Vorschein gekommen ist: Anno incarnationis Dominicae Millesimo LI. Indictione III. V. Idus Septembris dedicatum est hoc oratorium a venerabili archiepiscopo Herimanno precatu nobilissimae sororis suae Theophanu abbatissae. Auch gibt es noch andere Inschriften an den Wandpfeilern der Krypta von gleichem Stil und Alter, welche die in derselben niedergelegten Reliquien bezeichnen.

Zweites Kapitel.

Gerrich, Ritter und Dynast des Bergischen Landes.

Zu den bedeutendsten Männern des Bergischen Landes im Beginne seiner urkundlichen Geschichte zählt der Ritter und Dynast Gerrich. Schon im vorigen Abschnitte, der zum ganzen vorliegenden Werke die Grundlage bildet, trat die politische und noch mehr die kirchliche Bedeutung dieses Mannes in einzelnen Zügen aus dem Hintergrund der Ereignisse in überraschendem Glanze hervor; aber vergebens sucht der Leser auf dem Gebiete der heimathlichen Geschichts- litteratur ein Werk, worin das Leben und Wirken dessel- ben auch nur im Umriß dargestellt wäre. Diese Lücke auszufüllen, ist der Zweck dieser Schrift. Indem wir zur Erreichung desselben genöthigt sind, mit der Leuchte urkund- licher Forschung in die älteste Zeit des Landes zurück zu gehen, wird zugleich manches Schlaglicht auf die Anfänge des Christenthums in demselben fallen, wodurch, so hoffen wir, nicht bloß das Lebensbild Gerrichs, sondern über- haupt die Urgeschichte unserer Heimath an Licht und Glanz gewinnen wird.

Gerrich war ein fränkischer Ritter und der letzte männ- liche Sproß einer reich begüterten Dynastenfamilie im Ber- gischen Lande.[1] Seine Geburt fällt in das erste Viertel des neunten Jahrhunderts.[2] Er wohnte im Kelbachgau auf seinem Herrenhofe zu Gerrichesheim (Gerresheim).[3] Diese Ortsbezeichnung bestätigt, was wir bereits im vorigen Abschnitte aus anderen Gründen erschlossen haben, nämlich

---

1) Lacomblet, U. B. I. 68.
2) Die älteste Urkunde, worin seiner Erwähnung geschieht, datirt aus der Zeit von 809 bis 827. Vgl. Traditiones Werthinen, erörtert von Prof. Dr. Crecelius in der Zeitschrift des Bergischen Geschichtsvereins VI. Bd. S. 21.
3) Lacomblet, U. B. I. 68. Die Echtheit dieser Urkunde gegen gewisse Angriffe werden wir späterhin erweisen.

daß der Name Gerrich in dessen Familie erblich gewesen; denn es ist nicht anzunehmen, daß der Hof, der nach der Stiftungsurkunde des Klosters Gerresheim vom Jahre 873 bereits zu einer Villa, d. h. zu einem dorfartigen Häusercomplexe[1]) erwachsen war, ursprünglich von Ritter Gerrich angelegt worden sei; eine so rasche Hofesentwicklung wäre jedenfalls in jener Zeit unerhört. Die Bestandtheile dieser Villa bildeten der von Gerrich ans Kloster geschenkte Herrenhof[2]) mit seinen Gebäulichkeiten und bestimmten Grundstücken, sowie die abhängigen, von Hörigen bebauten Hufen mit ihren Hütten. Es lag ganz in der Sitte damaliger Zeit, größere Höfe so zu verwalten, daß der Hofesherr die einzelnen Hufen (mansi) und Hütten (casae) gegen Abgaben und Dienste austhat, so daß er beim Herrenhause nur das beste und zur Bebauung am bequemsten gelegene Land als so genanntes Saalland zurückbehielt. Eine solche Gruppe, bestehend aus dem Haupthofe und den dazu gehörigen Hufen und Hütten, bildete eben in fränkischer Zeit eine Villa.[3])

Die deutschen Höfe und Gemeindewesen waren zu Gerrichs Zeit im Allgemeinen noch in derselben Verfassung, wie sie Tacitus beschreibt.[4]) Wo sich damals an einen Hof

---

1) Daher heißt das Kloster in der Stiftungsurkunde coenobium constructum in Gerrichesheim.

2) Lacomblet, Archiv, fortgesetzt von Dr. W. Harleß. Neue Folge. 1. Bd. S. 129.

3) Georg Ludwig von Maurer, Einleitung zur Geschichte der Mark-, Hof-Verf. S. 22 und 126 flg.

4) Nämlich in seinem Schriftchen Germania. Dasselbe ist im Jahre 98 n. Chr. verfaßt (ad alterum Imperatoris Traiani consulatum c. 37) und ist die älteste monographische Schilderung Deutschlands und seiner Bewohner. Es war im frühen Mittelalter auf deutschem Boden wohl bekannt; denn es wird in der von den Fuldaer Mönchen Rudolph und Meginhart im IX. Jahrhundert geschriebenen translatio sancti Alexandri stellenweise ausgeschrieben. Später aber scheint es aus der deutschen Litteratur ganz verschwunden zu sein, erst Enoc Aesculanus entdeckte es zwischen 1457—1460, wahrscheinlich im Kloster Hersfeld. Dieser Codex, noch jetzt der älteste, den man kennt, beruht in der Vaticana zu Rom und ist schon oft collationirt worden.

bie Anlagen einer Villa angeschlossen hatten, ba sind äußere Ereignisse, entweder politischer ober kirchlicher Natur, maßgebend gewesen. Noch deckten rauhe Wälder und schmutzige Sümpfe das Land, wie zur Zeit des genannten römischen Schriftstellers;[1]) nur hier und da lugten einzelne Höfe, weit von einander getrennt, aus benselben hervor. Unter ben Gaugrafen stehend, führten die Centenarien (Sonnen) das Vorsteheramt über die Hundertschaften (Hundschaften)[2]) ober bürgerlichen Gemeinden, die entweder von der ursprünglichen Zahl von je 100 Familien ober, wie Anbere meinen, von der Theilung des Gaues in 100 Genossenschaften ben Namen tragen. Noch war das alte Gefolgschaftswesen in seinem vollen Ansehen, und „schmachvoll war es für ben Obersten, an Tapferkeit Jemanden nachzustehen, für das Gefolge, der Tapferkeit des Obersten nicht gleichzukommen."[3]) Der gemeinsame Besitz an Wald und Wiese, die Markgenossenschaft,[4]) ist noch rechtskräftig. Was an Wald und Wiese ungetheilt bleibt, führt ben Namen der Mark fort. Die getheilten Höfe heißen Mansen, beren jeder eine eigene Hofstatt enthält (area)[5]); basjenige Land aber, welches der Freie nicht an Hörige austhut, sondern für sich behält, heißt Saal- ober Herrenland.

---

1) Tacit. Germ. c. 5 und 16. So war es noch mehre Jahrhunderte nach Gerrichs Zeit. Erst im 12. Jahrhundert treten die Orte Düsseldorf, Ratingen, Angermund und andere mit kleinen Flurbezirken hervor. Noch im Anfange dieses Jahrhunderts war der größte Theil des Districtes von Duisburg bis Benrath Wald. Daß aber das rechtsrheinische Uferland, trotzdem es meistens mit Wald bestanden, schon in der frühfränkischen Zeit bewohnt war, beweisen die zahlreichen heidnischen Begräbnißplätze zu Pempelfort und Golzheim, bann zu Lemmenhaus, Fahnenburg und an anderen Stellen des Aper Waldes, die man in den letzten 30 Jahren aufgefunden hat.

2) Tacit. Germ. c. 6. Geschichte des Ursprungs der Stände in Teutschland von Hüllmann. 2. Ausg. S. 23, 28, 30. Lacomblet, Archiv I. Bd. 2. Heft. S. 215.

3) Tacit. Germ. c. 13 und 14.

4) Tacit. Germ. c. 12.

5) Lacomblet, U. B. II. 287. Pertz, Monum. Germ. legg. II. 61: homines . . . et in curiis infra legitimas areas domuum, quas houestade vulgo vocamus.

Das Alles trifft in Gerresheim und in der Gerresheimer Mark zu. Drei Hundschaften werden dort seit ältester Zeit genannt: Ludenberg, Vennhausen und Morp.
Dieselben führen ihre Bezeichnung von den gleichnamigen
uralten Höfen, die schon durch ihre Namen auf altgermanischen Ursprung hinweisen. Schon im Jahre 1047
schenkte eine gewisse Edelfrau Adelheid[1]) einen Manius
zu Ludonberga an die Abtei Werden. Zu Morp besaß
das Frauenstift Vilich[2]) bei Bonn bedeutende Besitzungen
in Ländereien, Mühlen und Wald, die ihm im Jahre 1144
von König Conrad III. bestätigt wurden. Ludenberg erklärt
sich sprachlich als ein zusammengesetztes Wort: nämlich aus
liut, später ludon = Volk und berg. Dieser Hof besaß einen
Bergfried[3]), wie noch deutlich zu erkennen ist, und darin
haben wir den Schlüssel zur Erklärung seines Namens;
denn solche Plätze dienten gewöhnlich zum Centenargericht
und zum gemeinsamen Wehrplatze der waffenfähigen Leute
aus der Honschaft, worin sie lagen. Der Hof Morp heißt
in der angeführten Urkunde des Königs Conrad Morafa =
Moorwasser. Die Endung afa, apa, acha, aha, efa etc.
weist auf römisch-germanische Zeit und bedeutet fließendes
Wasser, Bach[4]); daher finden wir eine Farnthrapa

---

1) Zeitschrift des Bergischen Geschichtsvereins VI. Bd. S. 53.
2) Lacomblet, U. B. I. 350.
3) d. i. ein durch Wall und Graben eingeschlossener Platz,
worin sich die waffenfähigen Männer der Hundschaft oder auch
mehrere Hundschaften zur gemeinsamen Abwehr eindringender Feinde
versammelten und wo zugleich das gewöhnliche Centenargericht abgehalten wurde. Das altdeutsche Gedicht Heliand, das nach der
Meinung berühmter Sprachforscher in Werden a. d. R. verfaßt sein
soll, beschreibt dieselben kurz und bündig: Weros aftar them wikeon
d. i. Wehren innerhalb der Weiler (Bauerschaften).
4) Graff, Sprachschatz I, 111. Daß acha, aha nur die deutsche
Form des von den Römern übernommenen Namens aqua sein soll,
wie Hermann Müller behauptet (Bonner Jahrb. XXXIII. S. 56),
scheint mir nicht zutreffend; denn erstens bedeutet aqua gewöhnlich
stehendes Wasser, ach dagegen, das mit dem Wort B—ach identisch
ist, fließendes Wasser; dann ist es schwer, zwischen aha und acha
einen Unterschied zu statuiren, da beide seit ältester Zeit unterschiedlos vorkommen. Aha, acha ist ein keltisches Wort, das die Römer am
Rhein vorgefunden; beide Worte führen auf denselben Urstamm zurück.

(Varntrap) bei Werden[1]), eine Hanapha (Hanfe) im Siebengebirge, die in die Sieg münbet, eine Arnefa (Erft)[2])
u. f. w. Das Wort Vennhaufen ist ebenfalls ein zufam-
mengeseßtes Wort und besteht aus Venn[3]) == Torf- ober
Sumpfgegend, und Haufen. Von Theilungen markgenöffifcher
Gemeinheiten ist in Gerresheim erst seit dem Jahre 1273
die Rebe[4]); die leßten fanden in den zwanziger Jahren
dieses Jahrhunderts statt.

Kehren wir nach dieser Abfchweifung wieder zum
Herrenhof Gerrichs zurück. Aus später zu befprechenden
Documenten des Stiftes wiffen wir, baß berfelbe mitten
im Orte gelegen war. Wenn ein Zweifel obwalten könnte,
ob berfelbe die urfprüngliche Sohlftätte des Dorfes refp.
ber Stadt Gerresheim gewefen, ob fich alfo leßtere auf
feinem Grund und Boden entwickelt haben, fo würde biefe
feine Lage und Eigenfchaft als Haupthof jeden Zweifel
befeitigen. In manchen gebruckten Schriften[5]) wird berfelbe ein Königshof genannt. Dies ist aber unrichtig und
beruht auf einer Verwechfelung mit Gernsheim am Ober-
rhein. Zwar finbet fich die Form Gerineshem für Gerresheim[6]); allein biefe batirt aus weit fpäterer Zeit, nämlich
aus dem XIII. Jahrhundert, während die Form Gerrichesheim für Gerresheim im 9. und 10. Jahrhundert conftant
ist.[7]) Gernsheim aber war nach urfundlichen Zeugniffen
wirflich ein Königshof.[8])

Was nun die Familien-Verhältniffe Gerrichs anlangt,
fo wiffen wir zwar nichts Ausführliches über biefelben
mitzutheilen, aber die wenigen Notizen, die uns erhalten
find, bleiben immerhin ehrwürdige Zeugniffe aus alter

---

1) Lacomblet, U. B. I. 24.
2) Die Wortform Arnefa fommt fchon im 6. Jahrhundert beim
Geographus Ravennas vor.
3) Venn = goth. fani, althochb. fenni, engl. fen, frzf. fange.
4) Lacomblet, U. B. II. 649.
5) Eckhard Francia orient. tom. II 566. Bonner Jahrb.
V. 240. Winterim und Mooren, alte Erzbiözefe Köln, I, 223 u. a.
6) Lacomblet, U. B. II. 63, 78, 175.
7) Lacomblet, U. B. I. 68, 73, 84, 119, 155.
8) Lacomblet, U. B. I. 76. annal. Fulden. ad a. 871.

Zeit, die um so glaubwürdiger sind, als sie sich in den zum offiziellen Gebrauch bestimmten Kirchenbüchern des Stiftes Gerresheim erhalten haben. In dem sogenannten Stiftungsbriefe des Klosters, der auf der Provinzialsynode zu Köln im Jahre 873 aufgezeichnet wurde, erklärt Regenbierg, die Tochter Gerrichs, daß die Stiftung selbst von ihrem Vater ausgegangen sei, der Mutter geschieht keine Erwähnung; nur am Ende des Briefes wird ihrer als einer bereits Verstorbenen gedacht, jedoch so, daß sie bezüglich der Stiftung hinter dem Vater ganz zurücktritt.[1] Dieser Umstand berechtigt zur Annahme, daß Gerrich die Stiftung vollzogen hat, als seine Gattin bereits das Zeitliche gesegnet hatte. Ja noch mehr. Nach demselben Stiftungsbriefe scheint Regenbierg, welche die erste Aebtissin des jungen Klosters wurde, von all' ihren Geschwistern allein den Vater überlebt zu haben; denn sie erklärt, daß sie alle bis dahin ihr selbst vorbehaltene Erbgüter, Gefälle und Rechte an das von ihrem Vater gestiftete Kloster vermacht habe in der Hoffnung, sich dadurch im Himmel das ewige Leben zu erwerben (pro spe et requie futurae beatae vitae). Von anderen Geschwistern und deren Erbgütern verlautet kein Wort. Auch begibt sie sich mit Ausnahme einiger spezifizirter Güter für sich und alle folgenden Aebtissinnen alles Rechtes auf die dem Kloster vermachten, von ihr und ihren Eltern herrührenden Güter und Gefälle. Hiernach scheint es, daß Gerrichs Gattin sowie alle seine Kinder, Regenbierg allein ausgenommen, vor dem Vater gestorben sind; dieser aber zählte zur Zeit der genannten Provinzialsynode (27. September 873) ebenfalls zu den Todten. Es wird in der Stiftungsurkunde weiter berichtet, daß Erzbischof Willibert, der am 7. Januar 870 zu Deutz vom kölnischen Clerus und Volk zum Nachfolger Gunthars erwählt und vom Mainzer Erzbischof Liubbert als solcher consecrirt worden war,[2] das Kloster Gerresheim, noch bevor es auf der beregten Synode die feierliche Bestätigung

---

1) Lacomblet, U. B..I. 68.
2) Floß, die Papstwahl unter den Ottonen, S. 61, 67, 98.

erhalten hatte, eingeweiht habe. Möglich ist es daher, daß Gerrich diese Einweihung seiner Stiftung noch erlebt hat, aber sicher ist er über der Vollendung derselben gestorben, da die Tochter sich beeilt, seinen darauf lautenden letzten Willen in jeder Beziehung zur Ausführung zu bringen. Im Todtenbuch[1]) der Abtei Gerresheim, das zwar in seiner jetzigen Gestalt dem XIV. Jahrhundert angehört, das aber seiner Natur gemäß auf Grundlage älterer, bis zur Gründungszeit des Stifts zurückreichenden Aufzeichnungen beruht, sind uns die Namen der Gattin und drei verstorbener Söhne aufbewahrt. Die Gattin hieß Segeha, die Söhne hießen Ripin, und zwei Conrad. Von den beiden letzteren war einer als kleiner Knabe gestorben. Ueber das Todesjahr dieser Familienglieder ist uns nichts bekannt.

So eröffnet sich uns an der Hand urkundlicher Zeugnisse ein überraschend lichter Blick in einen trauten Familienkreis, aus welchem der Tod ein Glied nach dem anderen rasch weggenommen. Was aber das Haupt dieses edlen Kreises gewirkt, das ist nicht untergegangen; die fast tausendjährige Geschichte der Abtei Gerresheim weiß davon zu erzählen.

Wie bereits erwähnt, war Gerrich ein Ritter[2]) und es fragt sich daher, welche politische Stellung bekleidete er als solcher? Leider sind wir auch zur Beantwortung dieser Frage nur auf dürftige zufällige Notizen in verschiedenen Urkunden angewiesen, doch lassen diese bei richtiger Zusammenstellung nach unserer Ansicht keinen Zweifel übrig.

Der Titel „Ritter", den Gerrich in der Stiftungsurkunde seines Klosters führt, ist für die Zeit desselben charakteristisch und für seine Stellung bedeutungsvoll. Ursprünglich waren alle waffenfähige Freigeborne zum Kriegsdienste verpflichtet und nichts entband sie von dieser Pflicht außer Schwachheit, Krankheit und Alter.[3]) Selbst

---

1) Lacomblet, Archiv, fortgesetzt von W. Harleß. Neue Folge. 1. Bd. S. 93 und 101.
2) In der Stiftungsurkunde wird er Miles genannt.
3) Tacit. de situ es moribus Germ. c. 15 und 31.

die Priester mußten mit ins Feld ziehen; sie wurden als
Vollstrecker der militärischen Strafen verwendet.[1] . Allein
zur Zeit Karl des Gr. trat in dieser Beziehung eine große
Aenderung ein. Da derselbe nämlich das Militärwesen
sehr deorganisirt vorfand, so wollte er nur solche an der
Waffenehre Theil nehmen lassen, welche für Eigenthum
und Familie zu streiten hatten, also vollfreie Grundbesitzer
und Gemeinfreie, nicht aber diejenigen, welche im Dienste
oder in der Hörigkeit von Anderen standen.[2] Zum Auf-
gebot mußte sich stellen, wer drei oder vier Mansen in
Besitz hatte oder zu Lehen trug[3], und dazu hatte er noch
die Verpflichtung, selbst für Waffen, Kleidung und Mund-
vorrath zu sorgen. Wer dies nicht that, obgleich er konnte,
verfiel dem Königsbanne und mußte 60 Solidi zahlen.
Bei dieser Heeres-Organisation leitete ihn der Gedanke,
daß jeder freie, begüterte Mann, wie er an der Mitbe-
rathung der Reichs-Angelegenheiten Recht und Antheil
habe, so auch verpflichtet sei, zur Durchführung der zum
Besten des Reichs gefaßten Beschlüsse mitzuwirken und,
wenn Reichsfeinde zu bekämpfen seien, als Krieger unter
das Reichsbanner zu treten. Diese Einrichtung, so vortrefflich sie auch in den Augen des Kaisers erscheinen
mochte, war dennoch wegen der unaufhörlichen Kriege, die
er führte, dem gemeinfreien Manne sehr drückend. Schon
zu seiner Zeit, mehr aber noch zur Zeit seiner unmittelbaren Nachfolger, wurde der Militärdienst Vielen zum

---

1) Tacit, l. c. c. 7.

2) Zu den Vollfreien zählten die eingewanderten freien Franken
und deren Nachkommen; in ihrer Hand zunächst lagen die Reichs-
ämter. Zu den Gemeinfreien gehörten alle, welche zwar persönliche
Freiheit und auch freies Eigenthum besaßen, aber auf Grund ihrer
Abstammung „zu den schwächeren geringeren Leuten" gezählt wurden
und auch im Allgemeinen wenig Eigenthum hatten, weßhalb sie sich
gewöhnlich mit Garten-, Acker- und Weinbau oder mit Kaufmann-
schaft beschäftigten. Waitz, deutsche Verfassungsgeschichte 1. S. 179.
Pertz, Monum. Germ. legg. II. p. 9. I. p. 8.

3) Capit. I. a. 812 cap. 1: Ut omnis liber homo qui quatuor
mansos vestitos de proprio suo sive de alicuius beneficio habet,
ipse se praeparet et ipse in hostem pergat sive cum seniore suo.

Ueberdruß. Sie gaben sich daher, um der Verbindlichkeit desselben enthoben zu werden, anderen Mächtigen, namentlich Grafen, Freiherrn, Bischöfen und Aebten als Hörige zu Eigen. Sie verloren dadurch freilich ihr politisches Ansehen und alle Aussicht, im Staatsdienste Aemter und Würden zu erlangen; aber sie erhielten dadurch wenigstens ruhige Lebenstage und behielten auch das Ihrige.

Diese Verhältnisse hatten zur Folge, daß die Bildung des Heerbanns (so hieß diese Militär-Organisation) mit großen Schwierigkeiten zu kämpfen hatte. Der größte Theil des Heeres bestand damals aus Fußvolk, aber schon Karl der Kahle traf die Verordnung, daß Jeder, der ein Streitroß hatte oder haben konnte, es auch zum Kriege benutzen mußte.[1]) Bei der großen Widersetzlichkeit der gemeinfreien Gutsbesitzer gegen den Kriegsdienst, bei ihrer durch die vielen Heereszüge und durch den zunehmenden Druck der Großen und Mächtigen immer mehr geminderten Anzahl, bei der fast durchgehends eingeführten Lehnbarkeit der Güter und schließlich bei den vielen Kriegen, die geführt wurden und die meistens den Dienst zu Fuß sehr beschwerlich machten, kam es endlich dahin, daß nur der Dienst zu Pferd geachtet war und die Ritter allein sich den Namen milites (Soldaten) zueigneten.[2]) Das cingulum militare ward ein Zeichen der Ritterschaft, während es früher nur mehr das Zeichen des zum Waffen-

---

1) Capit. Caroli Calvi a. 864 c. 26: Ut pagenses Franci qui caballos habent vel habere possunt, cum suis comitibus in hostem pergant etc.

2) Dr. Philipps, Deutsche Geschichte II. Bd. S. 449. Mich. Ignatz Schmidt, Geschichte der Teutschen III. Bd. S. 167. Ob der römische Begriff von miles hier nicht von Einfluß gewesen sei, will ich dahin gestellt sein lassen. Thatsache aber ist es, daß bei den Römern alle Militärpersonen, auch die Chargirten abwärts vom Centurio (Hauptmann), Unterofficier und Gefreiten, mit und ohne Zusatz principales, Milites genannt wurden. Vgl. Becker-Marquardt, Handbuch der römischen Alterthümer III. 2 S. 418. Vegetius, lib. II. 7.

4*

dienſt befähigten, freien Mannes war.[1]) Dieſe Verhält-
niſſe walteten namentlich im 2. und 3. Viertel des neunten
Jahrhunderts ob, alſo gerade in der Blüthezeit Gerrichs.
Da ſchon im zehnten Jahrhundert für den Begriff „Ritter"
der Ausdruck eques[2]) gebräuchlich wurde, der auch in der
That richtiger war, ſo ſpricht das Wort miles als Titel
Gerrichs zugleich treffend für die Glaubwürdigkeit der
Gerresheimer Stiftungsurkunde.

Wo uns Gerrich ſonſt urkundlich und in beſtimmter
Weiſe entgegentritt, erſcheint er unter Grafen und in bevor-
zugter Stellung; doch wird er ſelbſt nirgendwo Graf
genannt. Im Jahre 834, den 24. October, unterzeichnet
er als Zeuge einen Schenkungsact, kraft deſſen Abbo,
Geralds Sohn, der Abtei Werden zwei Huſen Landes an
der Ruhr in der Villa Laupendahl nebſt fünf Hörigen überläßt.
In dieſer Urkunde[3]) erſcheinen als Zeugen außer Gerrich nicht
weniger als vier Grafen, von denen drei ausdrücklich mit
dem Grafentitel benannt ſind.[4]) Desgleichen unterzeichnet
Gerrich eine Urkunde Meginharts, des Schirmvogtes von
Werden, nach welcher dieſer acht Morgen Landes zu Gis-
fridinghoven bei Werden nebſt einem Pfund und fünf
Solidi dem Thiatung gegen deſſen Grundbeſitz an der
Hesper in Tauſch gibt.[5]) Ferner hatte er bedeutende Güter
zu Menden, in der ſpäteren Herrſchaft Broich-Styrum, und
es wird in einer Urkunde, kraft deren Helmfrid an die

---

1) Annal. Bertin. ad a. 839 und 873. An letzterer Stelle
heißt es von Karl dem Dicken: „et discingens se spatha cadere
illam in terram permisit et cum se vellet baltheo discingere, coepit
vexari."

2) Daher heißt es von Otto I.: Equitatus gratiam regia gravitate
interdum exercens. Widukindi, hist. Saxon. II. c. 36. Auch verdient geleſen zu werden, was derſelbe Schriftſteller über König Hein-
richs Heldenkraft bei den Ritterſpielen ſagt.

3) Lacomblet, U. B. I. 46.

4) Der vierte, Hrotsten (Rotſtein), wird zwar in dieſer Urkunde
nicht ausdrücklich Graf genannt, wohl aber in der Urkunde l. c. N. 31;
an zwei Perſonen mit demſelben Namen zu denken, iſt keine Veran-
laſſung.

5) Lacomblet, U. B. I. 55.

Benectiner-Abtei Werden ein Grundstück nebst einem Walde schenkt, ausdrücklich beigefügt, daß dasselbe mit einer Spitze an Gerrichs Land grenze.[1]) Diese Urkunde fällt in die Zeit von 809 bis 827 und ist demnach die älteste, die über Gerrich berichtet. Daß aber Gerrich, der Stifter der Abtei Gerresheim, im Ruhrthal und speciel in Menden sehr begütert gewesen, wissen wir aus der Urkunde über die unter der Aebtissin Guda (1214—1231) vorgenommene Theilung der Stiftsgüter zwischen Aebtissin und Convent. Nach dieser Urkunde[2]) fiel der Haupthof Mintard, heutzutage Niederen genannt, der Aebtissin zu und es gehörte zu demselben ein anderer Haupthof, gelegen zu Menden, heutzutage Götzenhof zu Beck genannt. Wie zum Haupthof Mintard, gehörten auch zu dem Mendener viele Unterhöfe, die alle außer der Kurmede zu jährlichem Zins verpflichtet waren, nämlich: 2 Höfe zu Rath (Brauns und am Endt), 3 Höfe zu Menden (die Hofstadt, Müllenhoven und Liermans), ferner Schawenburg, Scheidt, auf dem Hollenberg, Cüllenhoven und Meiderich. Dagegen gehörten um die Zeit der genannten Aebtissin zum Haupthof Mintard 17 Unterhöfe. Wenn auch nicht behauptet werden soll, daß alle diese Höfe zum ursprünglichen Dotationsgute der Abtei Gerresheim zählen, da manche in der Zeit von 873 bis 1214 käuflich erworben oder geschenkt sein können, so zählen doch jedenfalls die Haupthöfe dazu und es kann daher über die Identität des Stifters von Gerresheim mit Gerrich im Ruhrgau, der in den vorerwähnten Urkunden als Zeuge und Besitzer auftritt, kein Zweifel obwalten.

Was wir weiter über Gerrichs Familie und seine politische Stellung mitzutheilen haben, entbehrt leider der urkundlichen Sicherheit, da die dürftigen Quellen, die uns zu Gebote stehen, sich theils zu unbestimmt ausdrücken, theils mit älteren Zeugnissen im Widerspruch stehen. Deßhalb aber diese Notizen unterdrücken, verbietet die Kritik.

1) Traditiones Werthin. erörtert von Dr. Crecelius in der Zeitschrift des Bergischen Geschichtsvereins VI. Bd. S. 21.
2) Lacomblet, Archiv, fortgesetzt von Dr. W. Harleß. Neue Folge. I. Bd. S. 116 flg.

Zuerst betrifft dies die politische Stellung des Sohnes von Gerrichs leiblichem Bruder. Dieser Sohn, Hathebold genannt, wird in der Stiftungsurkunde des Klosters Gerresheim Vogt von Gerresheim genannt (advocatus huius prescriti loci), ein Ausdruck der in der Fassung, wie er hingestellt ist, nur auf dessen Stellung als eines Grafen im Kelbachgau erklärt werden kann.[1] Hätte damit der Klostervogt in Gerresheim bezeichnet werden sollen, so mußte es heißen: advocatus s. Hippolyti, wie z. B. Meginhart, der Vogt der Abtei Werden, advocatus s. Salvatoris heißt.[2] Freilich hat es seine gewichtigen Bedenken, ein so hohes Reichsamt, wie die Gaugrafenwürde ist, auf Grund von bloß einem Zeugnisse, das zudem nicht einmal ein directes ist, anzunehmen, aber es hat noch schwerer wiegende Bedenken, das Zeugniß einer ächten Urkunde zu ignoriren, wo sonst nur Dunkel übrig bleibt, zumal die Familie Gerrichs durch ihr Ansehen und durch ihren Reichthum die Annahme des in der Urkunde ange- deuteten Amtes durchaus begründet. Indem wir uns zu dieser Annahme verstehen, thuen wir dies mit allem Vor- behalt, hoffend, daß die weitere Forschung hierüber mehr Licht verbreiten werde.

Als Gaugraf war Hathebold ein vom Könige ernann- ter Beamter, der die Aufgabe hatte, im Namen desselben die Wehrpflichtigen auszuheben und den Heerbann zu leiten, die öffentliche Rechtspflege zu handhaben und die königlichen Fiscal- und Verwaltungsrechte auszuüben.[3] Wir hätten demnach in Hathebold den ältesten Gaugrafen des Kelbachgaus, der bisher bekannt geworden, vor uns und es leuchtet ein, daß seine Würde ein helles Schlag- licht auf Gerrich und seine Familie zurückwirft. Leider ist uns über den Wohnort, das Vermögen und die Thaten

---

1) Deutsche Staats- und Rechtsgeschichte von Karl Friedr. Eichhorn. 1. Bd. S. 715 flg. Auch Archivrath Dr. Harleß vermuthet, daß er ein Graf im Kelbachgaue gewesen sei. Lacom- blet, Archiv, Neue Folge I. Bd. S. 112.

2) Lacomblet, U. B. I. 55.

3) Pertz, Monum. Germ. legg. tom. I. p. 43, 48, 49.

desselben Nichts bekannt, aber eben des Glanzes wegen, den seine Grafenwürde ausübte und ausüben mußte, erscheint es zweckmäßig, noch einige Worte über letztere hinzuzufügen.

Das Gaugrafenamt hängt mit der Bedeutung des alten Gefolgschaftswesens zusammen. Seitdem es den Hausmaiern gelungen war, in der Reichsregierung einen maßgebenden Einfluß zu gewinnen, sogar königliches Kron- und Familiengut zu erlangen, um die königliche Herrschaft desto besser unterstützen zu können, war es zugleich deren Bestreben im Volke getreue Männer zu gewinnen, um ihr Ansehen in der Reichsverwaltung möglichst stark zu festigen. Diejenigen Männer, welche sie für die Zwecke ihrer Politik als geneigte und fähige Organe erkannten, erhielten Benefizien, entweder königliche Güter oder Aemter. So haben manche vollfreie Gutsbesitzer auch die Gaugrafenwürde erhalten. Es ist aber auch noch ein anderer Modus zu deren Erlangung geschichtlich constatirt. Chlodwig wurde Herr sämmtlicher fränkischen Eroberungen, weil er die Gefolgschaften dahin zu bringen verstand, daß sie ihn zu ihrem Fürsten oder Könige wählten. „Zum Schutze des unterworfenen Landes, sagt Luden[1]), mußte Chlodwig das gesammte Geleit theilen. Ein Theil blieb um den König, die anderen wurden im Lande umher verlegt, wie die Umstände es erheischten. Um nun sämmtliche Leute zusammen zu halten, um sie an den König und an einander zu fesseln und endlich um sie zu belohnen für ihre Dienste und zu beruhigen für ihre Zukunft, wurden ihnen Benefizien auf die Zeit ihres Lebens oder ihrer Treue angewiesen: Landgüter aus dem großen Gesammt-Eigenthum der Eroberer, aus dem Fiscus, von welchem sie, während sie selbst unter den Waffen blieben, die Einkünfte bezogen. Dieses Verhältniß bestand nach Chlodwigs Zeit fort. Später, wo die fränkischen Gefolgschaften nicht immer mehr unter den Waffen zu sein brauchten, wo überhaupt unter der anerkannten Uebermacht der Franken ein neues

---

1) Luden, Geschichte des deutschen Volkes, V. Bd. S. 115.

Leben auf dem politischen und sozialen Boden sich gestaltete, blieben diese Geleitsleute auf ihren Benefizialgütern wohnen und betrachteten sie als ihr Eigenthum. Sie hatten nur die Pflicht, alle Jahre auf den öffentlichen März bzw. Maitagen zu erscheinen und, wenn ein Krieg losbrach, sich unter das Banner des Königs zu stellen. Diese Leute nannte man zur Zeit der Merowinger Antrustionen, zur Zeit der Karolinger Vassen, d. i. Getreue, und aus ihnen wählte der König vorzugsweise die Gaugrafen. Wahrscheinlich hat Hathebold das Graugrafenamt von seinem Vater resp. von seinem Vorfahren geerbt; denn dasselbe war gewöhnlich erblich und ging vom Vater auf den Sohn über. Besaß der Gaugraf keinen Sohn, dann hatte er das Recht, vor seinem Tode das Amt einem qualifizirten Manne, wobei er gewiß zuerst an seine Verwandten gedacht haben wird, zu übertragen.[1]) Ohne Zweifel war Hathebold der älteste Sohn von Gerrichs Bruder und wurde Erbgraf.[2]) Auch der Gaugraf war ein Vasse und dem Könige zu besonderer Treue verpflichtet. Sein Verhältniß zu demselben war ein doppeltes: ein persönliches, wegen der persönlichen Treue, ein dingliches, weil die persönliche Treue in dem Benefizium des Grafenamtes,

---

1) Daher heißt es in einem Capitular Karl des Kahlen vom Jahre 877 (tit. 54 c. 9): Si vero filium non habuerit (comes defunctus), filius noster cum ceteris fidelibus nostris ordinet, qui cum ministerialibus ipsius comitatus et episcopo ipsum comitatum provideat, donec iussio nostra inde fiat. Daß diese Anordnung aber nicht erst von Karl dem Kahlen herrührte, sondern althergebracht war, sehen wir aus der Geschichte der beiden ostfränkischen Grafen Wilhelm und Engilscalc. Da diesen nämlich die väterliche Grafschaft nicht gelassen wurde, ergriffen sie mit ihren Verwandten gegen Aribo, der sie bekommen hatte, die Waffen und vertrieben ihn aus dem Lande. Annal. Fulden. ad. a. 871 und 884.

2) Als die Franken sich zuerst in Ripuarien niederließen, wußten sie, wie das ripuarische Gesetz ausweist, noch nichts von einem besonderen Adelsstande. Derselbe erscheint erst seit jener Zeit, wo der fränkische Grafio aufhört, Vertreter des Volkes zu sein und nur mehr im Auftrage und Interesse des Königs handelt, also seitdem an die Stelle der Gauvorsteher und Gaurichter das Königthum mit seinem Justiz- und Verwaltungswesen getreten war.

das er hatte, wurzelte. Die Stellung des Grafen in Beziehung auf den Kriegsdienst war von jedem anderen
Bassen nicht unterschieden, auch der Kriegsdienst war für
ihn staatliche Pflicht.[1] Um die Führung des Heerbannes
Seitens des Grafen besser zu verstehen, resp. das Verhältniß Gerrichs zu seinem Bruder, dem Gaugrafen, klar
zu legen, ist zu wissen, daß die mächtigeren Bassen, und
ein solcher war unstreitig Gerrich, gewöhnlich ein kleines
Gefolge hinter sich hatten: die Gemeinfreien, die in dasselbe
eintraten, erhielten auch von ihnen statt des täglichen
Unterhaltes Benefizien, die ebenfalls allmählig in vererbliches Besitzthum übergingen. Die Glieder dieses kleinen
Gefolges hießen Vasallen, weil sie dem Könige nicht mit
einem Dienstgefolge, sondern nur mit ihrer Person dienten[2]);
indem dieselben die Macht der Bassen stärkten, verstärkten
sie zugleich die Macht des Königs. Beide, Bassen und
Vasallen, zogen unter dem obersten Heerbefehl des Grafen,
zu dessen Gau sie gehörten, aus; allein die Vasallen des
Königs folgten dem Banner des Grafen, die Bassen als
Dienstherrn führten ein eigenes Banner.[3] Eine besondere
Klasse von Bassen bildeten die Ministerialen. Diese waren
zumeist um die Person des Königs am Hofe (intra palatium), oder sie waren in einem ihnen übertragenen Amte
dem Könige zu bestimmten Dienstleistungen verpflichtet.[4]
Ein solcher Ministerial Guntram mit Namen, erhielt
von Kaiser Heinrich III. im Kelbachgau die Dörfer resp.
Höfe Mündelheim, Rheinheim, Serm, Rath, Mettmann,
Wald, Scheven, Upheim (wahrscheinlich Hoppenhaus) zu

---

1) Teutsche Staats- und Rechtsgeschichte von Karl Friedr.
Eichhorn. 1. Bd. S. 715.

2) De vassis Dominicis, qui adhuc intra casam serviunt et
tamen beneficia habere noscuntur, statutum est, ut quicumque ex
eis cum domno imperatore domi remanserint, vasallos suos casatos
secum non retineant, sed cum comite, cuius pagenses sunt, ire
permittant. Capit. II. a. 812 c. 7.

3) Eichhorn, l. c.

4) Eichhorn, l. c. S. 716.

Lehen.[1]) Ist die Annahme, daß die Vorfahren Hathebolds ihre königlichen Benefizien schon vor Karl dem Gr. besessen, vielleicht unter den letzten Merowingern durch die Hausmaier erhalten haben, richtig, so finden wir es ganz erklärlich, daß einer aus dieser Familie, z. B. der Vater Hathebolds als Erstgeborner das vererbliche Gaugrafenamt verwaltet, während sein Bruder, Gerrich, ein Gefolge commandirt und so als Vasse dem Könige dient.

Die mächtigeren Vassen und Grafen hatten neben den königlichen Benefizien meistens nicht unbedeutende Privatgüter, die sie häufig mit den ersteren, eben weil sie gemeinhin als Erbgut betrachtet wurden, absichtlich vermengten und zu einem Complex vereinigten. Die Privatgüter lagen nicht bloß in dem Gau, wo sie wohnten, sondern vorzugsweise in den benachbarten Gauen. Dadurch vermehrten jene Herren ihr persönliches Ansehen, zumal wenn sie den Kaiser oder König, der in den Sommer- und Herbstmonaten gerne auf seinen, durch das ganze Reich zerstreuten Villen zu residiren pflegte, zu begleiten hatten: auch diente dieser Umstand nicht selten dazu, um größeren politischen Einfluß zu gewinnen. Ueber die Privatgüter Hathebolds ist uns keine Nachricht erhalten, desto besser aber kennen wir die Privatgüter Gerrichs. Aebtissin Guda von Gerresheim, die sich um die Ordnung und Pflege der Güter ihres Stifts sehr verdient gemacht hat, stellt in der von ihr herrührenden Hofesrolle zwölf Höfe als Haupthöfe an die Spitze und diese gehören nachweislich fast alle zum ursprünglichen Gerrich'schen Dotalgut des Klosters. Manche derselben zählten zur Zeit der genannten Aebtissin bei 40 Unterhöfe; der Hof Tern bei Gerresheim, der als der erste aller Stiftshöfe galt und daher Oberhof genannt wurde, zählte allein ihrer 65. Sie lagen im Keldachgau, Ruhrgau, Auelgau, Bonngau, Jülichgau u. s. w. Darin, daß Gerrich diese Güter zur Stiftung

---

1) Im Jahre 1071 schenkte sie Kaiser Heinrich IV. auf Ansehen seines Caplans Sigefried, der Probst zu Kaiserswerth war, der dortigen Stiftskirche zu Eigen. Lacomblet, U. B. I. 216.

eines Klosters hergab, liegt der Beweis, daß dieselben zu
seinen Privatgütern zählten.

Ein zweiter Punkt, der ebenso wenig urkundliche
Sicherheit besitzt, aber gleichwohl nach unserer Ansicht der
näheren Erwägung werth ist, ist eine alte Tradition der
Abtei Gerresheim, welche behauptet, daß der Stifter derselben ein Herzog gewesen sei. Es fragt sich, woher ist
diese Ansicht entstanden und welchen geschichtlichen Werth
hat sie?

Beginnen wir mit den Quellen. Die älteste ist ein
zu Avignon im Jahre 1319 für die Gerresheimer Kirche
ausgestellter Ablaßbrief¹), worin Gerrich einfach Jericus
dux genannt wird. Daß darunter der Stifter von Gerresheim zu verstehen sei, unterliegt keinem Zweifel, da derselbe in Gerresheim seit dem XII. Jahrhundert als ein
Heiliger verehrt worden²) und in dem genannten Ablaß-
briefe sein Fest in der Reihe derjenigen Feste aufgeführt
wird, welche damals alljährlich in der Gerresheimer Kirche
mit erhöhter Feier gefeiert zu werden pflegten. Ein zweites
Zeugniß, das dem XV. Jahrhundert angehört, bietet der
Carthäuser Werner Rolewinck in seinem Werke de laude antiquae Saxoniae. Dort heißt es p. III. c. 8: Gericus
beatus et dux quiescit in Gerisheym.

Auf einem aus der Abtei Gerresheim stammenden
Glasgemälde³), welches der 2. Hälfte des XVI. Jahrhun-
derts angehört, ist Gerrich bildlich dargestellt mit der
Unterschrift: Gericus fundator, dux Lotharingus. Diese
Worte führt der Generalvicar Joh. Gelenius in seinen
Farragines historicae, die auf dem Rathhause zu Köln
aufbewahrt werden, an, doch hat sein Bruder Aegidius,
der spätere Weihbischof von Osnabrück, sich nicht getraut,

1) Derselbe ist ausgestellt von einem Patriarchen und 16 Erz-
bischöfen und Bischöfen. Das Original ruht im Provinzialarchiv
zu Düsseldorf. Vgl. Beilage VI. zu dieser Schrift.
2) Lacomblet, U. B. I. 267. Archiv, fortgesetzt von Dr. W.
Harleß. Neue Folge. 1. Bd. S. 118, 134 ꝛc.
3) Dasselbe wird jetzt im Pfarrhause zu Schwarz-Rheindorf bei
Bonn aufbewahrt.

dieselben in sein Hauptwerk über die Größe Kölns, dem
eben jene farragines als Quelle dienten, aufzunehmen;
er nennt ihn einfach Herzog (dux). Auch der Jesuit Theodor
Khay nennt[1] ihn ebenfalls bloß Herzog, dagegen der
Jesuit Hermann Crombach († 1680) in seinen bisher ungedruckten Annales Metropolis Agrippinensis ad a. 873
wieder ausdrücklich Herzog von Lothringen und beruft sich
dabei mit aller Bestimmtheit auf die Tradition des Stiftes
Gerresheim, indem er schreibt: Beatus Gericus et. ut
inquilinae (scil. abbatiae Gerrishem) dicunt, dux
Lotharingiae.

Indem wir zur kritischen Beurtheilung dieser Nachrichten übergehen, müssen wir die erst im XVI. Jahrhundert auftauchende Nachricht, Gerrich sei ein Herzog von
Lothringen gewesen, von vornherein verwerfen; denn
erstens können die Quellen, welche diese Nachricht enthalten,
nicht nur nicht für die vorliegende Frage, sondern auch nicht
für die Orts-Tradition ein Zeugniß ablegen, da sie zu
jungen Alters sind, abgesehen davon, daß die älteren
Nachrichten, die wir bereits mitgetheilt haben, denselben
durchaus widersprechen. Ist es ja auch bekannt, daß im
16. und 17. Jahrhundert die Geschichte der niederrheinischen Territorien von einer Menge von Schriftstellern,
denen nur großer Sammelfleiß nachgerühmt werden kann,
aus Mangel gründlichen Quellenstudiums mit einem Ballast
der kühnsten, aber auch aller Kritik hohnsprechenden Con-
jecturen angefüllt worden ist! Dann haben wir noch eine
zweite Einwendung gegen jene angebliche Tradition, die
geradezu vernichtend erscheint. Als nämlich die Haupt-
stiftung Gerrichs, die Abtei Gerresheim, auf der Provinzialsynode zu Köln am 27. September 873 kirchlicherseits
genehmigt wurde[2], war der Stifter selbst todt; seine
Tochter Regenbierg bringt ausgesprochener Maaßen den
Willen des verstorbenen Vaters zur Ausführung. Nun

---

1) Siehe dessen Werke: Animae illustres Juliae Cliviae et
Montium. Neoburgi 1663 pag. 193.
2) Lacomblet, U. B. I. 68.

aber kann erst seit Lothar II. von Lothringen die Rede sein;
denn dieser erhielt von seinem Vater Lothar I. († 28. Sept.
855) als Theilungsgut die Länder zwischen Vogesen, Nord-
see, Rhein, Maas und Schelde und vereinigte sie zu einem
Königreiche, das er nach seinem Namen Lothringen benannte.[1]
Von Herzögen in Lothringen ist aber erst die Rede unter
den deutschen Königen aus dem Hause Sachsen, Heinrich I.,
Otto I. u. s. w., keineswegs früher; denn bekanntlich haben
sich Deutschland und Frankreich lange Zeit um den Besitz
Lothringens gestritten, bis es die Lothringer selbst Heinrich dem Finkler anboten, der es im Jahre 921 bleibend
in Besitz nahm. Unter ihm begann erst die Verwaltung
des Landes durch Herzöge. Der erste hieß Giselbert, den
sich die Lothringer selbst erwählt haben. Erzbischof Bruno
von Köln, dem sein Bruder, Kaiser Otto I., das Herzogthum übertragen hatte, theilte[2] es in Ober- und Nieder-
Lothringen; seit dieser Zeit wurde es von 2 Herzogen,
die unter Bruno's Oberhoheit standen, verwaltet. Gerrich
kann also unmöglich ein Herzog in Lothringen gewesen
sein, da er zu einer Zeit lebte, wo es noch keine lothrin-
gische Herzöge gab.

Nicht viel mehr Werth hat an sich die andere, ältere
Meinung, daß er wenigstens ein Herzog gewesen sei; denn
ein früheres Zeugniß für dieselben als der oben erwähnte
Ablaßbrief vom Jahre 1319 habe ich nicht entdecken
können; aber vielleicht hängt sie mit alten geschichtlichen
Erinnerungen zusammen und insofern ist sie immerhin
beachtenswerth. Fragen wir demnach zum Schlusse, wie
ist diese Meinung entstanden?

Offenbar können darüber nur Vermuthungen aufgestellt werden, die mehr oder weniger wahrscheinlich sind.
Ich möchte sie, um mit meiner Ansicht nicht zurückzuhalten,
auf eine Verwechselung des Stifters Gerrich mit seinem

---

1) Reginonis chronicon ad a. 885 bei Pertz, Monum. Germ. I.
569 und bei Pistorius script. I. 61.

2) Dr. Jos. Schötter, Kritische Erörterungen über die frühere
Geschichte der Grafschaft Luxemburg S. 18—20.

Neffen, dem Gaugrafen Hathebold, zurückführen. Da nämlich dieser als Gaugraf den Heerbann zu leiten hatte, so
führte er zuweilen den Titel Herzog (dux). Natürlich
geschah dieses nicht im Sinne der später für das deutsche
Reich so überaus wichtig gewordenen Herzogswürde, sondern es war eine einfache Benennung, die ihm als Leiter
des Heerbanns zukam. So heißt Poppo, weil er zur
Kriegszeit in Thüringen eine Armee zu commandiren hatte,
Herzog von Thüringen und das Gebiet, über welches sich
seine Gewalt erstreckte, Herzogthum[1]), und doch war er
weiter nichts als ein Graf, der ein ständiges militärisches
Commando führte. Aus demselben Grunde werden daselbst
100 Jahre später die Grafen Poppo und Egino Herzöge
genannt.[2]) Da wir von Hathebold nichts weiter wissen,
als daß er Gaugraf des Kelbachgaus gewesen, so läßt sich
die Uebertragung seiner hohen Würde auf die Person
seines Oheims Gerrich, der dem Stifte Gerresheim so nahe
stand und von demselben so hoch verehrt wurde, leicht
erklären. Indessen ich wiederhole, daß es sich hier wahrscheinlich nur um einen apocryphen Titel handelt und
daher die gegebene Erklärung nur einen hypothetischen
Werth hat.

Zum Schlusse haben wir einer alten Waffe zu gedenken, welche die Sacristie der Gerresheimer Kirche aufbewahrt und die Tradition dem Ritter Gerrich zuschreibt,
indem sie dieselbe als sein Jagdmesser bezeichnet. Zwar
findet diese Tradition in einer alten Urkunde ebenso
wenig Bestätigung wie der Name des Seligen auf Scheide
oder Klinge angebracht ist, ja die Scheide und der Griff
der Klinge gehören sogar ihrer Fabrikation nach dem XV.,
höchstens dem Anfange des XVI. Jahrhunderts an, aber
es ist immerhin möglich, daß dieselben in jener Zeit
erneuert worden sind. Das Heft und die an der Scheide
haftende heruntergebogene Parirstange sind silbern gravirt.

---

1) Annal. Lambecian. ad a. 883.
2) Annal. Fulden. ad. a. 983. Ausführliches bei Crollius:
Vom Ursprung der Pfalzgrafschaft. Th. IV. S. 106.

Dasselbe ist 0,41 h. und 0,14 br. Zur Frage über den Ursprung dieses Degen ist Folgendes zu bemerken:

In vielen Kirchen des Abendlandes werden kleinere oder größere Degen oder Schwerter, die den Namen eines Heiligen führen, aufbewahrt, ohne daß man weiß, woher sie kommen oder wozu sie gedient haben; auch werden dieselben an verschiedenen Orten Jagdmesser genannt. Im Dome zu Aachen befinden sich deren zwei. Eins führt den Namen Jagdmesser Karls des Gr.[1]) und sagt die Tradition, der Kaiser habe es benutzt, wenn er als einfacher Jägersmann sich in den Forsten um Aachen vergnügte; die Lederscheide desselben weist aber mit ihren characteristischen plastischen Darstellungen ziemlich bestimmt auf das X. oder XI. Jahrhundert als die Zeit ihrer Entstehung. Das andere Jagdmesser ist ohne Namen; der Technik nach stammt es aus dem XIV. Jahrhundert. Unter den deutschen Reichskleinodien, die zu Wien aufbewahrt werden, befindet sich das Schwert des h. Mauritius, das ursprünglich Reliquie, in späterer Zeit als kaiserliches Ceremonienschwert mit kunstreicher Handhabe versehen und bei den Kaiserkrönungen angewendet wurde. Im Dom zu Prag wird das Schwert des h. Wenzel aufbewahrt, die Scheide ist aber mit spätgothischen Ornamenten geziert, also offenbar der eigentlichen Reliquie später zugefügt worden. In der Aachener Kirche zum h. Adalbert zeigt man den Degen des h. Kaisers Heinrich II., des Erbauers dieser Kirche; auch ihn nennt die Tradition ein Jagdmesser. Ein Reliquienbüchlein der ehemaligen Stiftskirche aller Heiligen zu Wittenberg vom Jahre 1509 führt unter den zahlreichen Reliquien, welche diese Kirche besaß, auch ein altes Schwert an; ein zweites Reliquienbüchlein vom Jahre 1520, welches die Reliquien der ehemaligen Stiftskirche St. Mauritz zu Halle aufzählt, führt unter diesen auch das Schwert des h. Ursus, eines Heerführers der Gesellschaft St. Mauritii an. Nicht unwahrscheinlich ist

---

1) Dr. Franz Bock, Karls des Gr. Pfalzkapelle zu Aachen. I. Bd. S. 48.

es, daß viele dieser Dolche wirklich von den Heiligen her=
kommen, deren Namen sie führen, so daß sie also als wirk=
liche Reliquien zu betrachten sind; häufiger jedoch fanden
dieselben bei Schenkungen, Investitur=Feierlichkeiten und
anderen Rechtsacten als Rechtssymbole kirchliche Verwen=
dung, und in diesem Falle können sie ihren Namen auch
vom Patron der Kirche, in welcher sie aufbewahrt werden,
erhalten haben. Bei solchen mittelalterlichen Rechtsacten
wurde nämlich der Degen auf den Altar der Kirche oder
in das Grab des Kirchenheiligen zur Bewahrheitung und
Ratifizirung der Uebergabe niedergelegt.[1]) Auch in Gerres=
heim lag das in Rede stehende Jagdmesser bis zum Jahre
1847 stets im Sarcophag des seligen Gerrich und es ist
daher nicht unwahrscheinlich, daß dasselbe dort einen ähn=
lichen Zweck gehabt hat. Dadurch würde sich auch die Erneue=
rung der Scheide und des Griffes in so später Zeit erklä=
ren.[2]) So lange indessen kein entscheidender Beweis gebracht
wird, daß sich die Sache so verhält, verdient die Tradition
der Gerresheimer Kirche Beachtung, die da sagt, daß die
dolchartige Waffe nicht bloß ein altes ehrwürdiges Denk=
mal, sondern geradezu eine Reliquie ihres seligen Stifters sei.

---

1) Dies geht deutlich aus einer Urkunde des Monasticon Angli
canum hervor, worin es heißt: Rex (Guilelmus II.) per cultellum
eburneum, quod in manu tenuit et abbati (de Tavistoc) porrexit
hoc donum (feodum de Vlurintuna), peregit apuid curiam . . . .
Qui quidam cultellus iacet in feretro sancti Rumoni. In cuius ma-
brio inscritur haec scriptura: Ego Guilelmus rex dedi Deo et
sanctae Mariae de Tavistoc terram Vlernitum.

2) Einen eigentlichen Kunstwerth hat dasselbe nicht; der Metall-
werth an Silber mag ungefähr 12 bis 15 Thaler betragen.

Außer diesen ehrwürdigen Denkmalen bewahrt die Gerresheimer
Kirche noch einen werthvollen Evangeliencoder aus dem X. Jahrhundert auf Pergament mit den durch ornamentirte Randstreifen
eingefaßten roh erneuerten Miniaturen der Evangelisten und mit
ebenso eingerahmten Initialen und Inschriften auf Purpurfonds
mit sammetüberzogenen Holzdeceln, welche noch Eindrücke von Metall-
verzierungen des 15. Jahrhunderts bewahrt haben; ferner einen
kleinen emaillirten Reliquienschrein, 0,18 hoch und 0,16 breit mit
einfachen Emailornamenten und vergoldeten, zum Theil erhabenen,
aber rohen Figuren, — eine rheinische Arbeit aus dem Anfange des
13. Jahrhunderts.

Drittes Kapitel.

Die Stiftung der Abtei Gerresheim.

Wir glauben im Vorhergehenden die Thatsache[1]) über allen Zweifel erhoben zu haben, daß zur Zeit Gerrichs und schon lange vorher auf dessen Allodialgute[2]) zu Gerresheim eine Kirche existirte, die zugleich den Katholiken der Mark Gerresheim zur Pfarrkirche diente. Ursprünglich mag diese Kirche ein einfaches Oratorium oder eine Hofkirche gewesen sein, wie sich solche damals im Frankenlande auf den Gütern der Grafen und Freiherren in Menge vorfanden[3]); sicher aber war dies zu Gerrichs Zeit nicht mehr der Fall, denn damals erscheint das Christenthum im Bergischen Lande, wie wir nachgewiesen haben, fast überall verbreitet, wenn auch im gewöhnlichen Volke heidnische Anschauungen und Gebräuche noch einen großen Einfluß ausübten. Wie bereits erwähnt, setzt die Thatsache, daß Gerrich auf dem Boden seines Hofeigenthums ein Kloster

---

1) Vergl. S. 14.

2) Allod = Eigengut, abgeleitet von all (ganz) und ob (Eigenthum); es bildet den Gegensatz zu Lehngut.

3) Solche Kapellen hatten Anfangs bloß die Könige, weßwegen sie auch nach der Meinung einiger Gelehrten basilicae genannt werden. Binterim, Denkwürdigkeiten IV. Bd. 1. Th. S. 21. Die vornehmen Franken ahmten den Königen darin nach und gründeten auch auf ihren Gütern dergleichen Kapellen. Binterim, l. c. Bd. I. Th. 2. S. 117. So hatte, um Beispiele hiesiger Gegend anzuführen, der freie Besitzer des Hofes Hubbelrath auf demselben eine Kapelle, welche mitsammt dem Hofe im Jahre 950 in den Besitz des Erzbischofs Wichfrid käuflich überging, (Ennen und Eckertz, Quellen zur Gesch. der Stadt Köln I. 464); der edle und freigeborne Gerolf zu Liefburgahuson hatte einen Hof und auf demselben eine Kapelle, die er c. 1050 dem Kloster Werden schenkte (Nobilis et ingenuus Gerolf curtim in Liefburgahuson et capellam in eadem curti sitam); vergl. Zeitschrift des Bergischen Geschichtsvereins VI. Bd. S. 54. u. s. w. Daß aus diesen Capellen in späterer Zeit häufig Pfarrkirchen entstanden sind, ist eine bekannte Sache.

errichtet hat, den Bestand eines förmlichen Pfarrsystems
voraus, und ergibt sich der Beweis dafür nicht bloß aus
der Logik der Verhältnisse, sondern auch aus der analogen
Geschichte aller älteren Klöster, die auf dem Lande und
fern von den Städten gestiftet worden sind. Gelegen an
der alten Heerstraße, die auf der rechten Rheinseite dem
Strome entlang nach Batavien führte und vielleicht schon
zur Römerzeit bestand, ohne von den Römern angelegt zu
sein, war die Gerresheimer Kirche nach dem liber valoris[1]
der kölnischen Diözesankirchen die siebente, die der von
Deutz abreisende Wanderer an dieser Straße antraf, nämlich Buchheim, Flittard, Wiesdorf, Bürrig, Richrath, Hilden,
Gerresheim. Noch besteht in Gerresheim die Tradition,
daß die dortige Pfarrkirche St. Margaretha viel älter als
die Stiftskirche sei und daß die Gebeine des seligen Gerrich
ehedem in derselben geruht hätten. Die genannte Pfarrkirche, deren alter Bau noch besteht, aber schon längst zu
Profanzwecken gebraucht wird, ist laut einer alten vom
Pfarrer Dr. Binterim († 1854) noch gelesenen Inschrift[2]
am 7. Januar 1142 eingeweiht worden; höchst wahrscheinlich hatte sie schon eine Vorgängerin gehabt, deren Alter
bis in die Zeit der Anfänge des Christenthums daselbst
zurückreichte.

Es ist eine allgemeine Erfahrung, die nicht bloß beim
Einzelmenschen, sondern auch bei ganzen Nationen zutrifft,
daß das Christenthum der Neophyten eine geistige Macht
ist, die nicht bloß sittlich und geistig regenerirend wirkt,
sondern die auch zu den erhabensten und edelsten Thaten

---

1) Binterim und Mooren, Erzdiözese Köln I. Bd. S. 222
und 313.

2) Binterim und Mooren, l. c. I. S. 223. Dieselbe lautet:
Ao. MCXLII. Indictione III. XXII. Epacta. VII. Idus Januarii.
Auch berichtet Binterim, daß sie der kölnische Erzbischof, also Arnold I.
eingeweiht habe. Das noch heute in den äußeren Umfassungsmauern
wohl erhaltene Gebäude der alten Kirche ist in romanischem Stile
gebaut und hatte ein einfaches Tonnengewölbe. Schade, daß es nicht
durch Verwendung für einen kirchlichen Zweck besser erhalten wird!
Heute ist es zu Zimmern eingerichtet, die von armen Leuten bewohnt
werden.

mit faſt unwiderſtehlichem Drange anſpornt. War auch
zur Zeit Gerrichs das Chriſtenthum in der Gerresheimer
Mark wie überhaupt im Bergiſchen Lande faſt überall verbreitet, ſo war es doch keineswegs das in ſich gefeſtigte
und erprobte Chriſtenthum, ſondern das erſt aufblühende,
das hier wie in den meiſten Gauen Deutſchlands in jugend-
licher Friſche ſeine Blüthen trieb, das aber noch in vielfacher Hinſicht der Pflege und Förderung bedurfte. Um
jene Zeit richtig zu verſtehen, darf man nicht unſere Tage
mit ihrem blaſirten Wiſſensbünkel und froſtigen Egoismus
zum Maaßſtabe nehmen, man muß vielmehr in die erſten
Jahrhunderte des Chriſtenthums zurückgehen. Zwar war
das Heidenthum in Deutſchland bzw. im Bergiſchen im
IX. Jahrhundert noch nicht ausgerottet, aber es lebte weniger
in der Theorie als in der Praxis der Menſchen. Dieſer
Erſcheinung gegenüber fallen die Beiſpiele chriſtlicher Liebe,
Entſagung und Opferwilligkeit deſto ſchwerer in die Wag-
ſchale, aber auch deſto herrlicher in die Augen. Gerrich
gehörte mit zu jenen frommen, für die Sache Chriſti und
der Kirche erglühten Männern, die den chriſtlichen Glauben
mit der ganzen Fülle ihres Geiſtes und Gemüthes erfaßten
und dadurch zu den höchſten Opfern der Liebe und Hin-
gebung zu Gott befähigt wurden. Die herrlichen Beiſpiele,
welche viele ſeiner Standesgenoſſen in der Nähe, namentlich in Weſtfalen, in dieſer Beziehung gaben, konnten ihm
nicht unbekannt ſein. Gegen das Jahr 830[1]) entſtand das
Kloſter Münſtereifel und Markward, Abt von Prüm und
vielleicht der Stifter des neuen Kloſters, holte perſönlich[2])
im Jahre 844 zu Rom die Leiber der h. Martyrer Chry-
ſanthus und Daria, um ſie demſelben zu ſchenken. Im
Süden der Lippe, bei Hoveſtadt und Herzfeld, wirkten für
Verbreitung und Befeſtigung der chriſtlichen Religion die
frommen Eheleute Egbert und Jda; vornehmlich auf ihre
Anregung und Koſtenbeſtreitung erhob ſich im Jahre 836

---

1) Brosius, Juliae Montiumque comitum annales I. 5. Mabillon, annal. Ordinis S. Benedicti II. 545.

2) Annalen des hiſtoriſchen Vereins für den Niederrhein XX. 96.

die berühmte Benedictiner-Abtei Corvei an der Weser.[1]) Bei Warendorf lebten die frommen Eheleute Everword und Geva, welche, wie bereits erwähnt, im Jahre 851 das Kloster Freckenhorst gründeten.[2]) Die Eltern Everwords waren durch den h. Bonifatius Christen geworden; den Bischofsstab des Heiligen bewahrten sie als ein theures Andenken an ihn; später gelangte derselbe ans Kloster Freckenhorst. In demselben Jahre 851 gründete Walbert, ein Enkel Widukinds, das Kloster Wildeshausen[3]) an der Hunte; sein Sohn Wiebert wurde der erste Abt desselben. Altfried, ein fränkischer Edelmann, der zuerst Mönch im Kloster Corvei, später Bischof von Hildesheim wurde, schenkte[4]) seinen Haupthof Essen im Ruhrgau vor dem Jahre 873 zur Gründung und Dotirung eines adeligen Benedictinerinnen-Klosters daselbst, welche Stiftung auf dem Concil zu Köln in dem angegebenen Jahre feierlich bestätigt wurde. Doch wer kann all' die Klosterstiftungen und Schenkungen an Klöster aufzählen, die in damaliger Zeit aus sehnsuchtsvollem Verlangen, sich dadurch den Himmel zu verdienen, gemacht wurden? Um die kirchliche Opferwilligkeit jener Zeit kurz zu characterisiren, erinnere ich daran, daß dem vom h. Bonifatius gestifteten Kloster Fulda schon im ersten Jahrhundert seines Bestehens (743—843) bei 500, meistens bedeutende Schenkungen[5]) an Ländereien, Höfen, Wäldern, Wiesen, Kirchen u. s. w. gemacht worden sind. Fragen wir nach den tieferen Beweggründen dieser Freigebigkeit, so finden wir außer der Nächstenliebe im Allgemeinen keine anderen als diejenigen, die auch sonst zur Uebung von Tugend und Gottseligkeit, zur Sühnung von Schuld und Strafe maßgebend sind. „Mein Herr," sagte

---

1) Meine Abhandlung: St. Veit, seine Geschichte 2c. in den Jahrbüchern der Alterthumsfreunde im Rheinlande 1867 S. 159 flg.
2) Die Stiftungsurkunde in Kindlingers Münster'schen Beiträgen II. Nr. 11.
3) Translatis s. Alexandri l. c. 31 in Pertz, Monum. Germ. II. 676.
4) Lacomblet, U. B. I. 69.
5) Dronke, cod. diplom. Fuldensis. Kassel 1847.

der h. Eligius eines Tages zum Könige Dagobert, als er
in Lemousin die Abtei Solignac gründen wollte, „gib mir
dieses Geschenk, damit ich daraus eine Leiter mache, auf
der du und ich zum himmlischen Reiche emporsteigen mögen."
Hören wir eine Urkunde aus der Abtei des h. Martin
von Tours[1]): „Auf verschiedene Weise will die Barm-
herzigkeit Gottes das Menschengeschlecht ehren, indem sie
sich würdigt, jeden sterblichen Gläubigen in Stand zu setzen,
daß er sich von seinen eigenen zeitlichen Gütern ein himm-
lisches Reich erkaufen oder erwerben könne, so daß er also
für die Hingabe hinfälliger und vergänglicher Dinge vom
Herrn einen ewigen Lohn empfängt; denn also spricht der
Herr im Evangelium[2]): „Wer Jemanden etwas in meinem
Namen gibt, und sei es auch nur ein Trunk kalten Wassers,
wahrlich ich sage euch, der wird seines Lohnes nicht ver-
lustig sein." Ueber die Nächstenliebe, namentlich die Liebe
zu den Armen, als Motiv der Schenkungen an die Klöster,
drückt sich eine Schenkungsurkunde Ludwigs des Fr. an die
Abtei St. Medard in folgender Weise aus[3]): „Obwohl die
Schenkungen der Gläubigen an ehrwürdige Orte, wo die
Leiber der Heiligen ruhen, in keiner Weise dazu dienen
können, die Glorie dieser Heiligen zu vermehren, so ist es
doch gewiß, daß genannte Schenkungen viel zum Heil derer
beitragen, welche sie zur Verehrung der Martyrer machen,
weil mittelst solcher Schenkungen Arme und Dürftige, die
sonst nicht leben könnten, Unterstützung erhalten." In so
engem Zusammenhange standen nach alter Auffassung die
Nächstenliebe und der Reichthum der Mönche, daß
Cäsärius von Heisterbach es als eine allgemeine Regel
für die Mönche ausspricht[4]): „Wenn ihr den Bruder Date
(gebet) aus dem Kloster jagt, so werdet ihr auch den Bruder

---

1) Kenelm Henry Digby Esq. Mores Catholici or Ages of
faith London 1840, übersetzt von Robler S. J. Regensburg 1867,
S. 595.
2) Math. X, 42.
3) Martin histoire de Soissons I. 307.
4) Caesarii Heisterbac. monachi dialogus miraculorum dist. IV.
c. 69 ed. Jos. Strange Coloniae pag. 237.

Dabitur (es wird euch gegeben werden) nicht länger zurück-
halten können."

Von diesem altchristlichen Geiste durchdrungen, wollte
auch der selige Gerrich mit dem irdischen Mammon, den
er besaß, sich Schätze im Himmelreich erwerben; daher gab
er den Kriegsdienst daran und bestimmte[1]), um das himm-
lische Vaterland zu erlangen (pro remedio caelestis patriae), seinen irdischen Herrschersitz, sowie alle seine Güter
zur Stiftung und Dotirung eines adeligen Damenstiftes.
Die Kunde von dieser edlen That sowie überhaupt von den
Anfängen des Gerresheimer Klosters beruht auf einer
von Regenbierg, Gerrichs Tochter, ausgestellten Schenkungsurkunde, welche, weil die von Gerrich ausgestellten oder
an ihn gerichteten Urkunden sämmtlich verloren gegangen
sind, dermalen für uns die Stiftungsurkunde des Klosters
ersetzen muß, aber auch durch ihren reichen Inhalt zu ersetzen geeignet ist. Regenbierg referirt nämlich in derselben
über die Stiftung ihres verstorbenen Vaters und überweist
zugleich dem Convent schenkweise diejenigen Güter, Gefälle
und Rechte, welche ihr bis dahin zum Theil selbst vorbehalten waren, und läßt das Ganze durch die Väter des
zu Köln im Jahre 873 versammelten Conzils aufzeichnen
und genehmigen. Die Regenbierg'sche Urkunde hat daher
für die Geschichte des Gerresheimer Klosters ganz besonderen Werth. Nun aber zeigt dieselbe mehre offenbare
Interpolationen und Unrichtigkeiten, weßhalb sie bereits
von nicht unbedeutenden Geschichtschreibern für unächt
erklärt worden ist. Auch über die Datumszeit derselben
sind verschiedene Ansichten aufgestellt worden. Es ist daher
im Interesse der historischen Kritik und, um unseren Untersuchungen eine feste Grundlage zu geben, vor Allem nöthig,
diese Urkunde hinsichtlich ihrer Aechtheit und Datumszeit
einer eingehenden Recension zu unterwerfen. Wir haben
es dabei vornehmlich mit zwei gewiegten Kennern der
Geschichte zu thun, deren Ansichten uns durchaus haltlos

---

[1]) Lacomblet, U. B. I. 68.

erscheinen, nämlich mit Professor Ernst Dümmler und Archivrath Dr. Lacomblet.

1) Ernst Dümmler[1]) sagt in seiner Geschichte des ostfränkischen Reiches: „Sicher unächt ist die Schenkungsurkunde der Regenbierg, schon wegen der Bezeichnung Ludwigs als Kaisers und Eberhards als Erzkanzlers." Wir behaupten dagegen: Dieses apodictische Urtheil ist, sowie es vorliegt, sicher unrichtig, weil zu weit gehend. Auch wir erkennen die Bezeichnung Ludwigs als Kaisers und Eberhards als Erzkanzlers für unrichtig an, da ersterer sich bis zum Tode stets König nennt[2]), letzterer[3]) aber sonst in keiner Urkunde Erzkanzler, sondern höchstens Kanzler genannt wird. Ja wir fügen hinzu, daß dieselbe Urkunde noch mehre andere Indizien, die auf einen späteren Ursprung hindeuten, enthält. Dahin gehört der gänzliche Mangel einer Angabe über das Regierungsjahr des Königs, ferner das Fehlen der Indiction und der Zeugennamen, auch stimmt es schlecht zum Curialstyl der älteren karolingischen Zeit, daß Eberhard als Ausfertiger der

---

1) Geschichte des ostfränkischen Reiches. Berlin 1862.
2) Dronke, Codex dipl. Fuldensis p. 246, 247, 249, 251, 253, 254, 257, 258, 261, 263, 264, 270, 275, 276 2c. Ich möchte diese Bezeichnung für nichts Anderes als eine ungenaue Redeweise erklären, wozu man vielleicht geneigt war, weil Ludwig der Fromme († 840) sich ebenfalls Imperator hatte nennen lassen. Auch im ältesten Missale von Essen, das in der Düsseldorfer Landesbibliothek aufbewahrt wird und welches der 2. Hälfte des 9. Jahrhunderts angehört, findet sich der Ausdruck Ludovicus Imperator für Ludwig den Deutschen. Diesen Titel auf den Lothariden Kaiser Ludwig II. zu beziehen, ist unrichtig (Archiv für die Geschichte des Niederrheins, Neue Folge, I. 65); denn dieser herrschte als Kaiser in Italien und wurde bei der Theilung des, durch den Tod Lothars II. (8. August 869) herrenlos gewordenen Königreichs Lothringen von seinem Bruder, Karl dem Kahlen, und seinem Oheime, Ludwig dem Deutschen, ausgeschlossen.
3) Eberhard führt urkundlich den Titel Kanzler seit dem Jahre 868, aber nie Erzkanzler; vergl. Sickel, Beiträge II. 114, 119, 152. Auch fertigte Eberhard, abweichend von seinen Vorgängern, alle Urkunden ausdrücklich anstatt des Erzkanzlers aus; dieser aber, Liudbert mit Namen, ist in unserer Urkunde nicht genannt, es sei denn, daß der als Erzcaplan bezeichnete Loitbert darunter zu verstehen sei.

Urkunde mitten im Terte genannt wird: doch alles dieses begründet nicht die Nothwendigkeit, dieselbe für ein Falsificat zu halten. Im Gegentheil, sie ist eine ächte, nur stark überarbeitete Vorlage späterer Zeit, die jedoch über das Jahr 950 nicht hinabgeht. In Beziehung auf die in Rede stehende Urkunde waltet dasselbe Verhältniß ob, wie bei der Stiftungsurkunde von Essen. Auch in dieser gibt es mehre verdächtige Indizien[1]), weßhalb schon Mabillon die Urkunde für ein späteres Machwerk erklärte.[2]) Dies aber hat Lacomblet mit Entschiedenheit zurückgewiesen und mit Recht; denn wer das Original sieht, erkennt die verdächtigen In- dizien durch die Tinte leicht als spätere Zuthaten, während die Urkunde selbst durch ihre Schrift sich als ein Erzeugniß des zehnten Jahrhunderts documentirt. Auch Dümmler erkennt dies an, indem er sagt: „Die Stiftungsurkunde Altfrids für Essen ist gewiß mit Recht beanstandet worden; dennoch möchte ich eine ächte, nur stark überarbeitete Vor- lage annehmen, da die Stiftung des Klosters durch Alt- frid selbst nach der Urkunde Otto's I. v. J. 947 doch nicht in Zweifel gezogen werden kann. Das Original ging in einem Brande zu Grunde." Hier begeht aber Dümmler eine große Inconsequenz; denn muß er nicht vom Gerres- heimer Kloster ebenfalls sagen: Die Stiftung desselben

---

1) Es heißt z. B. zwischen den eigentlichen Schlußworten der Urkunde und dem Datum derselben: Constituimus etiam, ut nullus hominum vel advocatus aliquis aliquam iurisdictionem in civitate praenominata habeat etc. Diese Bestimmung ist offenbar ein Ein- schiebsel späterer Zeit; denn während in derselben Urkunde gleich im Anfange Essen ein praediolum (kleiner Hof) genannt wird, erscheint der Ort am Schlusse derselben als eine civitas praenominata. Uebri- gens verräth auch schon die bleichere Tinte, mit welcher dieses Ein- schiebsel geschrieben ist, den Zusatz der späteren Zeit, etwa des 12. Jahr- hunderts. Weiter heißt es in der Essener Stiftungsurkunde: Annus incarnationis Dominicae DCCCLXXVII statt DCCCLXXIII'u. s. w.

2) Mabillon, annales Ordinis s. Benedicti III. p. 22. Nach dessen Meinung ist die Urkunde fabrizirt in gratiam canonicarum, quae ex monachabus factae sunt. Dieser Grund ist nicht stichhaltig. Wenn auch Altfrid selbst Mönch gewesen ist, so befremdet es doch keineswegs, daß er seine Stiftung eben für die höheren Stände be- stimmt hat.

durch Gerrich kann nach der ächten Urkunde[1]) des Erzbischofs Herimann I. vom 11. August 922 nicht in Zweifel
gezogen werden? Warum wird nun nicht auch bei ihr eine
ächte, nur stark überarbeitete Vorlage, wie bei der Essener
Stiftungsurkunde, angenommen, zumal in Gerresheim nicht
minder wie in Essen der Grund des Untergangs der
Originalurkunde bekannt ist[2])? Da die Urkunde Regenbiergs, die noch heute im Staatsarchiv zu Düsseldorf aufbewahrt wird, sich durch ihre Schrift und das anhangende
Siegel als ein Erzeugniß des X. Jahrhunderts documentirt, so kann es keinem Zweifel unterliegen, daß das Kloster
Gerresheim um jene Zeit von der untergegangenen Ori-
ginal-Stiftungsurkunde zur Feststellung der darin berühr-
ten Schenkungen eine neue Vorlage machen ließ, und
zwar entweder aus der Erinnerung seiner Mitglieder, die
Regenbierg noch gesehen und gesprochen hatten, oder aus
geretteten Klosternotizen, in welche Vorlage sich dann die
oben erwähnten Verstöße eingeschlichen haben.

2) Eine zweite kritische Frage, die sich an Regenbiergs
Urkunde anknüpft, aber ein über dieselbe weit hinaus
gehendes Interesse bietet, betrifft das Datum derselben.
Lacomblet[3]) setzt die Urkunde ins Jahr 874. Er thut
dieses lediglich deßhalb, weil in derselben auf die große
kölner Provinzialsynode des Jahres 873 durch die Worte:

---

1) Annalen des histor. V. f. d. N. 26. u. 27. Heft S. 334.

2) Das Kloster Gerresheim wurde im Jahre 917 mitsammt der
dortigen Villa von den wilden Horden der Ungarn, die bis zum
Frankenreiche ihre Raubzüge hielten, unverhofft überfallen und in
Brand gesteckt (Annalen l. c.). Da der Ort kein Castell hatte, auch
sonst zur Rettung der Nonnen keine Schutzwehr besaß (sororibus
nullum per omnia in praefato loco castellum vel aliud quodcumque
tutamentum habentibus), so flohen diese nach Köln, wo ihnen Erzbischof Hermann I. das leer stehende Kloster der elftausend Jungfrauen zur Niederlassung überwies, jedoch unter der Bedingung, daß
sie nach Eintritt ruhiger Tage ihr früheres Kloster wieder aufbauen
müßten. Das genannte Raubvolk begann damals seine Einfälle in
Deutschland und setzte sie bekanntlich bis zum Jahre 933 fort, wo
es in der glorreichen Schlacht bei Merseburg so geschlagen wurde,
daß es 20 Jahre lang des Wiederkommens vergaß.

3) Lacomblet, Urkundenbuch I. 68.

„coram archiepiscopo Guilliberto necnon principibus quam multis clericis atque laicis denotari atque signari" Bezug genommen wird und von der er, freilich unrichtig, glaubte, sie habe am 26. September 874 stattgefunden. Schon der Jesuit Herzheim[1]) hat das Richtige getroffen, indem er als Zeitbestimmung dieses Conzils den 27. September 873 ansetzte, wie sich aus Folgendem ergibt:

a. Die von Lacomblet zum Abdruck gebrachten Urkunden des Erzbischofs Liubbert von Mainz und des Erzbischofs Bertolf von Trier sagen ausdrücklich[2]), daß sie auf der kölner Provinzialsynode ausgefertigt worden seien. Nun aber haben beide als Zeitangabe die 7. Indiction und diese lautet nicht auf das Jahr 874, sondern 873; die beigefügte Jahreszahl 874 muß daher ein Irrthum sein.

b. Unter den in Köln anwesenden Conzilsbischöfen, welche in der Essener Stiftungsurkunde deutlich und vollständig benannt sind[3]), werden zwei namhaft gemacht, welche im September 874 schon längst das Zeitliche gesegnet hatten, nämlich Altfried, Bischof von Hildesheim und Gerolf, Bischof von Werden. Ersterer starb[4]) am 15. August 874, letzterer vor dem 24. Februar 874, da in einer Urkunde Ludwigs des Deutschen, welche dieses Datum trägt, bereits sein Nachfolger Wigbert als solcher[5]) genannt wird. Zwei Synoden für die Jahre 873 und 874 anzunehmen, wie Binterim thut[6]), erscheint unzulässig, da nicht bloß der Tag der Abhaltung und die Namen der Conzilsväter, sondern auch der Zweck der Versammlung in den conziliarischen Actenstücken identisch angegeben werden; letzterer lautet: ob suae ecclesiae, id est domus

---

1) Concilia Germaniae, tom. II. p. 358.
2) Lacomblet, Ul. B. I. 66 u. 67.
3) Lacomblet, Ul. B. I. 69.
4) Annales Weingart. ad h. a. Lützel, Geschichte der Stadt und Diözese Hildesheim I. 34. Anmerkung 5.
5) Walther, Lexicon dipl. tab. III.
6) Pragmatische Geschichte der deutschen Conzilien, Bd. III. S. 146, 152, 153.

dedicationem faciendam et ob plurima alia divina et humana tractanda negotia, d. h. wegen der Einweihung der Domkirche und wegen Behandlung anderer geistlicher und weltlicher Dinge.

c. Auch die Angabe Lacomblet's über den Tag der Abhaltung des in Rede stehenden Conzils ist unrichtig; denn der Ausdruck „V. Kalendarum Octobrium", der in der Stiftungsurkunde von Essen vorkommt, bezeichnet nicht den 26., sondern den 27. September, den Festtag der heiligen Martyrer Cosmas und Damianus, weßhalb auch die Kirche und das Stift Essen diesen Heiligen geweiht ist.[1]) Es war damals schon eine alte, mit dem Namen regula veritatis benannte Sitte, die auf der Synode zu Saragossa zur Synodalordnung erhoben worden ist[2]), daß nämlich die Kirchweihe nur an einem Sonntage vollzogen werden sollte. Nach dem Kalender war der genannte Heiligentag wirklich ein Sonntag, nicht aber im Jahre 874.

Da nun die kirchliche Genehmigung der Regenbierg'schen Stiftung bzw. Schenkung ebenfalls auf der großen kölnischen Provinzialsynode des Jahres 873 stattgefunden hat, so ergibt sich auch für die betreffende Urkunde der 27. September 873 als einzig richtige Datumszeit.

Nach diesen Untersuchungen können wir jetzt zur Stiftung Gerrichs selbst übergehen. Da, wie gesagt, gleichzeitig geschriebene Nachrichten über die Anfänge des Klosters nicht vorhanden sind, so wollen wir versuchen nach den Angaben der Regenbierg'schen Schenkungsurkunde, die man fortan hoffentlich nicht mehr als unächt verwerfen wird, und nach sonstigen Anhaltspunkten, die Licht zu verbreiten geeignet sind, uns ein Bild derselben zu entwerfen. Freilich wird Mancher dasselbe mit zu wenig concreten Zügen ausgeprägt finden, aber ich bitte zu bedenken, daß die dürftigen Nachrichten, die aus jener fernen Zeit erübrigen, eben nicht mehr Stoff dazu bieten; ich werde schon zu

---

1) Funke, Geschichte des Fürstenthums und der Stadt Essen, S. 26.

2) Harduin, Concil. tom. III. c. 1. Coloniae 1779.

frieden sein, wenn man mir das Zeugniß geben wird, daß ich denselben im vollen Maße und geschichtlich treu verwerthet habe.

1) Zeitverhältnisse bei der Gründung des Klosters Gerresheim und Zeit der Einweihung desselben.

Die Zeitverhältnisse, unter welchen die Gründung des Klosters Gerresheim erfolgte, waren so bedrängnißvoll, wie man sich dieselben schlimmer kaum denken kann; es war die Zeit des sinkenden karolingischen Geschlechtes. Herrlich, ja glorreich hatte dieses mächtige Geschlecht mit Karl dem Gr. begonnen, kläglich, ja schmachvoll, sollte es mit Ludwig dem Kinde und Karl dem Einfältigen endigen. Diesem schnellen Wechsel hatten die schweren Verbrechen von Karls Nachkommen und die mißachteten Strafgerichte Gottes vorgearbeitet. Das Geschlecht, das sich so oft das gottgekrönte genannt und bei seiner Erhebung mit der Kirche einen innigen Bund geschlossen hatte, vergaß Gott und sein Gebot. Uneingedenk der Tugenden und religiösen Tugendwerke, wodurch ihre nächsten Vorfahren groß geworden und sich den Segen Gottes und Ehre und Macht unter den Menschen erworben hatten, erhoben die Söhne Ludwigs das Schwert gegen ihren eigenen Vater und brachten dadurch unermeßliches Elend sowohl über Frankreich als Deutschland.[1]) Dann kämpften sie gegen einander und verwüsteten sich gegenseitig die Länder. Und während die Franken sich so auf blutigem Schlachtfelde hinmordeten, während keine Provinz des getheilten karolingischen Reiches vor der andern sicher war, durchbrachen die Feinde des christlichen Glaubens von allen Seiten die Grenzmarken des kürzlich noch so ge-

---

1) Der Bruderkrieg der Söhne Ludwigs des Fr. und der Vertrag zu Verdun, von Dr. Karl Schwartz, Fulda 1843. Das fränkische Reich nach dem Vertrage zu Verdun von W. B. Wenk, 1851. Geschichte des ostfränkischen Reiches von Ernst Dümmler, Berlin 1862.

fürchteten Gebietes. Normannen und Slaven nahten zu Wasser und zu Land und durchzogen sengend und brennend die fränkischen Länder, tödteten die Bewohner oder schleppten sie als Kriegsgefangene hinter ihren mit schwerer Beute beladenen Wagen mit sich fort.[1]

Im Gefolge des Krieges war wie gewöhnlich der Hunger eine zweite Geißel des Volkes. Wurden ja die Länder in den inneren Kämpfen und durch die Raubzüge der äußeren Feinde um die Wette verwüstet! Die junge Mannschaft fraß das Schwert weg, den Weibern allein war die Bebauung der Aecker anvertraut. Schwermuth und Lebensüberdruß sprach aus den Gesichtern der Menschen, so daß sie sich, wie die Annalen von Xanten sagen, nur mit Widerwillen und Ekel dazu verstanden, das Elend ihrer Tage für die Nachwelt aufzuzeichnen.

Doch auch beim Hunger bliebs noch nicht. Wie dem Kriege der Hunger, so folgten diesem Pest und Seuche, wodurch Tausende, welche das Schwert des Feindes verschont hatte, dahingerafft wurden. Die Tage, in welchen Karl der Kahle über Frankreich und Ludwig der Deutsche über Deutschland herrschten, sind mit Pestkrankheiten und Seuchen angefüllt. Selbst die Naturelemente schienen in Aufruhr gegen den Menschen sich zu erheben. Die Chroniken jener Zeit wissen fast nichts Anderes zu erzählen, als von schweren Unwettern, Hagelschlägen, Ueberschwemmungen, Erdbeben, Dürre, tödtlicher Kälte. Die gleichzeitigen Urkunden beseufzen es tief, daß Gott alle zerstörenden Geister

---

1) „Wehe Dir, Frankenreich, ruft klagend der poeta Saxo aus, welcher den Schrecken und Jammer dieser Zeiten erlebte, Wehe Dir! Wie warst Du einst unter dem großen Karl so glücklich! Wie bist Du jetzt, wo Du eines solchen Schirmes entbehrst, so überaus unglücklich! Von welch' harten Schlägen wirst Du nun niedergeworfen, die Du schutzlos von allen Seiten den Verheerungen grimmiger Völker offen stehst! Hocherfreut jauchzen Deine Feinde über Deine Thränen; für und für bereichern sie sich an Deinem Gute. Die Tausenden Deiner Gefallenen, die Menge Deiner Gefangenen übertreffen an Zahl den Sand des Meeres; seit Karl dahingegangen, ist Dein Schmuck und Ruhm allgemach verschwunden und zu nichts geworden."

losgelassen habe, um die Sünden der Fürsten und Völker
zu strafen. Die Jahre 850—853 waren entsetzliche Hunger-
jahre; der Scheffel Getreide kostete so viel wie sonst ein
Haus. Im Jahre 857 herrschte die Pest. 862 war wieder
ein Hungerjahr, welches zugleich mit einer Pestseuche verbunden war. Im Jahre 867 entstanden unerhörte Hagel-
schauern und Sturmwinde, welche die stärksten Häuser
zusammenwarfen. 868 war ein starkes Erdbeben und
man befürchtete Hungersnoth und Pest, weßhalb König
Ludwig ein dreitägiges Fasten gebot.[1]) Im Jahre 869
war wieder bittere Hungersnoth in vielen Gegenden,
namentlich in Burgund und Gallien, in Folge dessen viele
Menschen starben. Die Annalen von Xanten und mehre
andere berichten[2]), Menschen hätten Menschenleiber ge-
gessen. Die Annalen von St. Columba[3]) fügen noch hinzu,
daß es an Menschen gefehlt habe, die zahlreichen Leichen
zu begraben.

Aber auch das einst so blühende Herrscherhaus sollte
für seine Sünden die züchtigende Hand Gottes erfahren.
Der Tod lichtete unvorhergesehen die kaiserliche Familie,
erschöpft an Geist und Leib welkten die einzelnen Glieder
dahin, meistens in tiefe Schwermuth versunken oder mit
geistiger und leiblicher Schwachheit geschlagen. Bernhard,
Pippins Sohn und Enkel Karls des Gr., der nach dem
Tode des letzteren unter Ludwigs Hoheit die Regierung
von Italien erhielt, wurde 818 wegen angeblicher Em-
pörung geblendet, wobei er das Leben verlor. Mitten
im Kriege gegen seinen Vater starb Pippin, König von
Aquitanien, im Jahre 838, leidenschaftlich aufgeregt gegen
Alle, die mit ihm in Berührung kamen. Von tiefer
Schwermuth und Seelenangst ergriffen, meinte Lothar I.
sein in brudermörderischen Kämpfen vergeudetes Leben
durch Eintritt in das Kloster Prüm retten zu können;

---

1) Annales Xantens. ad a. 868.
2) Annales Xantens. ad a. 869 und Annal. Engolism. bei
Pertz, Monum Germ. V. 5.
3) Annales S. Columbae bei Pertz, Monum. Germ. I. 103.

sechs Tage darnach, am 23. September 855, starb er. Karlmann, der Sohn Karls des Kahlen, wurde im Jahre 873 auf Befehl seines Vaters und unter Zustimmung der Bischöfe wegen seiner politischen Verbrechen zum Tode verurtheilt, jedoch diese Strafe insofern gemildert, als ihm blos die Augen geblendet wurden. Auf der Reichsver- sammlung zu Frankfurt am 26. Februar 873 vollzog sich eine nicht minder düstere Scene. Als König Ludwig in die dortige Curie eintrat, fuhr in seiner Gegenwart, wie die Annalen von Fulda berichten, der böse Geist in seinen jüngsten Sohn Karl und quälte ihn so gewaltig, daß er kaum von 6 starken Männern gehalten werden konnte.

So bereiteten sich die Karolinger dasselbe Loos, das die Merowinger getroffen; es nahte die Zeit, wo in ihrem Geschlechte Leichenzug auf Leichenzug folgte, bis endlich mit Ludwig dem Kinde († 911) und Karl dem Einfäl- tigen († 929) die karolingische Dynastie ihr tragisches Ende fand.

Hierzu kamen die religiösen Wirren der kölnischen Erz- diözese. Erzbischof Gunthar hatte den kölnischen Erzstuhl, der acht Jahre vacant gewesen, am 20. April 850 be- stiegen, verwickelte sich aber seit 861 in die schmutzigen Ehehändel Lothars II., dessen Erzkanzler er im Jahre 858 ge- worden war. Dieser war mit der burgundischen Gräfin Thietberga, deren Vater Boso, deren Bruder Hucbert[1]) hieß, rechtmäßig vermählt[2]), verstieß sie aber aus nichtigen Gründen und lebte zum Aergerniß der ganzen christlichen Welt mit Walbrada, die als eine gemeine Buhlerin ge- schildert wird. Das Aergerniß wurde um so größer, als Gunthar und Thiedgaud, Erzbischof von Trier, ihrer Pflicht und ihres hohen Amtes uneingedenk, den König von seinem verbrecherischen Treiben nicht abmahnten, sondern noch die Hand dazu boten, dem Verbrechen den Character einer durch die Verhältnisse gebotenen Nothwendigkeit auf- zudrücken. Auf königliches Geheiß versammelten sie zu

---

1) Bouquet, VII. p. 384.
2) Pertz, Monum. Germ. I. 569.

Aachen zweimal ihre Suffragane und legten diesen ein
angebliches Schuldbekenntniß Thietberga's vor, ohne letztere
zu hören, in Folge dessen die Ehe des Königs mit derselben
für nichtig erklärt und ihm die Befugniß zur Eingehung
einer neuen Ehe zuerkannt wurde. Aber der erwähnte Bruder
Thietberga's theilte diese Intrigue sofort dem Apostolischen
Stuhle mit, der alsbald die beiden Erzbischöfe zur näheren
Untersuchung der Sache nach Rom citirte. Nachdem sie
sich einige angeblich canonische Decrete zu ihrer Vertheidigung gesammelt hatten, reisten sie ab. Wie zu erwarten
war, fiel die Entscheidung des Apostolischen Stuhles zu
ihren Ungunsten aus; die erwähnten Decrete wurden
sammt und sonders mit aller Einhelligkeit der Bischöfe
widerlegt und als gefälschte verworfen. Pabst Nicolaus I.
untersagte darauf den Verurtheilten die Ausübung des
bischöflichen Amtes und entließ sie. Dies geschah auf der
römischen Synode des Jahres 863. Auch Kaiser Lothar
erhielt vom Pabst ein Citationsschreiben nach Rom, um
sich wegen seiner Ehehändel zu verantworten. Da er nicht
erschien, wurde er aus der Kirchengemeinschaft ausgeschlossen.[1]) Mittlerweile sandten die genannten Erzbischöfe verwegene Schreiben an den Pabst, worin sie er-
klärten, daß er gottlos und ohne alle Vernunft auf tyrannische
Weise ungerechtes Gericht gegen sie übe. Sie gingen
sogar so weit zu behaupten, daß ihre Stellung als Bischöfe
der seinigen in nichts untergeordnet sei und forderten
daher von ihm Anerkennung ihrer bischöflichen Würde und
Stellung, nicht als Gunstbezeugung, sondern als im
göttlichen Gesetze begründeten Pflichtact.[2]) Auch richteten

---

1) Später wandte er sich zwar, getrieben von seinem unruhigen
Gewissen, abermals an den Apostolischen Stuhl, aber nur um das
Maaß der Gottlosigkeit zu füllen; denn als er auf Einladung des
Pabstes Hadrian II. nach Rom kam, betheuerte er vor demselben
seine angebliche Unschuld mit einem Eide und empfing darauf die
h. Communion. Auf der Rückreise starb er plötzlich zu Piacenza am
8. August 869.
2) Pertz, Monum. Germ. I. 463 seq. Offenbar fußte ihre
freche Opposition auf der Verkennung oder Läugnung der dogmati-
schen Lehre vom Päbstlichen Primat. Die Febronianer der neueren

sie ein gemeinschaftliches Schreiben an die Bischöfe Frank-
reichs, besonders an ihre lotharingische Amtsbrüder, worin
sie dieselben beschworen, Alles aufzubieten, daß Lothar sich
nicht einschüchtern lasse und mit Ludwig dem Deutschen
im Bunde bleibe. Die Aufregung unter den Bischöfen
war groß und im Allgemeinen war die Stimmung gegen
sie. Da lenkte Thiebgaud ein und unterwarf sich gehorsam dem Spruche des Pabstes. Aber Gunthar ward dadurch noch ungezügelter. Trotz seiner Suspension las er
dennoch am Grünendonnerstag die h. Messe, weihte das
h. Oel und verachtete den Beschluß der Lateransynode.[1] Um
die Stiftsgeistlichkeit seiner Erzdiözese zu gewinnen, gewährte er derselben auf ewige Zeiten die Aufhebung der
Chrodegang'schen Regel, d. h. des gemeinschaftlichen Lebens, was Vielen von Herzen erwünscht war. Auf diese
Weise erhielten nämlich die Stiftsgeistlichen der Domkirche,
wie der Stifter in und außerhalb der Stadt Köln einen
großen Theil der Kirchengüter in eigenen Besitz und Verwaltung. Kaiser Lothar bestätigte[2] diese Anordnung am
15. Januar 867, wie zu erwarten war. Aber dadurch
konnte Gunthar seinen Sturz nicht abwenden. Alle Bischöfe
des lotharingischen Reiches kündigten ihm zuerst die Gemeinschaft auf und, was der Abtrünnige am wenigsten
geglaubt hätte, Lothar ließ ihn fallen und bemühte sich den
bischöflichen Stuhl von Köln an Hugo, einen Neffen Karl
des Kahlen, zu vergeben. Aber der Erzbischof von Mainz,
Liubbert, wußte es zu hintertreiben, indem auf dessen Ver-

Zeit hätten in ihnen mit Fug und Recht ihre Väter erblicken können.
Auch ist die Aeußerung des gleichzeitigen Prümer Abtes Regino über
das unkatholische Gebahren dieser Bischöfe bezüglich der kirchlichen
Lehrautorität bemerkenswerth. Nachdem er nämlich mitgetheilt, dieselben seien nach Rom gegangen, um auf das Urtheil des Apostolischen Stuhles in Sachen der Ehescheidung Lothars Einfluß zu üben,
sagt er: Stultitiae quidem elogio denotandi, qui illam beati Petri
sedem aliquo pravo dogmate fallere posse arbitrati sunt, quae nec
se fefellit nec ab aliqua haeresi umquam falli potuit. Chronic. ad a. 865.

1) Pertz, Monum. Germ. I. 465.
2) Ennen und Eckertz, Quellen zur Geschichte der Stadt
Köln. I. 447.

anlaſſung am 7. Januar 870 zu Deutz vom kölniſchen
Clerus und Volk der Prieſter Willibert zum Nachfolger
Gunthars erwählt[1]), dann am 16. Januar d. J. zum
Biſchof geweiht und ſofort in ſein Amt eingeführt wurde.
So blieb der kölniſche Erzſtuhl vom 30. März 864, wo
Erzbiſchof Gunthar ſuspendirt worden war, bis zum
16. Januar 870 vacant, während welcher Zeit die Erz-
biözeſe die herbſten Drangſale erlitten hat.[2]) Die Annalen
von Xanten beſchreiben den Zuſtand derſelben mit folgenden Worten[3]): „Die Braut (Kirche) Gunthars, welche
einſt für die ſchönſte nach Rom gehalten wurde, ſaß wie
eine Wittwe in Aſche, verlaſſen von ihrem Manne, mit
zerriſſenem Kleide, beſchmutzter Haut, fliegendem Haar,
nackten Füßen. Ihre Kinder wurden allerwärts von rei-
ßenden Wölfen verſchlungen, denn ſie hatten keinen Vater;
ihre Prieſter wurden mit Schlägen und Ruthen ſcharf ge-
züchtigt, denn ſie hatten keinen Beſchützer. Ihre Edlen
fielen durchs Schwert, und klagend und ſeufzend weint ſie
Tag und Nacht u. ſ. w. Gunthar lebte noch, wie es
ſcheint, 873, wo ſeiner auf der großen kölniſchen Pro-
vinzialſynode ehrenvoll gedacht wird. Dieſer Umſtand wie
auch mancherlei Denkmale ſeiner Wohlthätigkeit gegen die
Klöſter berechtigen zur Annahme, daß er ſein gottes-
ſchänderiſches Leben bereut und in ſeinen letzten Tagen
Buße geübt hat.

Gerade in dieſer Zeit der kölner Wirren war es, wo
das von Gerrich errichtete Kloſter eingeweiht wurde.
Dieſe Weihe war bereits im Jahre 873, wie die oſt-
genannte, auf dem kölner Provinzialconzil d. J. auf-
gezeichnete Regenbierg'ſche Schenkungsurkunde ausdrücklich
beſagt[4]), durch Erzbiſchof Willibert vollzogen. Da nun
letzterer am 16. Januar 870 von Erzbiſchof Liudbert zum

---

1) Pertz, Monum. Germ. I. 382. II. 234. Floß, die Pabſt-
wahl unter den Ottonen, S. 60.
2) Ennen und Eckertz, l. c. I. 451.
3) Annal. Xanten. ad a. 869.
4) Lacomblet, U. B. I. 68.

Bischof geweiht[1]) und in sein Amt eingeführt worden ist,
aber als Vertrauter Gunthars, der wenigstens dessen Hän-
deln nicht fremd gewesen, erst 873 mit Mühe von Pabst
Johann VIII. das Pallium[2]) erlangt hat, so muß die
Weihe der Gerresheimer Kirche in der Zwischenzeit von
870 bis 873 stattgefunden haben. Zwar erscheint es be-
fremdlich, daß Willibert eine Kirchweihe vorgenommen,
also bischöfliche Functionen verrichtet hat, ehe er vom
Pabste das Pallium erhalten, d. h. die Wahl als köl-
nischer Erzbischof angenommen und bestätigt worden war.
Allein die Weihe des Gerresheimer Klosters bzw. Kirchengebäudes ist nicht der einzige Weiheact, den er als Bischof
ohne Pallium vorgenommen hat. Nach den Annalen von
Fulda fand am 26. September 870 zu Köln unter dem
Vorsitze der Erzbischöfe Liubbert, Willibert und Bertolf
eine Provinzialsynode statt und es wird ausdrücklich berichtet, daß Willibert gerade bei dieser Gelegenheit eine
Weihe am Petersdom (Domkirche) vorgenommen habe.
Auch weihte er[3]) am 10. November 870 in Verbindung
mit dem Bischofe Hilbigrim eine neue, zu Ehren des
h. Liudger erbaute Basilica zu Werden. Noch im Juni 873
weigerte sich Pabst Johann VIII. Willibert das erbetene
Pallium zu verleihen[4]); erst wenige Monate später gab
der Pabst nach und zwar lediglich aus Rücksicht auf den
verwahrlosten Zustand der Erzbiözese Köln, auf Williberts
Altersschwäche und die Fürbitte des Königs sowie des
Kaisers Ludwig. Hätte Willibert die Weihe der Gerresheimer Kirche erst nach erhaltenem Pallium vorgenommen,
so hätte er sie auch nach der Provinzialsynode vornehmen
müssen. Das aber widerspricht dem Inhalt der Regenbierg'schen Schenkungsurkunde; sie muß also in der Zwischenzeit von 870 bis 873 geschehen sein.

Wie Regenbierg in der genannten Urkunde ausdrücklich
hervorhebt, wurde die Stiftung des Klosters unter könig-

---

1) Floß, l. c. S. 61, 67, 98.
2) Floß, l. c. dipl. S. 102.
3) Lacomblet, Archiv II. S. 228.
4) Mansi, Concil. tom. XVI. p. 242.

licher und päbstlicher Ermächtigung vollzogen. Von den bezüglichen Diplomen ist aber keines erhalten, sie sind wahrscheinlich mit der Stiftungsurkunde bei der Ungarischen Invasion zu Grunde gegangen.

2) Zweck und Bestimmung des Gerresheimer Klosters.

Fragen wir jetzt, für welche Personen Gerrich das von ihm gegründete Kloster bestimmt habe, so gibt Regenbierg's Urkunde mit aller Bestimmtheit zur Antwort: Für Nonnen. „Auf Geheiß und Bitten meines Vaters Gerrich," sagt dieselbe, „bestimme auch ich alle Güter, die mir erbrechtlich zugefallen sind, unwiderruflich den in Gerresheim Gott dem Herrn dienenden Klosterjungfrauen, . . . und weder mir selbst, noch irgend einer nachfolgenden Aebtissin soll es gestattet sein, irgend etwas von den, den Nonnen von mir oder meinen Eltern geschenkten und zur Präbende bestimmten Gütern und Kirchen zu vertauschen, zu verschenken oder irgend Jemanden zu verleihen, es sei denn auf Befehl der Vorsteherin und Dechantin und nach Berathung und einheiliger Zustimmung aller Schwestern." Demgemäß wird auch in der Urkunde vom 11. August 922, welche von dem Ueberfall des Gerresheimer Klosters Seitens der Ungarn und von der Versetzung der dortigen Nonnen nach dem St. Ursula-Stift in Köln handelt, nur von Klosterschwestern, nicht aber von männlichen Ordensleuten gesprochen. Zwar finden sich in späterer Zeit in Gerresheim auch Canoniche. Die Gründung der dortigen Canonicate fällt aber erst in die Zeit, wo das ursprüngliche klösterliche Leben der Nonnen daselbst aufgehört hatte.[1]) Anfangs waren keine Canoniche daselbst, der Gottesdienst des Klosters wurde vom Orts-

---

1) Dieses war schon im **XIII.** Jahrhundert eine vollendete That-sache, wie die Urkunden in Lacomblets U. B. II. 54, 175 aus-weisen. Ja es muß dies noch früher geschehen sein; denn in einer vom kölnischen Erzbischofe Friedrich I. für das Benedictinerinnen-Kloster Rolandswerth im Jahre 1126 ausgestellten Urkunde wird ausdrücklich gesagt, daß unter den vielen damals in der kölnischen

pfarrer und seinem Gehülfen besorgt.[1]) Auch kennen wir genau
die Regel, nach welcher die Nonnen daselbst von Anfang
an lebten; es war die Regel des h. Hieronymus, welche
mit der Canonissen-Regel von Aachen vom Jahre 816
fast ganz identisch ist.[2]) Wir wissen dieses aus einem
interessanten Vorfalle im Leben der h. Adelheid von Vilich.
Nach der von der Nonne Berta abgefaßten Biographie[3])
dieser h. Aebtissin kam dieselbe frühe ins Kloster der heiligen Jungfrauen zu Köln. Hier lebte sie nach der Regel
des h. Hieronymus, so daß ihre ganze Lebensweise sich
mit derselben identificirte. Als später ihre Eltern, Graf
Megingoz und Girberga, das Kloster Vilich stifteten, kauf-
ten sie ihre Tochter (c. 980) durch Ueberlassung einiger
Höfe und Güter vom Kloster los (sie war also eine Oblade)
und setzten sie als Aebtissin des von ihnen gestifteten
Klosters ein. Alles dieses bestätigte Warinus, Erzbischof
von Köln. Adelheid wollte nun auch in Vilich die im
Kloster St. Ursula liebgewonnene Lebensweise fortsetzen.
Damit aber waren ihre Eltern nicht einverstanden, sondern
sie begehrten die Einführung der etwas strengeren Kloster-
regel des h. Benedictus. Adelheid willfahrte dem Willen
ihrer Eltern, aber sie that es nur aus Gehorsam und
kindlicher Pietät gegen sie: mehre Schwestern, die sich dem
eigentlichen monachischen Leben nicht fügen wollten, traten
sogar in die Welt zurück. Da also im Kloster St. Ursula

Erzdiözese bestehenden Frauenklöstern fast kein einziges mehr gefunden
werde, worin dem ursprünglichen Institute gemäß zur Aufnahme das
Gelübde der Enthaltsamkeit noch erforderlich wäre. Lacomblet,
U. B. I. 301.

1) In einer von mir, in Pick's Monatsschrift für rheinisch-
westfäl. Geschichte veröffentlichten Urkunde, kraft welcher eine Freie,
Namens Tiezelen (1168—1188), sich dem Altare des h. Hippolyt zu
Gerresheim zinspflichtig macht, unterzeichnet als Zeuge unter anderen
Personen auch ein Ecclesiasticus heribertus, wahrscheinlich der Pfarrer.
III. Jahrgang. 4—6 Heft.

2) Institut. Concilii. Aquisgran. d. a. 816, lib. II. bei Miraeus.

3) Cf. act. SS. Januar. I. 715. Vgl. auch die von mir ent-
worfene Lebensskizze derselben in Aug. Müller's Werke: Siegburg
und der Siegkreis. 1860. Bd. II. S. 231.

die Regel des h. Hieronymus, die übrigens damals bei weitem strenger beobachtet wurde, als in späterer Zeit, Ordensregel war, so wissen wir zugleich, welche Regel ursprünglich im Kloster Gerresheim zu Recht bestanden hat; denn die Nonnen von St. Ursula stammten eben von Gerresheim und war ihre Translation nach Köln noch in frischem Andenken.

Dafür, daß der selige Gerrich ein Kloster für Nonnen stiftete, läßt sich ein doppelter Grund erkennen:

a. Die Rücksicht auf das Bedürfniß der Zeit und der Gegend. Damals gab es überhaupt noch wenige weibliche Klöster und doch waren sie, wie die großen Missionare Bonifatius, Willibald u. a. wohl erkannten, bringendes Bedürfniß. Die Mission[1]) des Weibes ist freilich keine öffentliche, aber gleichwohl eine nothwendige, um das, was öffentlich gesäet ist, in der Stille und Zurückgezogenheit zu pflegen und zur Entwickelung zu bringen. Die Frau hat der Welt das Evangelium nicht vorgepredigt, aber sie hat es mit der Sprache der Liebe und Demuth in die Herzen gepflanzt. Alles Gute und Tugendhafte gedeiht am besten durch eine verständige, Sinn und Herz gleichmäßig erfassende Erziehung und Bildung, und darin ist das Weib, wenn es ihm selbst nicht an Tugend und Bildung fehlt, Meisterin. Wer kann an Lioba, die h. Aebtissin des Klosters Bischofsheim, denken, ohne von Erstaunen über ihre segensreiche Wirksamkeit erfüllt zu werden? Wer ermißt die Verdienste der Königin Chlotilde um die Verbreitung des Christenthums im Frankenreiche, der h. Theodelinde im Longobardenreiche, der königlichen Töchter Alfleda und Ostwitha bei den Angelsachsen in England? Dazu kam, daß das Weib bei den Deutschen von jeher eine bevorzugte Stellung im häuslichen Kreise einnahm; es war gewissermaßen der Mittelpunkt und das Herz der altgermanischen Familie. So schildert es schon

---

1) Vgl. Alois Rebner, die Bedeutung der germanischen Frauen für die Verbreitung des Katholizismus. Zeitgemäße Broschüren. Münster 1872. Bd. VIII. Heft 5.

Tazitus in seiner Schrift Germania, und daß es diese seine Achtung und Stellung zur Zeit der Einführung des Christenthums noch nicht verloren hatte, zeigen selbst die weiblichen Eigennamen, die in Urkunden des IX. und X. Jahrhunderts vorkommen. Eine Menge von Frauennamen lautet auf rat (Rath), mahal (reden), trut (Traute), fred (Frieden); z. B. Ratburg, Magenrada, Mahalburis, Mahaltrut, Thiedrut, Otthruth, Hilfredana, Fridaburch u. s. w. Schier alle weisen darauf hin, daß das geistige und sittliche Leben der Gesellschaft dem Weibe viel verdankte; Rath und Rede scheinen fast ausschließlich Eigenthum des Weibes gewesen zu sein. Auch das Wort „Frau" weist[1]) auf eine bevorzugte Stellung des Weibes in der altdeutschen Familie hin; denn das weibliche Wort frôwâ (Frau) entspricht dem männlichen frô (Herr).

Nun aber fehlte es im Bergischen oder im alten Kelbachgau an weiblichen Klosteranstalten noch ganz und gar, und da zur selben Zeit Bischof Altfrid zu Hildesheim auf seinem Allodialgute Essen ebenfalls ein Jungfrauenkloster stiftete und, wie früher bemerkt, auf der kölnischen Provinzialsynode des Jahres 873 kirchlicherseits bestätigen ließ, so hat es fast den Anschein, als ob beide Stifter, die hinsichtlich der edlen Geburt sich ebenbürtig waren, gemeinschaftlich unter sich verabredet hätten, solch' klösterliche Anstalten für ihre Landsleute zu gründen.

b) Daß Gerrich ein Nonnenkloster gründete, daran dürfte wohl nicht minder die Rücksicht auf seine Tochter Regenbierg Ursache sein. Nachdem derselbe alle seine Theuren durch den Tod verloren hatte, mußte natürlich diese als einziges Kind, das noch lebte, seinem väterlichen Herzen sehr nahe liegen. Wenn überhaupt die Zukunft der Kinder eine Hauptsorge braver Eltern ist, dann wird der Gedanke an Regenbiergs Versorgung ihn um so mehr in Anspruch genommen haben, je bedrängnißvoller und unsicherer die Verhältnisse seiner Zeit waren. Lacomblet[2]) will den Grund der Kloster-

---

1) Im Gothischen heißt es traujo, im Nordischen freya.
2) Lacomblet, Archiv Bd. III. Heft 1. S. 18.

stiftung Gerrichs darin finden, daß derselbe als Genoße
des Standes, welcher allein zum Schwerte geboren und
berufen war, immerfort zum Wechsel des Aufenthaltes
veranlaßt wurde und daher im Treiben des bewegten
Lebens Bedacht nahm, nach dem Vorbilde der lange schon
bestehenden Klöster auch für Töchter seiner Standes-
genoßen eine ähnliche schirmende Anstalt zu gründen.
Dieser Grund scheint mir nicht zutreffend; denn ein Mann
wie Gerrich, der seinen Herrensitz und alle seine Güter
zur Gründung eines Klosters hergegeben hatte, konnte
nicht mehr standesgemäß den Waffendienst üben. Nach
der Erklärung seiner Tochter Regenbierg hat er vielmehr
den Wehrstand aus höheren Rücksichten daran gegeben,
nämlich um einzig und allein für sein Seelenheil zu wirken
(pro remedio caelestis patriae), und da auch seine Tochter
nicht dem Weltsinn und der Weltlust huldigte, sondern
nach dem Höhern, Himmlischen strebte (pro spe et requie
futurae beatae vitae)[1], so konnte er für deren Zukunft
nicht beßer sorgen als dadurch, daß er ihr in den geheiligten Räumen eines Klosters die Ruhe, Sicherheit und
Lebensfreude bot, die in der Welt, besonders der damaligen, nicht zu finden war.

Doch damit ist der Zweck Gerrichs noch nicht vollständig dargelegt. Seine Stiftung war für Nonnen edler
Abkunft bestimmt. Diese Absicht finden wir zwar von
Gerrich selbst nirgends ausgesprochen; dies ist aber auch
nicht auffällig, da sowohl die königliche als päbstliche Ermächtigungsurkunde zur Ausführung seiner Stiftung schon
im X. Jahrhundert verloren gegangen war. Desto deutlicher aber tritt jene Absicht des Stifters in spätern Schriftstücken des Klosters hervor. In der Urkunde[2] vom
11. August 922 heißt es: Cunctisque et ipsius venerabilis
abbatissae Lantsuindae omniumque honorabilium sororum habitaculis . . . consumptis etc. Die Worte:

---

1) Lacomblet, U. B. I. 68. und das Gesagte S. 48.
2) Annalen des historischen Vereins für den Niederrhein, Heft
26 u. 27. S. 335. Beilage II. zu dieser Schrift.

honorabilium sororum können in diefem Zufammenhange nur von der edlen Herkunft der Schweftern verftanden werden, wie denn auch in fpäterer Zeit, als das Klofter ein freiweltliches Damenftift geworden war, die Canoniffen Dominae honorabiles ¹) genannt wurden. In derfelben Urkunde wird weiter conftatirt, daß fich der Erzbifchof Hermann auf den Rath von Prieftern und Edelleuten (laicorum nobilium) zur Ueberweifung des Klofters der 11,000 Jungfrauen an die Gerresheimer Nonnen habe beftimmen laffen. Wir fragen: Warum treten Edelleute für die Jungfrauen vermittelnd auf, wenn diefe nicht felbft dem Adelftande angehörten? Ferner heißt es dort, die Aebtiffin Lantswind folle, fo lange fie lebe, auch in dem kölnifchen Klofter St. Urfula Aebtiffin fein und bleiben; nach ihrem Tode aber follen die Schweftern freie Wahl einer eigenen Aebtiffin haben und dann nur eine folche wählen, die mit der Erfahrung im klöfterlichen Leben den Schmuck edler Abkunft verbinde (ex nobili progenie ortam). So ift's geblieben bis zur Zeit der fogenannten Refor- mation. Nur fürftliche und gräfliche Töchter fanden im Damenftift Gerresheim als Canoniffen Aufnahme. Im Jahre 1585 aber wurde das Stift, nachdem es durch die Sorglofigkeit der Aebtiffin Felizitas, Gräfin von Eberftein, und durch die Zuchtlofigkeit der Capitulare total herunter gekommen war, den adeligen Canoniffen des Münfterftiftes St. Quirinus zu Neuß, deren Klofter durch Adolf von Neuenar erft ausgeplündert und dann zerftört worden war, übergeben; fo kam es vom hohen Adel an den nie- deren. Die Neußer Canoniffen wurden unter ihrer Aeb- tiffin Margaretha von Loe auf Befehl des Herzogs von Jülich-Berg und in Uebereinftimmung mit dem Erzbifchofe Erneft von Köln in die von ihren ftiftungsmäßigen Be- wohnerinnen verlaffene Abtei Gerresheim am 1. Auguft 1585 eingeführt; auch Papft Clemens VIII. gab dazu in einem befondern Breve vom 6. April 1594 feine Ge- nehmigung.

---

1) Picks, Monatsfchrift, III. Jahrgang, 4.—6. Heft. dipl. III.

3. Lage und Ausdehnung des ursprünglichen Klosters.

Der alte Hof in Gerresheim, auf dessen Grund und Boden sich das Kloster erhoben hatte, ist zum Theil bis zur Zeit der Aebtissin Guda (1214—1231) bestehen geblieben, seitdem aber allmählig verschwunden. Damals hieß derselbe noch immer vorzugsweise Hof in Gerresheim [1]) und zahlte an die Abtei seitdem bestimmte Abgaben, die an die älteste deutsche Hofeswirthschaft erinnern.[2]) Daß er verschwunden, daran mag wohl die Lage desselben in der nächsten Nähe der Abtei die Schuld tragen; denn schon im Beginne der letzteren war dort eine Villa (coenobium constructum in Gerichesheim), und diese wird sich natürlich im Verlaufe der Zeit immer weiter ausgedehnt und entwickelt haben. Da aber das Kloster immerhin der Mittelpunkt des Dorfes blieb, so mußte der Hof nothwendig von der Bauthätigkeit allmählig verschlungen werden und so finden wir im Anfange des XIII. Jahrhunderts von ihm kaum

---

1) Lacomblet, Archiv, fortgesetzt von Dr. Woldemar Harleß. Neue Folge. I. Bd. 1. Heft. S. 129. In der bereits citirten, undatirten Urkunde, die aber nachweislich zwischen 1168 bis 1188 ausgestellt ist, und kraft welcher sich die Freie Tiezelen mit ihren Angehörigen dem Altare St. Hippolyti dienstbar macht, unterschreibt noch als Zeuge Henricus villicus eiusdem (Gerrishem.) villae; vgl. Pick's Monatsschrift l. c.

2) „Nämlich 80 Mltr. Korn, 60 Mltr. Hafer, 33 Mltr. Weizen, 6 Mltr. Gemüse, 6 Mltr. Salz und 6 Schillinge. Ferner war er verpflichtet, abwechselnd in dem einen Jahre 15 Schweine, in dem anderen 14 einzuliefern und zwar solche, von denen jedes 12 Denare, dann noch vier mittlere, von denen jedes 6 Denare werth war, und noch 4 kleine Schweine. Außerdem zahlte er abwechselnd in dem einen Jahre 12 Schafe, in dem anderen 24 und zwar solche, von denen jedes 6 Denare werth war, sodann 4 Hämmel, von denen jeder 3 Denare werth war und in jedem Jahre für Fische 10 Schillinge; dann noch 5 Mltr. Malz, 15 Gänse, 60 Hühner, 600 Eier, 600 Schüsseln (hölzerne), 60 Becher und nach Umlauf eines jeden Jahres 10 Ellen Leinwand, ein Ueberzug für eine Matratze und im Februar 5 Schillinge für Dienstgeld, 2 Säcke, 1 eisernen Kochkessel, 1 Krug und Beile, soviele in der Abteiküche nöthig waren." Vgl. Lacomblet, Archiv, fortgesetzt von Harleß, l. c. S. 129.

mehr als seinen Namen vor; an die Stelle des Namens „Hof in Gerresheim" erhielt die ursprüngliche Sohlstätte des Ortes den Namen „unter Leuffen" (sub lobiis), herrührend vom Durchgangsbogen des Kirchweges. Auf dem Grund und Boden des ehemaligen Hofes waren Häuser, ja ganze Straßen entstanden, die eine geordnete Ackerwirthschaft des freien Feldes nicht mehr zuließen; letzteres wurde sodann theilweise in Gartenland verwandelt. Vom alten Herrenhause des in Rede stehenden Hofes, welches ursprünglich ohne Zweifel von manchen dazu gehörigen Nebengebäuden umgeben gewesen, blieb schließlich nur ein gewöhnlich Einzelhaus übrig, das am 13. September 1298 von Aebtissin Christina unter Zustimmung des ganzen Conventes ihrem Ministerial, dem Amand von Haynrode, zu Lehen gegeben wurde, nachdem es vorhin im Lehnbesitze der Ritterfamilie von Hack aus Flingern gewesen war.[1]) Damals bekundete es noch seine ehemalige größere Bedeutsamkeit dadurch, daß es ein steinernes Haus war, wie es in der vorgenannten Lehensurkunde heißt, wodurch es offenbar vor den Holzbauten, die damals, wie fast überall, so auch in Gerresheim gewöhnlich waren[2]), hervorgehoben werden soll; auch wird seine topographische Lage genau bestimmt, nämlich gerade der St. Michaeliskapelle gegenüber, die wiederum nach Urkunden der späteren Zeit dem Eingange der Stiftskirche gegenüber nach Westen lag. Ueber die Identität des steinernen Hauses mit dem Hause „unter Leuffen" kann daher kein Zweifel obwalten. Auch scheint es, daß im Jahre 1298 der Name „unter Leuffen", unter welchem das in Rede stehende Haus seit dem XIV. Jahrhundert constant vorkommt, noch nicht recht in Uebung war. Die Erinnerung an den alten Hof aber hat dasselbe ununterbrochen bewahrt und zwar:

---

1) Picks, Monatsschrift l. c. Das Geschlecht von Haynrode ist ein westfälisches cf. Fahne, Meschede S. 24.

2) Der Holz- und Steinbau Westfalens in seiner culturgeschichtlichen und systematischen Entwicklung, nach den Quellen und erhaltenen Monumenten dargestellt von Dr. Nordhoff, Münster 1874.

a. durch die seit unvordenklicher Zeit, theilweise seit Beginn der Abtei bestehende Zugehörigkeit mehrer Zins- und Behandigungsgüter.[1]) Es gehörte nämlich dazu: 1) der Viehhof. Dieser zählte nach dem früher erwähnten, von der Aebtissin Guda angefertigten Heberegister der abteilichen Höfe zu den Haupthöfen des Stifts, und war offenbar, wie sein Namen besagt, der abteiliche Wirth- schaftshof, sei es nun, daß er dieses seit Beginn des Stiftes gewesen, wie in Essen[2]), oder erst nach Zerfall des Haupthofes von Gerresheim geworden ist. Seitdem unter der genannten Aebtissin zwischen Aebtissin und Convent eine Gütertheilung stattgefunden hatte, war er der ersteren zugefallen. 2) Creveltsgut. Dieser Hof lag im Südwesten der Abtei und kommt in der Geschichte der- selben sonst wenig vor. 3) Poete. Dieses Gut besteht noch heutzutage und liegt dicht am Neußer Thore vor der Stadt. Von auswärtigen Zins- und Behandigungsgütern gehörten dazu: Gottschalksberg (Götschenberg in der Bürgermeisterei Eckamp), Hahnerhof (Hundschaft Bracht), Nösenberg (Hund- schaft Rath), Niel (zu Wülfrath), Beuselsgut (bei Eller), und Schneidersgut (zu Werften). Auch waren mit den- selben, wie die vorcitirte Urkunde d. d. 13. September 1298 ausweist, drei Hausstätten verbunden, von denen Amand am Feste St. Michael alljährlich an die Kirche von Ger- resheim 20 Schillinge nebst upval und nederval ab- führen müßte.

b. Die Erinnerung an den alten Hof gibt sich in der Festhaltung und Beobachtung der ursprünglich an diesem haftenden, dann auf das Haus „unter Leuffen" über- gegangenen Gewohnheitsrechte kund. Diese Gewohnheits- rechte sind uns aus einer Zeit bekannt, wo das Haus „unter Leuffen" bereits in 2 Häuser getheilt worden, von denen das eine den alten Namen forterbte, das andere den Namen „im Tacken" erhielt. Ersteres ist heute nur

---

1) Die Urkunden beruhen im Staatsarchiv zu Düsseldorf, Stift Gerresheim.
2) Lacomblet, Archiv I. Heft 1. S. 13.

noch im Unterbau über dem Eingange auf den Kirchhofs-
platz in der Achse der Neußer Straße, sowie in den 3 Fuß
dicken Erdmauern[1]) erhalten. Von den Zins- und Be-
handigungs-Gütern, die es vordem hatte, sind ihm die
Güter und Höfe: Viehhof, Creveltsgut, Poete, Beuselsgut
und Schneidersgut geblieben. Das Haus „im Tacken"
besteht noch im Nebenhause nach der Südwestseite hin.
Dieses erhielt nach der erwähnten Theilung als Zins-
und Behandigungs-Güter zugewiesen: die auswärtigen
Höfe Gottschalksberg, Hahnerhof, Nösenberg und Riel. Die
gedachten Gewohnheitsrechte aber, die ursprünglich am
alten Hofe bzw. am Hause „unter Leuffen" hafteten,
gingen nach der Zweitheilung desselben auf beide über
und bestanden in Folgendem:[2])

Auf St. Andreastag wurden beide in dem jährlichen
Hof- und Lehngerichte zuerst vorgelassen, um ihren Jahres-
zins zu zahlen. Nach der Zahlung fand das observanz-
mäßige Gastessen statt, für welches die Abtei die Kosten
trug. Für ewige Zeiten war zu diesem Essen ein be-
stimmter Küchenzettel vorgeschrieben. Es heißt nämlich
in der betreffenden Rolle:

Auf St. Andreastag bekommen die Leute „unter Leuffen"
ein Mahl, nämlich 2 Schüsseln durchgeschlagene Erbsen mit
2 Riemen Speck, ferner Brod und eine Tüte Bier; auf
Fasttag erhalten sie durchgeschlagene Erbsen mit Brat-
häring, Brod und einer Tüte Bier.

Die Leute „im Tacken" dagegen bekommen folgendes
Mahl: Zwei Schüsseln durchgeschlagene Erbsen, 2 Schüsseln
Kappes, einen halben Schweinskopf, 2 Schüsseln Kappes
mit Sülzer Fleisch, 2 Schüsseln Schweinefleisch mit brauner
Brühe, 2 Schüsseln Hammelfleisch mit Rosinen, 2 Schüsseln
Reis, einen Braten, Butter und Cantert, Bier, soviel sie
trinken mögen, 2 Kannen Wein und jeder ein Weißbrod.
Ist aber Fasttag, so sollen sie haben: Zwei Schüsseln

---

1) Dieselben lassen sich im Keller des Hauses gut beurtheilen.
2) Die Urkunden und Rollen beruhen im Staatsarchiv zu
Düsseldorf.

durchgeschlagene Erbsen, 2 Schüsseln Kappes, 2 Schüsseln Stockfisch und Laberdahn, 2 Schüsseln gekochte Karpen, 2 Schüsseln Reis, 2 Schüsseln Pflaumen, dann Butter, Cantert, Bier, Wein und Brod, wie oben.

Für das Essen „im Tacken" mußte der Kapitelsdiener Tische, Bänke, Tischzeug, Teller und Kannen aus der Abtei holen.

c. Am meisten aber gibt sich die ehemalige Bedeutsamkeit des Hauses „unter Leuffen" darin kund, daß an ihm das Gericht und Wachszinsamt haftete und gerade in dieser Beziehung ist es für gegenwärtige Untersuchung von besonderer Wichtigkeit. Nachdem Ritter Heinrich Hack von Flingern, welcher als Stiftsvogt die Verwaltung des Zolles [1]) und das Gericht unter sich gehabt hatte, gestorben war, übergab[2]) Aebtissin Guda dieses Amt ihrem Hofesschultheiß im Dern, ohne auf das Drängen ihrer Standesgenossen, welche dasselbe dem Ritterstande reservirt wissen wollten, zu achten. In der bezüglichen Urkunde vom J. 1218 heißt es nun: Villicationem civitatis sive iudicium et cerocensualium officium, d. i. die Hofeswirthschaft oder das Gericht und Wachszinsamt daselbst. Der Ausdruck civitas erinnert recht deutlich an den alten Herrenhof Gerrichs oder an die altgermanische Zeit, wo eine solche Villa, wie sie Gerrich besaß, grade mit dem Ausdruck civitas bezeichnet wurde[3]); denn offenbar kann das Wort hier nicht im mittelalterlichen Sinn, d. i. Stadt, genommen werden, da Gerresheim erst am 5. März 1368 zur Stadt erhoben wurde.[4]) Der Hof „in Gerresheim" hatte also damals keinen Villicus mehr, man war aber

---

1) Kaiser Otto I. erneuerte dem Kloster Gerresheim zum Behuf besseren Unterhaltes auf Bitten des Erzbischofs Warinus im Jahre 976 das Recht der Zollerhebung daselbst und sagt ausdrücklich, daß schon seine Vorfahren ihm dieses Recht verliehen hätten (Lacomblet, U. B. I. 119); also offenbar Ludwig der Deutsche, als er dem seligen Gerrich die Ermächtigungsurkunde zur Stiftung des Klosters ausstellte.
2) Lacomblet, U. B. II. 78. und Einleitung p. IX.
3) Tacit. Germ. c. 15.
4) Zeitschrift des Bergischen Geschichtsvereins, Bd. VI. S. 81.

noch zu sehr an den Namen „Hof" oder „Wirthschaftshof"
gewöhnt, mit dem früher nicht bloß die Ackerwirthschaft, son=
dern auch das Gericht und Wachszinsamt verbunden gewesen
war; daher wird er näher erklärt und gesagt, daß dort jetzt nur
mehr das Gericht und Wachszinsamt sei. So war also vom
ehemaligen Herrensitz Gerrich schon damals nur noch das
Gericht übrig. Wie aber Aebtissin Guda im Jahre 1218
das in Rede stehende Amt ihrem Schultheiß zu Lehen gab,
so Aebtissin Christina im Jahre 1298 ihrem Ministerial,
dem westfälischen Ritter Amand von Honrath. Wir sehen
also, daß an der Sohlstätte des alten Hofes „in Gerres=
heim", die aber wahrscheinlich schon 1218 nur mehr aus
einem einzelnen Hause bestand, das Gericht haftete und
damit haben wir für die gegenwärtige Untersuchung Grund
und Boden gewonnen. Ehe wir aber dieselbe weiterführen
und für die Frage nach der Lage und Ausdehnung des
ursprünglichen Klosters nutzbar machen, ist es zweckmäßig,
über die Natur und Entwicklung des erwähnten Gerichtes
einige Worte vorauszuschicken.

Das am Haupthofe in Gerresheim bzw. am Hause
„unter Leuffen" haftende Gericht war nichts Anderes als
das Vogtgericht[1]), welches seit ältester Zeit vom Kloster=
vogt dreimal im Jahre abgehalten werden mußte.[2]) Man
nannte dieses Gericht ein ungebotenes Geding oder Ding.
Die Uebertragung und Ausübung der Vogtei geschah kraft
Ernennung der Aebtissin unter Autorisation des Kaisers[3]),
später des bergischen Grafen, bzw. Herzogs, und mit Zu=
stimmung des Erzbischofs von Köln. Das Gericht selbst
wurde in der Abtei abgehalten, wie in einem Weisthum[4])

---

1) Lacomblet, U. B. II. 78. Die Vogtei kommt in den älte=
sten Urkunden auch unter dem Namen mundiburdium, defensio, tuitio
vor. Lacomblet, U. B. I. 73.
2) Lacomblet, U. B. I. 267.
3) Der König ist nach karolingischer Auffassung der oberste
Schutzvogt der Kirche. Karl der Gr. nennt sich selbst sanctae ecclesiae
defensor; Capit. d. a. 769 c. 1.
4) Eine Abschrift befindet sich im Provinzialarchiv zu Düssel=
dorf, eine andere in meinem Besitze; beide sind aber so liederlich

der Gerresheimer Kirche aus dem XIV. Jahrhundert bezeugt wird:

Ind der vaigd sal drywerff (dreimal) enbynnen dem Jaire besetzen dat gerichte in der Abdien, dat heist dat ungeboden vaigtgeding.

Bei diesen Vogtgebingen galt der altdeutsche Grundsatz, der auch in der Rechtsverfassung der karolingischen Zeit seine Geltung hatte, daß Jeder nur durch seines Gleichen gerichtet werden könnte, nicht aber der Höhere durch einen Geringeren.[1] Daher sprach der Vogt, welcher in den Gerichten den Vorsitz führte, nicht etwa selbst das Urtheil, sondern er erwählte zu diesem Behufe unter Beihülfe[2] des gesammten Volkes 7 oder 12 ebenbürtige Schöffen, die nach Karls des Gr. ausdrücklicher Anordnung biedere, wahrheitsliebende und milde Männer sein sollten.[3] Diese fällten das Urtheil, das dann der Vogt zur Ausführung brachte.

Ursprünglich bloß Justiziare der Kirchen, d. h. bloß Vertheidiger ihrer Gerechtsame und Vertreter derselben dem Staate gegenüber, wurden die Klostervögte in späterer Zeit durch die großen Güterschenkungen an die Kirche und die Uebertragung hoheitlicher Rechte an die Prälaten und Aebtissinnen sehr einflußreiche Persönlichkeiten, so daß sie die Kirchen, deren Vogtei sie führten, in allen zeitlichen Angelegenheiten zu vertreten hatten, d. h. sie erhielten mit der Dingvogtei zugleich die Schirmvogtei. Als solche hatten sie denselben nicht bloß bewaffneten Schutz und Schirm zu verleihen, sondern sogar die aus dem geistlichen Gebiete ausgehobene Mannschaft zum königlichen Kriegsheere zu führen und innerhalb der herrschaftlichen Besitzungen der Kirche die derselben zustehende Gerichtsbarkeit auszuüben.[4]

---

geschrieben, daß der Sinn des Textes an manchen Stellen kaum zu errathen ist.

1) lib. V. Capit. c. 397.

2) Capit. C. M. L. III. c. 40. Scabini septem ad omnia placita praeesse debent.

3) Capit. bei Baluz. I. 466: Ut scabini boni et veraces et mansueti cum comite et populo eligantur.

4) Marx, Geschichte des Erzstifts Trier I. 94. Montag, Geschichte der staatsbürgerl. Freiheit I. Bd. 1. Th. S. 185 flg.

Die Rechte der früheren Gaugrafen waren also auf sie
übergegangen. Für die Verwaltung ihres Amtes bezogen sie
aus den Einkünften des Klosters oder Stiftes eine entsprechende
Besoldung. Aus diesen Schirmvögten der Kirchen wurden
aber nur zu bald Zwingherren derselben, sie übten Erpressungen und Prellereien aller Art aus und rissen die Güter
der Kirchen an sich. Der h. Engelbert von Köln, der die
Abtei Essen gegen die Unterdrückungen und Vergewal-
tigungen seines Neffen, des Grafen Friedrich von Isenburg, schützen wollte, wurde deshalb gemordet.[1] So hat
auch Gerresheim im XII. Jahrhundert lange unter dem
Druck der Klostervögte gelitten.[2] Um denselben weiter-
hin vorzubeugen, setzte Erzbischof Friedrich I. nach eingezogenem Weisthum die Gefälle desselben auf 14 Solidi
für jedes der drei jährlichen Gerichte fest.[3] Aber auch
so konnte sich das Stift der Erpressungen und immer-
während Vexationen seines Vogtes nicht erwehren. Als
daher der Vogt Heinrich Hack von Flingern gestorben war,
ließ sich Aebtissin Guda, wie oben bemerkt, weder durch
Bitten ihrer Standesgenossen, noch durch das Drängen
ihrer Freunde bewegen, fernerhin einen Ritterbürtigen
als Vogt zu wählen, sondern ordnete zur Erhebung der
dortigen Zoll- und anderer Gefälle widerruflich einen einfachen Hofesschultheiß an.[4]

Nach diesen Vorbemerkungen können wir zur Beantwortung der Frage, die uns beschäftigt, übergehen.

1) Die Vogtei-Gerichtsbarkeit haftete seit ältester Zeit
am alten Hofe in Gerresheim, — ein Zeichen, daß Gerrich,
so lange er lebte, nach damaligem Brauch[5] als Stifter
dieselbe sich selbst vorbehalten hat. Sein Nachfolger Everwin,
der Bruder der zweiten Aebtissin Lantswind, der in den noch

---

1) Dr. Ficker, Engelbert der Heilige, Erzbischof von Köln. Köln
1853, S. 164.
2) Lacomblet, U. B. I. 267.
3) Lacomblet, U. B. l. c.
4) Lacomblet, U. B. II. 78.
5) Eichhorn, Deutsche Staats- und Rechtsgeschichte, Bd. 1.
§. 188.

erhaltenen Stiftsurkunden als Vogt vom Jahre 882 bis 922 erscheint[1]), hat das Vogteigericht daselbst fortgeführt und ebenso die Reihe der folgenden Vögte. Da aber der alte Hof in Gerresheim nach seiner äußeren Destruction im Hause „unter Leuffen" fortexistirt hat, so wissen wir genau, wo die Gerichtsstätte gelegen war. Noch heute liegt dieses Haus der Kirche schräge gegenüber. Diese Lage der Gerichtsstätte darf durchaus nicht als etwas Zufälliges betrachtet werden. Opfer und Gerichtsstätte galten dem alten Deutschen selbst in der Heidenzeit als heilige Orte, weßhalb auch die Druiden zugleich Priester und Richter waren.[2]) Als die heidnischen Opferstätten in christliche Kirchen verwandelt wurden, blieben die Gerichtsstätten bestehen, ja selbst ins Heiligthum der Kirchen schlichen sich die gerichtlichen Verhandlungen ein. Obgleich die Concilien wie die Capitularien der fränkischen Könige diesen Mißbrauch strenge verpönten[3]), so konnte er doch nur allmählig unterdrückt werden. Das Abhalten der Gerichte in den Vorhallen der Kirchen dauerte an vielen Orten ungestraft fort; selbst vor den Augen des Erzbischofs von Köln fanden gerichtliche Verhandlungen im Jahre 942 in der Vorhalle der Domkirche, und im Jahre 950 in

---

1) Lacomblet, U. B. I. 73, 84. Annalen des historischen Vereins für den Niederrhein, 26. u. 27. Heft, S. 335. Wahrscheinlich war auch Everwin ein Verwandter Gerrichs; denn es war in jener Zeit gewöhnlich, daß die Vogteien der Klöster im Besitze der Familien blieben, von denen die Stiftung derselben ausgegangen. So war z. B. der Graf Albert von Nörvenich († 1172) noch im Besitze der Vogtei über Vilich, welche Abtei der Urgroßvater seiner Frau Adelheid, der selige Megingoz († 983) gestiftet hatte. Lacomblet, U. B. I. 343.

2) Tacit. Germ. c. 7. Caesar, de bello gallico, lib. VI. c. 13 u. 14. Cäsar sagt dies zwar zunächst von den gallischen Druiden; allein von den deutschen ist dies nicht minder anzunehmen cf. Diog. Laert. de vit. et sent. philos. lib. I. Haus, Alterthumskunde Germaniens S. 98.

3) Im 219 Capit. Karls des Gr. heißt es: Ut placita in domibus vel atriis ecclesiarum non fiant. Im 29. Canon des 3. Concils von Tours (813) heißt es: Placita saecularia in ecclesiis vel atriis ecclesiarum a comitibus vicariisque, usquemodo multis in locis habita, ne ultra fiant. Labbé, Collect. Concil. tom. VII. p. 1264.

der Kirche der eilftausend Jungfrauen daselbst statt.[1] Meistens aber wurden die Gerichtsstätten vor die Kirche verlegt und dann mit einem Dache umgeben, wie schon Karl der Gr. verordnet hatte.[2] Die Vorhalle in der alten Peterskirche zu Kempen bei Crefeld, welche früher als Pfarrkirche diente, heißt noch jetzt die Gerichtsstube. In Folge der Ausweisungen der Gerichtsverhandlungen aus den Kirchen entstanden zu Köln vor den Stadtpfarrkirchen die so genannten Gebürhäuser (gebuyrhuyse), die nichts Anderes als Gerichtsstätten für die betreffenden Pfarreien waren. Daher kommt es auch, daß die Gemeindehäuser an vielen Orten, namentlich am Niederrhein, dem Eingange zur Kirche gegenüber liegen und zwar so, daß ein Theil derselben auf einem Bogengange ruht; z. B. in Köln die Hacht, in Gräfrath, Hinsbeck, Kempen[3] u. s. w.; und nicht anders war es auch, wie noch heute der Augenschein lehrt, in Gerresheim. Ueber die Entstehung dieser Bogengänge kann kein Zweifel obwalten, da es an Analogien nicht fehlt. Das altdeutsche Gerichtsverfahren war herkömmlich ein öffentliches, aber kein schriftliches; es wurde daher gerne unter freiem Himmel gehalten, besonders unter einer Eiche, Linde oder Nußbaum.[4] Als man aber die Verhand-

---

1) Ennen und Eckertz, Quellen, I. 463, 465.

2) Gfrörer, Geschichte der ost- und westfränkischen Karolinger, 2. Bd. S. 103. Hefele, Conziliengeschichte III. 710, 715.

3) Früher war der Haupteingang des kölner Domes nicht an der Westseite, wie jetzt, sondern an der Südseite (Dr. Ennen, Baugeschichte des kölner Doms S. 10). Das alte Rathhaus zu Kempen wird in den alten Urkunden curia oder in transitu curiae genannt. Brewer, Vaterländ. Chronik II. 521.

4) Daher heißt es in der Theilungs-Urkunde der Meer'schen Güter vom Jahre 1166: His itaque peractis in loco qui dicitur paffeneich prope Nussiam. Kremer, Akadem. Beiträge II. 224; ferner das vogtgeding des amptz Kempen, so gehalden worden zo Kempen uff dem Slosz vnder dem Nussbaum. Brewer, Vaterländ. Chronik, II. 516. Auch die große Forster Linde bei Aachen, deren Höhe ungefähr 70', deren Umfang an der schmalsten Seite 27', an der dicksten 45' und deren Durchmesser daher 15' beträgt, war ebedem eine Gerichtslinde. Das der Kirche daselbst zunächst liegende, aus Bruchsteinen errichtete Gebäude heißt noch allgemein das Gerichtshaus. Bekanntlich ist diese Linde die größte in Deutschland.

lungen schriftlich aufzuzeichnen begann, mußte man vor
Wind und Wetter geschützt sein; daher war ein Zimmer
oder Saal nöthig. Ein solcher ließ sich aber in der Nähe
der Kirche nicht überall finden, da die Christen von jeher
gerne in der Nähe der Kirche ihre Wohnungen aufschlugen,
wie sie auch anderseits gerne nach ihrem Tode in der Nähe
der Kirche begraben werden wollten. Ueber den Platz aber,
wo das Gericht gehalten wurde, führte zugleich der Weg
zur Kirche und daher konnte hier kein Gebäude errichtet
werden. Es blieb also nichts anderes übrig, als über dem
Kirchwege einen Bogen zu schlagen und sich mit einem
hierauf ruhenden Saale zu begnügen, der dann zugleich
als Gerichtszimmer und Archiv diente.[1]) In Gerresheim
weist auch die Benennung des Hauses „unter Leuffen"
(sub lobiis), welches vom ursprünglichen Hofe die daran
haftende Gerichtsbarkeit bewahrt hat, auf seinen Character
als Gerichtsstätte hin. Wachter in seinem altdeutschen
Glossarium erklärt den Ausdruck sub lobiis mit quemvis
locum tectum, ut sunt solaria, porticus etc. d. i. jeden
bedeckten Ort, wie Erker, Bogengang ꝛc. Nun dienten aber
nachweislich solche Bogengänge im Mittelalter an manchen
Orten als Dingstätten. Daher findet man noch in Köln,
Frankfurt, Halle, Göttingen, Stendal u. s. w. vor dem
Rathhause hervorgebaute Verdecke, gewöhnlich mit einem
Wahrzeichen, z. B. Löwe, Pferd u. s. w. gekrönt, wo nach
altdeutscher Art vor Jedermanns Augen gerichtliche Handlungen vorgenommen und insbesondere die Stadtweis-
thümer und neue Verordnungen publizirt wurden.[2]) Auch
in Gerresheim befand sich an dem Hause „unter Leuffen"
ein solches Wahrzeichen, ein in Stein kunstreich ausgehauener
Löwe. Vor einem Menschenalter stand es noch auf einem
Postament an der Kirchseite dieses Hauses; jetzt dient es

---

1) Brewer, l. c. S. 521.
2) In einer Urkunde der Stadt Stendal (dipl. veteris. Marchiae
Brandenburg. von Philipp Wilh. Gerken, Bd. I. S. 62) heißt
es: die poen scal man geuen vor dem Rade up der Leuwen. In
den Stadtverordnungen von Göttingen heißt es: Istud statutum de
sartoribus, ut sequitur, est intimatum de lobiis. No. 1379.

als Zierde im Garten eines dortigen Bürgers.[1]) Es kann
daher keinem Zweifel unterliegen, daß dieses Steinbild

---

1) Hier fand es der Verfasser dieser Schrift im Jahre 1873.
Die 80jährige Wittwe Ringel und andere alte Leute machten mich
zuerst mit seiner ehemaligen Postirung und dem Grunde seiner Entfernung bekannt. Es ist unstreitig ein Löwe, der mit seiner aus-
gestreckten Zunge und seinen rollenden Blicken Blutgier bekundet. Da
das Bild wenigstens zum Theil in die Mauer des vorgebauten Ver-
bedes eingefügt war und somit jeden neuen Kalkanstrich erleiden
mußte, so hat es sich gut erhalten; seine Bedeutung ist aber schon
länger als ein Jahrhundert aus dem Bewußtsein der Gerresheimer
verschwunden. Man nannte es Gapstock, weil es von seinem Posta-
mente spähend hinabschaute. Mir wurde es sogar als ein Götzen-
bild geschildert, das der heilige Gerrich selbst gestürzt und zum Andenken als Siegestrophäe der von ihm gestifteten Kirche gegenüber
aufgestellt habe. Das Bild ist Sandstein und bekundet nach Form
und Technik einen Meister der Kunst und ein hohes Alter; nach
meiner Meinung reicht es wenigstens über das XIII. Jahrhundert
zurück. Wie mir erzählt wurde, ist es durch nächtliche Schwärmer
muthwilliger Weise von seiner ehemaligen Stelle herabgestürzt und
darauf von dem verstorbenen Gatten der vorerwähnten Wittwe für
1 Thaler und 50 Schanzen angekauft und in seinem Garten als
zierliches Denkmal aufgestellt worden. Nach dem Gesagten ist dieses
Steinbild das älteste Wahrzeichen der Stadt Gerresheim und höchst-
wahrscheinlich die Veranlassung zur Entstehung des Gerresheimer
Stadtwappens, welches die Stiftskirche und einen nach links schrei-
tenden Löwen zeigt.

Es verdiente daher im Interesse der Stadtgeschichte eine würe-
digere und den Einflüssen der Witterung mehr entzogene Stellung.

auch in Gerresheim als Wahrzeichen des Gemeinde- und Gerichtshauses gedient hat.

Nach dieser Auseinandersetzung lag also auch in Gerresheim, wie an so vielen anderen Orten, die Gerichtsstätte herkömmlich dem Eingange der Kirche gegenüber; dies aber heißt mit anderen Worten, wie noch heute der Augenschein lehrt, die Lage der Kirche zu Gerrichs Zeit war dieselbe, wie heute.

Man könnte freilich einwenden, die dortige Kirche ist im Laufe der Zeit mehrmals neu aufgebaut worden. Zuerst geschah dies nach der Invasion der Ungarn, welche im Jahre 917 Kirche und Kloster in Brand gesteckt haben.[1] Dann wurde ein Neubau errichtet in der ersten Hälfte des XIII. Jahrhunderts; es ist die noch jetzt bestehende Kirche. Allein diese Einwendung widerspricht dem Resultate unserer Untersuchung nicht; denn in jener Zeit war man in der Wahl von Kirchplätzen viel conservativer als jetzt. Man wählte vorzugsweise den Platz, wo schon früher eine Kirche gestanden; denn dieser war eine durch den Segen und Opferdienst der Kirche sowie durch das Gebet und den Cultus der Vorfahren geweihte Stätte, und in Gerresheim mußte dieselbe um so ehrwürdiger erscheinen, als sie eine so furchtbare Katastrophe, wie die Invasion der Ungarn, erlitten hatte. Diese Praxis der alten Zeit gründete sich auf das allgemeine Kirchengesetz, daß der geweihte Kirchengrund nur zu religiösen Zwecken benutzt werden dürfe (fundus ecclesiae semper religiosus maneat). In Beziehung auf den Umkreis des geheiligten Raumes bestimmen die Päbstlichen Canones vom Jahre 1059 für Hauptkirchen 60 Schritte, für kleinere Kirchen und Kapellen 30 als Normalmaaß.[2] So ist, um einige Beispiele anzuführen,

---

1) Annalen des historischen Vereins für den Niederrhein, 26. u. 27. Heft, S. 335: Exusto per Ungaricam tyrannidem monasterio in loco Gerrichesheim cunctisque et ipsius venerabilis abbatissae Lantsuindae omniumque honorabilium sororum habitaculis specialibus profecto et communibus pari modo flammivomis consumptis incendiis etc. etc.

2) Hefele, Conziliengeschichte, IV. S. 760.

der jetzige Dom zu Münster auf demselben Platze gebaut
und im Jahre 1261 vollendet bzw. geweiht worden, worauf
Bischof Duodo daselbst († 993) die erste größere Metro-
politankirche gebaut hatte.[1]) Der jetzige Dom zu Köln erhob
sich am 14. August 1248 auf derselben Stelle, auf welcher
der Hildebold'sche kurz zuvor theilweise durch Brand zerstört
worden war.[2]) Der h. Ansgar, Erzbischof von Hamburg[3]),
baute die durch die Normannen zerstörte Domkirche daselbst
ebenfalls auf demselben Platze wieder auf, auf welchem
die alte gestanden hatte. König Johann von Luxemburg
baute zu Prag den berühmten St. Veits-Dom im Jahre
1344 auf derselben Stelle, auf welcher der böhmische
Herzog Wenzel im Jahre 930 zu Ehren desselben Heiligen
eine Kirche gebaut hatte. Der kölnische Erzbischof Gero,
derselbe, welcher auch zu Gerresheim die nach der Ungarischen Invasion neugebaute Kirche eingeweiht hat[4]), ent-
ledigte sich zu Gladbach des ihm in himmlischer Offen-
barung gewordenen Auftrags, ein Benedictiner-Kloster zu
Ehren des h. Veit zu bauen, dadurch, daß er an derselben
Stelle, wo eine frühere, von den Normannen zerstörte Kirche
gestanden und wo er noch in einem steinernen Behälter
die Reliquien derselben aufgefunden, den projectirten Bau
auszuführen befahl.[5]) Weitere Belege beizubringen, halte
ich für überflüssig, zumal da in Gerresheim, das doch nie
größer gewesen als seine jetzigen Stadtmauern messen, von
einer anderen Lage der Kirche als der jetzigen weder in
Urkunden, noch sonst durch ein historisches Denkmal etwas
bekannt geworden ist.

2) Die am alten Hofe in Gerresheim haftende Gerichtsbarkeit wurde, wie das erwähnte Weisthum der dortigen
Kirche besagt, in der Abtei gehalten. Wie dieser Ausdruck
zu verstehen sei, lehrt noch heute deutlich der Augenschein.

---

1) Tibus, Gründungsgeschichte, Münster I. 48.
2) Ennen, Baugeschichte des kölner Doms. Köln 1863. S. 20.
3) A. Tappehorn, Leben des h. Ansgar, Münster 1864.
4) Lacomblet, U. B. I. 111.
5) Eckertz und Növer, die Benedictiner-Abtei Gladbach. Köln
1853, S. 12.

Nicht etwa in einem für die Stiftsbamen bestimmten Gebäude, auch nicht auf dem freien Platze der Immunität,
welcher nach der Aussage noch lebender Zeugen das Asyl
genannt wurde, fand das Gericht statt, sondern, wie wir
urkundlich erwiesen haben, in dem Hause „unter Leuffen“,
welches als der letzte Rest des ehemaligen Hofes zu betrachten ist. Dieses Haus gehörte nämlich mit zur Immunität und es konnte dort füglich Gericht gehalten werden,
ohne daß die Stiftsfräulein dadurch gestört wurden, da es
im Südwesten der Kirche liegt, während die abteilichen
Wohnungen im Norden derselben gelegen waren, wo sie
zum Theil noch jetzt, freilich anderen Zwecken dienend,
vorhanden sind. Noch heute[1]) zieht sich vom Hause
„unter Leuffen“ nach der alten Pfarrkirche St. Margaretha,
südlich von der Stiftskirche, eine massive, theils aus Bruch-
stein, theils aus Tuff bestehende unterirdische Mauer hin,
und diese hat nördlich von der Stiftskirche zwischen den
ehemaligen Stiftshäusern der Gräfin Franziska von Hoch-
steden († 1854) und der beiden Gräfinnen Marianne und
Sophia von Spee ihre Parallele. Im Osten und Westen
waren solche Mauern nicht nöthig, und zwar im Osten,
weil hier tiefe Sümpfe und Wasserpfühle einen natürlichen Abschluß bildeten, im Westen, weil hier verschiedene
Kapitelshäuser lagen, welche die Immunität nach der
Straße hin abschlossen, nämlich: das Gasthaus, Kapitels-
Brauhaus, die Häuser „unter Leuffen“ und „im Tacken“
nebst der Kapelle zum h. Michael. Ob nun die vorgenannten Mauern, die heute nur noch in den unterirdischen
Fundamenten erhalten sind, aus der Gründungszeit des

---

1) Die Existenz dieser Mauer ist durch die einhelligen Zeugnisse
älterer Leute, welche dieselbe an manchen Stellen bloßgelegt gesehen
haben, constatirt. „Wir hatten gestern,“ so schreibt mir der Rentner,
Herr Peter Müller zu Gerresheim, „abgehendes Schneewetter und
dadurch konnte man ganz deutlich die Richtung und Länge der unter
der Oberfläche befindlichen Mauerfundamente sehen. Neben der
Mauer war der Erdboden feucht und der Schnee geschmolzen, so daß
man deutlich einen langen Streifen Schnee vom Hause ‚unter Leuffen‘
nach der alten Pfarrkirche St. Margaretha hin erkennen konnte.“
Briefliche Mittheilung vom 14. November 1874.

Stiftes stammen, wage ich nicht zu bestimmen, obwohl die
Bauart und das Baumaterial nach dem Urtheil der Sach-
verständigen der wirklichen Annahme nicht widersprechen;
jedenfalls sind es die Mauern, welche die alte abteiliche
Immunität eingeschlossen haben, und so gewinnen wir
einen Anhaltspunkt, um die Ausdehnung des ursprünglichen Klostergebäudes ziemlich sicher bestimmen zu können.
Südlich der Stiftskirche kann dasselbe nicht gelegen haben,
weil hier die Mauer dicht an der Kirche vorbeiführt; wir
werden also auf die nördliche Seite derselben gewiesen,
wo die Abtei-Wohnungen von jeher, soweit die Kunde
davon reicht, bis zur Aufhebung des Stiftes gelegen waren.
Nach Westen scheint das Kloster, wenigstens in seinem
Immunitätsbezirk, sich von jeher bis an die Straße ausgedehnt zu haben; denn die derselben entlang gebauten
Häuser waren, soviel sich aus den zahlreich noch vorhan-
denen Urkunden ergibt, stets Eigenthum des Stifts und
bildeten hier für dasselbe eine geschlossene Schutzwehr.
Nach Osten scheint sich das Kloster ebenfalls von Anfang
an in der Weite der noch stehenden Stiftsgebäude ausgedehnt zu haben; denn zwischen hier und den Sümpfen
liegt ein schmaler Gartenstreifen, dessen Grund keinen
Bauschutt aufweist, und daß wenigstens zur Zeit, wo die
heutige Stiftskirche gebaut wurde, also 1214—1236, die
Klostergebäude bis zur nordöstlichen Linie, in der sie jetzt
liegen, sich ausgedehnt haben, beweist ein an der Nord-
ostseite der Kirche befindlicher, jetzt vermauerter Eingang,
der augenscheinlich mit dem Kloster zusammenhing. In der
oftmals citirten Urkunde vom 11. August 922, worin der
Ungarischen Invasion Erwähnung geschieht, lesen wir, daß
die Barbaren die Kirche mitsammt den Klostergebäuden in
Asche gelegt haben. Dadurch ist aber deutlich ausgedrückt,
daß auch zur Zeit der Gründung des Stifts Kirche und
Kloster dicht bei einander gelegen gewesen.

Viertes Kapitel.

Gerrich erhält von Rom Gebeine des h. Martyrers Hippolytus.

Noch haben wir einer That des seligen Gerrich nicht Erwähnung gethan, obgleich er nach dem Begriff seiner Zeit erst hierdurch den Ruhm und das Ansehen seiner Stiftung begründete: ich meine die Erwerbung der Gebeine des h. Martyrers Hippolyt. Zwar ist ein ausführlicher Bericht über die Translation dieser Reliquien nach Gerresheim nicht erhalten; aber gleichwohl kann es keinem Zweifel unterliegen, daß das Verdienst der Erwerbung nur dem Stifter selbst zuzuschreiben ist. Der Beweis hierfür gründet sich vornehmlich auf folgende Thatsachen:

1) Die Kirche zu Gerresheim ist seit der Zeit ihrer ersten Weihe (870—873) bis heute dem h. Martyrer Hippolyt geweiht, und dessen Gebeine haben seit der genannten Weihe bis 917, wo die erwähnte Ungarische Invasion stattfand, daselbst geruht.[1] Die von der Brandstätte geflüchteten Nonnen haben die Gebeine ihres Stiftspatron mit nach Köln gebracht und sie in der Kirche der 11,000 Jungfrauen, wo sie auf Anordnung des Erzbischofs Herimann I. eine Zufluchtsstätte fanden, niedergelegt. Nach dem Abzug der Barbaren blieb ein Theil der Nonnen in Köln, während der andere nach Gerresheim zurückging und dort dem ausdrücklichen Vorbehalt des Erzbischofs gemäß für den Wiederaufbau ihres zerstörten Klosters Sorge trug. Kloster= und Kirchengebäude waren im Jahre 970 vollendet und scheinen schon eine Zeitlang vollendet gewesen zu sein; denn in einer Urkunde heißt es, der Bischof sei an einen Ort seines Bisthums, Namens Gerresheim, gekommen und habe dort ein Kloster noch nicht eingeweiht gefunden, wohl aber unter den Nonnen ein recht religiöses

---

1) Lacomblet, U. B. I. 68, 73, 84. Annalen des histor. Vereins 26. u. 27. Heft. S. 335.

Klosterleben wahrgenommen, weßhalb er auf Bitten derselben Kloster und Kirche eingeweiht.[1]) Die Weihe fand
am 2. Januar des genannten Jahres statt, bei welcher
Gelegenheit der Bischof dem Kloster mehrere Ländereien
im Bonn- und Auelgau schenkte. Beide Klöster, sowohl
das der 11,000 Jungfrauen zu Köln, als das des h. Hippolyt zu Gerresheim, blieben fortan mit einander enge verbunden und diese Verbindung hat über die Mitte des XIV.
Jahrhunderts hinaus gedauert[2]); sie bekundet sich theils im
gemeinschaftlichen Güterbesitze, theils in der gemeinsamen
Leitung durch ein und dieselbe Aebtissin. Das bedeutendste
Kloster aber war das der 11,000 Jungfrauen, wie schon eine
Urkunde vom Jahre 950 besagt.[3]) Warum die Gebeine des
h. Hippolyt nach dem Abzug der Ungarn nicht nach Gerresheim zurückgebracht worden sind, bleibt ein Räthsel.

2) Nach der Analogie vieler anderen Kirchen jener
Zeit scheint es, daß der h. Hippolyt erst in Folge der
Translation seiner Gebeine nach Gerresheim den Patronen der dortigen Kirche ist beigefügt worden. Bei
der Einführung des Christenthums war es eine besondere Sorge der Glaubensboten, daß in ihrem Missionsbezirk Kirchen und Kapellen errichtet wurden, in welchen
die Wahrheiten der Religion verkündigt, gemeinsame Gesänge und Gebete verrichtet und die heiligen Geheimnisse
gefeiert werden könnten. Diese kirchlichen Gebäude hießen
Gotteshäuser, weil sie Gott dem Herrn geweiht waren.
Da es anfänglich besonders darauf ankam, daß gegenüber den
Heiden dem einigen Gott in drei Personen, Vater, Sohn
und heiligem Geist, die wahre Anbetung gezollt würde, so
wurden die ältesten Kirchen vornehmlich auf den Namen
der allerheiligsten Dreifaltigkeit, des h. Geistes, des Er-

---

1) Lacomblet, l. c. I. 111.
2) Lacomblet, Archiv, III. Bd. 1. Heft. S. 130.
3) Ennen und Eckertz, Quellen I. S. 464. Nach dieser Urkunde erwirbt Erzbischof Wichfried von Köln den Herrenhof Hubbelrath und schenkt ihn an beide Klöster, jedoch mit der Bedingung,
daß derselbe nach dem Tode des Bischofs an das ärmere Kloster,
nämlich Gerresheim, ganz zurückfalle.

lösers (Salvator) u. s. w. eingeweiht[1]), zumal die wenigsten das Glück hatten, wie zu Rom, Jerusalem, Antiochien rc.
Leiber oder Reliquien von Heiligen zu besitzen, unter deren
Patrozinium dieselben gestellt werden konnten.[2]) Indessen
mußte nach Einführung und Begründung des Christenthums bald die Erwägung Platz greifen, daß die vornehmsten himmlischen Patronen ohnehin allen Kirchen gemein-
sam seien und daher die Wahl eines besonderen Heiligen
sich schon aus dogmatisch-liturgischen Rücksichten empfehle.
Ganz besonders mußte diese Erwägung gegen die Wahl
einer göttlichen Person oder gar der allerheiligsten Dreifaltigkeit als Patron einer Kirche sprechen; denn ist nicht
jede Gott dem Herrn errichtete Kirche eben deßhalb auch
schon der allerheiligsten Dreifaltigkeit, dem Erlöser, dem
h. Geiste gewidmet? So sinnvoll und für die Einführung
und Begründung des Christenthums nützlich diese allerhöchsten Kirchenpatrozinien auch immer sein mochten, so
sollten dieselben doch nach dem Sinne und der Anschauung
der Kirche die eigentlichen Patrozinien der Heiligen nicht
zurückdrängen oder absorbiren. Ist auch alle Verehrung
der Heiligen nur ein Ausfluß und eine Folge der Anbetung Gottes, so ist doch Gott der Herr eigentlich nicht
unser Patron, sondern unser Herr und Gebieter, wie er
auch Herr und Gebieter der Heiligen selbst ist. In Folge
dessen wurden, namentlich seit der Zeit Karls des Gr.
neben den göttlichen Titelnamen die eigentlichen Patronennamen oder die Namen der Schutzheiligen aufgestellt und
dieses fand im Laufe der Zeit fast überall statt, wo der

---

1) Kampschulte, die westfälischen Kirchenpatrozinien, S. 5.
2) Die rituelle, schon vom h. Augustinus erwähnte Vorschrift
der Kirche daß jeder Altar zu seiner Einweihung eine h. Reliquie
einschließen müsse, bezieht sich bloß auf die Reliquien der Martyrer,
wenn sie auch klein sind. Nach der Anschauung der Kirche sollen
Blutzeugen Christi da ruhen, wo der blutige Opfertod Christi täglich
erneuert wird; der Opferpriester soll an ihnen spezielle Fürbitter
haben. Mich. Berger, Pastoral-Theologie, II. Bd. S. 94—96.
Um aber eine Kirche auf den Namen eines Heiligen zu weihen, ist
es nicht kirchliche Vorschrift, daß auch von diesem Heiligen in der
betreffenden Kirche Reliquien vorhanden seien.

alte Gebrauch bestand. Neue Kirchen wurden selten mehr auf göttliche Patronennamen geweiht und, wo es noch geschah, wurde ein wirklicher Heiligennamen hinzufügt; z. B. in Werden, wo dem h. Salvator Maria hinzugefügt wurde.[1]) Unmittelbar an der Grenze der kölnischen Erzdiözese liegt die schon früher erwähnte alte Stadt Duisburg, eine Pfalz der fränkischen Könige. Es steht zu erwarten, daß dort sich frühe eine Kirche oder Kapelle als Zubehör der Pfalz erhoben hat. Aus einem Einkünfte-Verzeichniß der Abtei Prüm sehen wir, daß letztere in Duisburg Gefälle zu erheben hatte.[2]) Die Errichtung des Klosters Prüm geschah durch Pippin und seine Gemahlin Berta oder Bertraba im Jahre 752; es wurde aber 763 durch die Stifter selbst erweitert und vollendet.[3]) Wie die Kirche in Prüm, ist auch die ,in Duisburg dem h. Salvator mundi geweiht.[4]) Auch das Stadtsiegel Duisburgs zeigt die Figur des Erlösers mit der Umschrift: Salvator mundi patronus in Duisburg.[5]) Den Anfang dieser liturgischen Veränderung finden wir in Rom. Der Name der dortigen uralten Salvatorkirche, deren dedicatio alljährlich am 9. November von der ganzen Kirche gefeiert wird, ist sehr frühe dem Patronnamen St. Johannes Baptist im Lateran gewichen.[6])

---

1) Lacomblet, U. B. I. 5, 6, 8.
2) Beyer, Urkundenbuch der mittelrhein. Territorien I. S. 190.
3) Pohle, Rector, kurze Geschichte der gefürsteten Abtei Prüm 1856, S. 3. Prof. Dr. Marx, die Salvatorkirche zu Prüm, S. 2.
4) Beyer, l. c. S. 13. Binterim und Mooren, Erzdiöze̜se Köln I. S. 274.
5) Ein altes, vielverehrtes Salvatorbild wurde im Jahre 1555 auf Beschluß des apostasirten Magistrats daselbst aus der Kirche entfernt und kam nunmehr nach Nievenheim, wo dasselbe die Nievenheimer Wallfahrten begründete. Die alte Salvatorkirche zu Duisburg ist heutzutage in den Händen der Protestanten.
6) Eine alte Inschrift am Haupteingange dieser Kirche lautet (P. Außerer, Pilger-Führer nach Rom 1874, S. 44):

Dogmate papali datur ac simul imperiali,
Quod sim cunctarum mater caput ecclesiarum.
Hinc Salvatoris coelestia regna datoris
Nomine sanxerunt, cum cuncta peracta fuerunt.
Sic nos ex toto conversi supplice voto
Nostra quod haec aedes tibi, Christe sit inclita sedes.

Ebenso verhält es sich mit der Cathedrale zu Brügge, die ursprünglich dem salvator mundi geweiht ist; später erhielt sie neben ihrem alten Titel den Namen des h. Patrons Donatianus.[1]) Dieser Gebrauch bezüglich der rituellen Titulirung junger Kirchen, der durchgreifend erst zur Zeit Karls des Gr. beginnt, tritt recht deutlich in der Stiftungs-urkunde von Prüm hervor, indem die Widmung nicht bloß zu Ehren des Erlösers, sondern auch der Heiligen Maria, Petrus und Paulus, Johannes Baptist und Martin geschah.[2]) Ja, es macht fast den Eindruck, als ob man gerne die alte Einrichtung beibehalten, aber auch den neuen rituellen Brauch nicht vernachlässigen wollte; daher heißt es in mehren Prümer Urkunden: S. Salvatoris vel S. Mariae[3]) etc.

Es kann nach diesen Analogien keinem Zweifel unter-liegen, daß auch in Gerresheim der neue Brauch in Be-ziehung auf den Titel der Kirche Platz gegriffen hat. Die ursprüngliche Klosterkirche daselbst, die nach einer Urkunde vom 13. August 882, ecclesia d. i. Hauptkirche, genannt wird[4]) und daher wahrscheinlich zugleich mit dem Kloster von Gerrich, dem Stifter, aufgebaut worden ist, war ein-geweiht zu Ehren des h. Salvator, der Mutter Gottes und des h. Martyrers Hippolyt.[5]) Die beiden ersten Patron-namen treten allmählig ganz zurück, wobei es auffällig ist, daß auch die seligste Gottesmutter ihren Patroziniumstitel verliert; die Kirche wird fortan fast in allen Urkunden und Schriftstücken des Stiftes nur mehr Kirche des h. Hippo-lyt genannt und diese Benennung hat sich erhalten, trotz-dem sie seit dem Jahre 922 die Gebeine des genannten Heiligen nicht mehr besaß, bis auf den heutigen Tag.

---

1) Provinciaelen Wegwyzer van Westflaenderen 1848, S. 22.
2) Hontheim, hist Trevir. I. p. 112 u. 122.
3) Beyer, Urkundenbuch, I. S. 13. Ausführlicheres über diesen Gegenstand vgl. in der Zeitschrift für Geschichte und Alterthumskunde Westfalens, Bd. 24. S. 136.
4) Lacomblet, II. B. I. 73.
5) Annalen des historischen Vereins für den Niederrhein, 26. u. 27. Heft, S. 334.

Ich glaube daher mit Fug und Recht behaupten zu können, daß die Erwerbung der Reliquien des h. Hippolyt ein Verdienst des seligen Gerrich ist.

Um aber die hohe Bedeutung des von Gerrich für seine Stiftung erworbenen Reliquienschatzes besser würdigen zu können, ist es zweckmäßig, die Geschichte dieses Heiligen in kurzen Zügen mitzutheilen, zumal es mehrere heilige Hippolyti gibt.

Der h. Hippolytus, dessen Gedächtnißfeier die Kirche zu Gerresheim, wie überhaupt die kölnische Kirche von jeher am 13. August begangen hat und noch begeht, war anfänglich ein heidnischer Kriegsmann, der das Christenthum nur vom Hörensagen kannte. Sein Herz war nicht von Christenhaß erfüllt, wie bei den meisten Heiden seiner Zeit; er besaß eine milde Gesinnung und ruhige Denkungsart, und diese Eigenschaften kamen ihm in der amtlichen Stellung, die er bekleidete, vortrefflich zu Statten. Er war nämlich Aufseher in demselben Gefängnisse, in welchem der h. Laurentius bis zu seinem Martertode aufbewahrt wurde. Dadurch, daß er oft Gelegenheit hatte, die Ermahnungen und den Unterricht dieses h. Diacons zu hören, und Augenzeuge war von einer wunderbaren Heilung, die derselbe an einem Mitgefangenen bewirkte, wurde auch er zum Glauben an Christus bekehrt und sodann vom h. Laurentius selbst im Kerker getauft. Hippolytus war es auch, der den Leib des h. Laurentius nach dessen glorreichem Martertode sich verschaffte und begrub. Seine Bekehrung indeß konnte nicht verschwiegen bleiben; er wurde als Christ beim heidnischen Richter angeklagt und in seinem Hause in demselben Augenblicke gefangen genommen, wo er mit seinen Hausgenossen, die sich mit ihm alle zum Christenthum bekehrt hatten, die h. Communion empfing. Da er sich vor dem Richter furchtlos als Christ bekannte und die ihm zugemuthete Glaubensverläugnung entschieden verweigerte, wurde er zu wiederholten Malen den härtesten Martern unterworfen und, als Alles fruchtlos blieb, mitsammt den Hausgenossen zum Tode verurtheilt. Diese wurden vor dem Tiburtinischen Thor enthauptet, Hippolytus aber wurde an wilde Roſſe gebunden und geſchleift, bis er in Stücke zerriſſen den Geiſt aufgab.[1]) Dies geſchah im Jahre 258 unter dem Kaiſer Valerianus. Ein frommer Prieſter, Namens Juſtinus, beſtattete den entſeelten Leichnam auf dem Veraniſchen Felde. Später wurden die Gebeine deſſelben wie überhaupt aller außerhalb der Stadt Rom beigeſetzten Martyrer erhoben und innerhalb der Stadt beigeſetzt. In den älteſten römiſchen Kirchenkalendern, die Bucher, Florentini, Allatius und Mabillon herausgegeben haben, wie auch in den Martyrologien von Beda, Ado und Uſuard iſt ſeine Name genannt und ſein Feſt auf den 13. Auguſt verzeichnet. Bald nach ſeinem

---

1) Dieſe Darſtellung findet ſich auf dem alten Stiftsſiegel von Gerresheim; das Provinzialarchiv zu Düſſeldorf bewahrt noch mehre Urkunden, woran es hängt; auch die ſogenannte Stiftungsurkunde, die nachweislich dem X. Jahrhundert angehört, trägt es noch, wenn auch ſtark verwiſcht, in weißem hartem Wachs.

Tode erhob sich über seinem Grabe eine Kirche, von welcher zur Zeit des Baronius (XVII. Jahrhundert) noch Trümmer vorhanden waren; auch wurde auf seinen Namen ein Kirchhof geweiht, den Papst Hadrian I. († 772), wie Anastasius mittheilt, erneuern ließ.[1]

Man darf diesen h. Martyrer nicht mit dem Priester und Martyrer Hippolytus verwechseln, der eine Zeitlang in die Irrlehre des Novatus und Novatianus verstrickt war, bald aber wieder reumüthig zur Kirche zurückkehrte und seine Sünden durch den Martertod büßte. Auch sein Festtag fällt auf den 13. August. Sein Leben und Leiden hat der christliche Dichter Prudentius (geb. 348) durch einen schwungvollen Feiergesang verherrlicht.

Leider würfelt der spanische Dichter die Geschichte beider Heiligen, weil er weder die Thatsachen noch die Zeiten genau kennt, durcheinander und hat dadurch nur zur Verbunkelung derselben beigetragen; noch schlimmer aber macht es in unseren Tagen Döllinger, der ben von Pferden geschleiften Martyrer Hippolytus, den Jünger des h. Laurentius, zu einer fingirten Person herabbrückt, von' der schon im fünften Jahrhundert nur die Sage etwas mitzutheilen wisse. Es ist hier nicht der Ort, auf Döllingers kritische Deductionen weitläufig einzugehen, ich glaube aber wenigstens einige Hauptzeugnisse für die historische Existenz des römischen Militärbefehlshabers Hippolyt mittheilen zu müssen:

a. Im Chronographen vom Jahre 354[2]) heißt es auf den 13. August: depositio Hippolyti in Tiburtina et Pontiani in Callisti. Pontianus war nicht der Leidensgefährte des h. Hippolyt, denn er starb[3]) am 11. November. Mit dem h. Hyppolit ruht nach demselben

---

1) Im römischen Pontificalbuche heißt es wörtlich: Ecclesiam b. Nicomedis et coemeterium b. Hippolyti M. iuxta s. Laurentium, quae a priscis marcuerunt temporibus, a novo renovavit. Pari modo et ecclesiam b. Christi Martyris Stephani, sitam iuxta praedictum coemeterium s. Hippolyti, similiter restauravit cf. liber Pontific. ed. Vignol. tom. II. p. 228.

2) Mommsen, Leipzig 1850.

3) lib. Pontific. I. 42.

Chronographen in der Reihe der röm. Bischöfe und Martyrer in der Tiburtina nur noch der h. Laurentius, was
offenbar auf die engste Verbindung zwischen beiden hinweist.
Dieselbe Notiz findet sich im Sacramentarium Leonianum
(457—492) auf denselben Tag: Natale sanctorum Hippolyti et Pontiani. Nach dem ältern Pabstcatalog 1) ist
der Pabst Pontian mit einem Priester Hippolyt nach
Sardinien verbannt worden, wo er starb; der Offizier
Hippolyt steht also zu Pontian in keiner Beziehung,
was die Verschiedenheit des Natale wie des Titels documentirt. Auch der Umstand, daß in diesen necrologischen
Daten der Pabst Pontian stets an zweiter Stelle aufgeführt ist, beweist, daß sein Namen eine spätere
Beifügung ist. Seit dem V. und VI. Jahrhundert haben
die Kalendarien und Martyrologien fast alle am 13. August
den h. Hippolytus allein; z. B. der Laterculus des Po-
lemius Sylvius, dessen Entstehung ins Jahr 448 fällt:
„Idus Aug. Hippolyti mart. 2); das Calendarium Car-
thaginiense (saecul. VII): Idus Aug. sancti Hippolyti.
Das kleine römische Martyrologium liest: Romae Hippolyti Martyris cum familia sua et s. Concordiae nu-
tricis suae.

b. Prudentius beschreibt als Augenzeuge ums Jahr
406 die unterirdische Grabstätte des h. Hippolyt, ferner
ein Wandgemälde in derselben, darstellend seinen Tod
durch die wilden Rosse, den Altar, der über seinen Gebeinen errichtet worden u. s. w. Döllinger meint, daß
diese Kirche dem h. Laurentius gewidmet gewesen sei 3);
wir theilen diese Ansicht, doch erlaubt es der Raum nicht,
die Gründe näher anzuführen; wir bemerken noch, daß
eine Basilika des h. Hippolyt zuerst in dem Verzeichnisse
der Marterstätten erwähnt wird, welches Eckhart herausgegeben 4) und das dem IX. oder X. Jahrhundert angehört.

---

1) ed. Schelstrate, antiquitas ecclesiae tom. I. p. 424.
2) cf. Liturgia sacra von Marzohl und Schneller, IV. Th.
S. 76.
3) Hippolytus und Kallistus, Regensburg 1853, S. 36.
4) de rebus Franciae orient. tom. I. p. 832.

Wie sehr aber der Cult des h. Martyrers Hippolyt mit dem des h. Laurentius verknüpft und ihm untergeordnet gewesen, zeigt die Stadt Mailand, wo schon im fünften Jahrhundert eine Kirche des h. Laurentius vorhanden, aber auch mit derselben ein Kapelle zu Ehren des h. Hippolyt verbunden war.[1] Das weist offenbar auf eine enge Verbindung beider Martyrer sowohl bezüglich ihrer Passion, wie ihres Cultes hin.

c. Noch enger und historisch begründeter zeigt sich diese Verbindung unter denselben in der Ambrosianischen Liturgie, in dem Gebete Communicantes, worin unmittelbar auf Xystus und Laurentius der h. Hippolytus folgt.

Schließlich noch ein Wort über Prudentius, der, wie Baronius mit Recht hervorhebt, zur Verdunkelung der Geschichte des römischen Martyrers Hippolytus, des Jüngers von Laurentius, am meisten beigetragen hat. Es ist längst allgemein anerkannt, daß sich in die Gesänge dieses sonst hochgeschätzten christlichen Dichters, namentlich wo er über nichtspanische Dinge berichtet, manche grobe Verstöße und Unrichtigkeiten eingeschlichen haben. So macht er den h. Cyprian von Carthago durch Verwechselung mit dem gleichnamigen antiochenischen Heiligen vor seiner Bekehrung zu einem Zauberer und Goeten; im Hymnus auf Laurentius läßt er den Pabst Xystus gekreuzigt werden, während Cyprian sagt, er sei enthauptet worden.[2] Betrachten wir die Geschichte des h. Hippolyt. Nach Prudentius wohnt der Präfect zu Rom und doch läßt er sich in Ostia den Heiligen zur Aburtheilung vorführen. Wie ist hier das Civitätsrecht gewahrt, das Kaiser Caracalla (211—217) allen Reichsbewohnern verliehen hat? Prudentius erzählt, daß ihn der Anblick des Grabes und des Wandgemäldes des h. Martyrers zur Abfassung des Feiergesanges auf denselben veranlaßt habe; pure Volkserzählung scheint demnach dem spanischen Pilger zur Quelle seines poetischen Ergusses gedient zu haben. Hätte er ein schriftliches

---

1) cf. Döllinger, Hippolyt und Kallistus, S. 37.
2) cf. Döllinger, l. c. S. 56.

Document benutzt, dann wäre er auch sicherer in der Zeitbestimmung; jetzt rückt er die ganze Geschichte in die Zeit
des Kaisers Gallus hinauf und so konnte er den Martyrer
zu einem bekehrten Novatianer stempeln; denn unter diesem
Kaiser war die genannte Secte besonders mächtig. Vielleicht aber trifft auch die Vermuthung Döllingers zu, daß
der Dichter durch diese Darstellung von der Bekehrung
eines großen Martyrers der antikirchlichen Partei seiner
Heimath, nämlich den Novatianern, ein pikantes und nach-
ahmungswürdiges Beispiel habe vorstellen wollen.[1]

Fassen wir das Gesagte zusammen, so sehen wir, daß
die historischen Zeugnisse dem h. Offizier Hippolyt die
Existenz nicht absprechen, wie Döllinger meint, sondern
einhellig zusprechen, dagegen ist es zweifelhaft, wo und
wie der Presbyter Hippolyt geendet hat.

Es fragt sich jetzt: Wie kam der selige Gerrich dazu,
von Rom, aus so weiter Entfernung, diesen Schatz zu holen
oder holen zu lassen? Um diese Frage zu beantworten,
müssen wir Folgendes vorausschicken.

Ein in der Tiefe des menschlichen Herzens begründeter
religiöser Zug geht im Mittelalter durch das Leben des
Einzelnen, wie der ganzen christlichen Gesellschaft. Der
christliche Glaube 'erfüllte die Seele des Menschen. Er
leitete die Einzelnen wie die Massen, er war das gemeinsame Band der abendländischen Völker, auf ihm fußte das
römische Reich deutscher Nation. Die Kirche auf Erden
erschien als die Photosphäre des Himmels, die über
alle Länder Licht und Leben zu verbreiten bestimmt ist.
Die Menschen mußten ihre ewigen Interessen in das
richtige Verhältniß zu den zeitlichen zu setzen; jene waren ihnen
die höchsten Leitsterne und Zielpunkte ihrer Bestrebungen,
diese hatten nur an zweiter Stelle Gewicht und Geltung.

Aus diesem religiösen Gefühl für Alles, was im Sinne
der christlichen Lehre groß und erhaben ist, ging die tiefe
Ehrfurcht gegen die Reliquien der Heiligen hervor. „Wenn
Jemand um Christi willen gelitten hat, sagt der h. Ba-

---

1) Döllinger, l. c. S. 66.

filius[1]), so werden seine Ueberbleibsel als kostbar betrachtet, und wer die Gebeine eines Martyrers berührt, hat gewissermaßen an seiner Heiligkeit Theil wegen der Gnade, die an ihnen haftet; denn der Tod der Heiligen ist kostbar vor dem Angesichte Gottes (Ps. 115, 15)." Daher sehen wir auch in jener Zeit Erscheinungen, für welche die unsrige kaum einen Maßstab zur Beurtheilung hat. Nach jahrelangen blutigen Kriegen wurde damals Friede geschlossen; der Preis desselben bestand aber nicht in Milliarden, sondern in der Herausgabe heiliger Reliquien; z. B. der Dreikönigen in Mailand.[2]) Große Schiffe fuhren durchs Mittelländische Meer nach dem gelobten Lande, aber nicht etwa um in der Levante Kaufmannsschätze aufzuladen, sondern um im h. Lande Erde zu holen, damit die Abgestorbenen der Heimath[3]) im Grabe mit jenem Staube bedeckt werden könnten, den einst der Gottessohn mit seinen Füßen berührt hat. Meilenweit und baarfuß ging Ludwig der Heilige der aus Constantinopel anlangenden Dornenkrone Christi, die er um hohen Preis für die Nôtre-Dame-Kirche in Paris erworben hatte, entgegen[4]), und trug sie persönlich in die mit einem Kostenaufwande von 20,000 Mark Silber neu gebaute Kapelle. Fulrad, Abt von St. Denys bei Paris, bekannt als Ueberbringer der über die Schenkung des. Kirchenstaates von Seiten Pippins an den Apostolischen Stuhl gethätigten Urkunde, trug die Gebeine des h. Martyrers Vitus, die ihm der Papst für sein Kloster geschenkt hatte, in einem Kästchen eingeschlossen auf seinen Schultern von Rom nach Paris, welche weite Reise er baarfuß zurücklegte.[5]) Ein kleines Land, Palästina, so groß wie etwa

1) S. Basilii serm. in Ps. 115 (114) edit. Paris. (homil. 13.)

2) Floß, Dreikönigenbuch. Die Uebertragung der hh. Dreikönige von Mailand und Köln. S. 13.

3) Dort h. Erde zu holen, war schon zu Augustinus Zeit bräuchlich: Acceperat (Hesperius) autem ab amico suo terram sanctam de Hierosolymis allatam, ubi sepultus Christus die tertio resurrexit, eamque suspenderat in cubiculo suo, ne quid mali etiam ipse pateretur. De civit. Dei lib. 22 c. 8.

4) Guil. Durandi Rationale divini offici, VI. 80. § 10. 77. § 17.

5) Meine Schrift: St. Veit, l. c. S. 159.

die Rheinprovinz, aus den Händen der Sarazenen zurück-
zuerobern, vereinigten sich die Völker des Abendlandes
und zogen zu wiederholten Malen unter den größten Ge-
fahren und Mühsalen über das Meer; aber es war ihnen
nicht um Landbesitz zu thun, sondern um der Christenheit
das Grab des Erlösers, das ihr rechtlich gebührt, zurück-
zuschaffen. Eine solche Begeisterung für die Sache der
Religion begreift sich nur da, wo der christliche Glaube
lebendige Ueberzeugung geworden und wo der Wille zu
jedem Opfer für Bethätigung dieser Ueberzeugung fähig ist.

Werfen wir einen Blick in die Geschichtsbücher der Zeit
vom V. bis XV. Jahrhundert, so finden wir fast kein einziges, in welchem nicht die Wunder der christlichen Religion, wie sie sich im Leben dieses oder jenes Heiligen
zeigen, mit besonderer Vorliebe dargestellt werden. Die
Menschen jener Zeit beurtheilen die Erscheinungen der
Sinnenwelt fast durchweg von einem höheren Gesichts-
punkte und, wenn bei uns der Forscher, abstrahirend von
allem Einfluß der göttlichen Vorsehung, Alles materialistisch
zergliedert und auf natürliche Ursachen zurückzuführen sucht,
erblicken die Geschichtschreiber jener Zeit überall gerne das
Walten des Herrn in seiner Kirche, namentlich des
h. Geistes in den Gliedern der Erlösten. Wer von der
Wahrheit des Christenthums durchdrungen ist, den erhebt
und erfreut diese fast allgemeine Erscheinung der christlichen Vergangenheit, während sie ihm anderseits die
Gründe für das unbefriedigte Ringen und Schaffen der
dem Christenthum vielfach entfremdeten Gegenwart klarlegt.

Daß der selige Gerrich im neunten Jahrhundert, wo
die Ueberzeugung von der Wahrheit der christlichen Religion bei den Franken, wenigstens beim größten Theile
derselben, feststand und wo neben vielen betrübenden Erscheinungen auch die erhabensten Beispiele christlicher Fröm-
migkeit und religiösen Heldenmuthes nicht fehlten, dieser
frommen Richtung nicht fern geblieben, beweist seine
Stiftung. Er mußte aber auch zweifelsohne, wie man
sich seit den frühesten Zeiten des Christenthums bestrebt
hatte, die den Heiligen und ihren Gebeinen schuldige Ver-

ehrung dadurch an den Tag zu legen, daß man Kirchen über ihren Gräbern erbaute, Feste zu ihrem Gedächtnisse verordnete, Lieder zu ihrem Lobe sang und Altäre über ihren Reliquien errichtete. Wie sehr mußte er wünschen, für die junge Klosterstiftung, die ihm das Dasein verdankte, ebenfalls die Gebeine eines h. Martyrers oder wenigstens eines Heiligen zu besitzen, zumal er von der hohen Bedeutung und segensreichen Kraft heiliger Reliquien für das geistliche Leben derselben fest überzeugt war! Auch konnten demselben die verschiedenen, in der deutschen Geschichte berühmt gewordenen Translationen heiliger Martyrer, die zur Zeit Ludwigs des Frommen und noch später geschehen sind, nicht unbekannt geblieben sein.[1] Einhart, der Geheimsecretär Karls des Gr., der nach dem Tode seines Herrn in den geistlichen Stand trat und bereits am 3. Juni 815 als Abt bezeichnet wird, hatte in Michelstadt, Erzdiözese Mainz, ein Kloster gestiftet und wünschte für die von ihm gebaute, aber noch nicht eingeweihte Kirche von Rom den Leib eines Heiligen zu erhalten. Er schickte zu dem Ende seinen Schreiber Ratleik dahin, dem es, wiewohl nur mit großer Mühe, gelang, die Gebeine der Martyrer Petrus und Marzellinus zu erhalten. Im Jahre 828 wurden diese Reliquien nach Ober-Mulinheim übertragen, und dieser Uebertragung verdankt die nachmals berühmte Abtei Seligenstadt ihren Ursprung.[2] Im Jahre 836 erhielt der Bischof Badurad von Paderborn die Gebeine des heiligen Liborius von Alderich, Bischof von Mans in Frankreich, und übertrug sie selbst in seine Metropole.[3] Diese Translation überragt an wichtigen, nachhaltigen und weithin sich er-

---

1) Schon der Mönch Rudolf von Fulda († 865) macht auf diese Erscheinung in der Regierungszeit des Kaisers Ludwig des Fr. aufmerksam und er bemüht sich nach Kräften, wie er sagt, die glorreichen und wundervollen Ereignisse zu beschreiben, die Gott bei diesen Translationen heiliger Gebeine gewirkt habe. cf. Mabillon, acta Sanct. ord. S. Benedicti saecul. IV. p. II. p. 2.

2) Einharti opera ed. Teulet, Paris 1840. tom. I.

3) Dr. Clemens Mertens, der h. Liborius, Paderborn 1873, S. 25.

streckenden Folgen wohl alle übrigen des IX. Jahrhunderts.[1]) In demselben Jahre veranlaßte Warinus,
der zweite Abt von Corvei an der Weser, die Uebertragung der Gebeine des h. Vitus von St. Denys in sein
Kloster, wo dieselben[2]) in kurzer Zeit eine ungeahnte Be-
rühmtheit erlangten. Im Jahre 844 gab der Kaiser
Lothar dem Abte Marquard von Prüm ein Empfehlungs-
schreiben an Pabst Sergius II., und dieser reiste zu Fuß
nach Rom, um sich für seine neue Stiftung Münstereifel
vom Pabste „Reliquien eines berühmten Martyrers, an
dessen Leidensgeschichte und Verehrung kein Christgläubiger
zweifeln könne", zu erbitten. Der Pabst gab ihm die
Leiber der hh. Chrysanthus und Daria und ließ ihm auch
ein Buch überreichen, woraus er sich die Lebensgeschichte
dieser Heiligen abschrieb.[3]) Der bereits erwähnte Graf
Walbbert, der Enkel des Sachsenherzogs Wittekind, erhielt
von Papst Leo IV. den Leib des h. Alexander und er
brachte denselben persönlich von Rom nach Wildeshausen
in Westfalen; dort wurde dieser Reliquienschatz im Jahre 851
in der neugebauten Stiftskirche beigesetzt.[4])

Diese Beispiele, denen noch manche andere beigefügt
werden könnten, mußten in Gerrich den Wunsch rege machen,
einen ähnlichen Schatz für die von ihm gebaute aber noch
nicht eingeweihte Klosterkirche zu Gerresheim zu erlangen.

---

1) Tübinger, theolog. Quartalschrift, 1873, Heft 2.
2) Wohl selten haben die Gebeine eines Heiligen in so kurzer
Zeit eine so hohe Bedeutung und tiefe Verehrung, wie die des h. Vitus,
gewonnen. Bald nachher wurde er der Landespatron von Sachsen,
der blüthenreiche Aufschwung dieses Landes galt als sein Verdienst.
Der fränkische König Karl beklagt in der Translationsgeschichte den
Verlust der Reliquien mit folgenden Worten: „Nachdem uns der
ausgezeichnete Martyrer Vitus verlassen hat, schlägt Alles zu unserem
Verderben aus, dagegen ist Friede und Regierungseintracht auf
Sachsen übergegangen;" cf. meine Schrift: St. Veit, l. c. S. 160.
3) Annalen des historischen Vereins für den Niederrhein, 20. Heft,
S. 96. Die Verehrung dieser Heiligen scheint sich in der kölnischen
Erzdiözese rasch verbreitet zu haben; denn noch vor seinem Tode
(† 953) weihte Erzbischof Wichfried zu Ehren derselben in Haan bei
Hilden eine Kapelle ein. Lacomblet, Archiv II. S. 101.
4) Pertz, Monum. Germ. II. p. 673.

Und in der That richtete Gerrich seinen Blick nach der
Hauptstadt der Christenheit, um dort die Erfüllung seines
Wunsches zu erhalten. Wir wissen zwar nicht, wer die
Gebeine des h. Hippolyt für das Kloster in Gerresheim
aus Rom geholt hat, ob der Stifter selbst oder ein Bote;
daß dieselben aber von Rom gekommen, wissen wir wohl und
sollte merkwürdiger Weise! gerade in unseren Tagen kurz
vor dem Feste seiner tausendjährigen Translation dafür
ein neuer, eclatanter Beweis zu Tage treten.

Auf Veranlassung des Kirchenvorstandes von St. Ursula
in Köln wurden nämlich am 24. März 1871 die in dortiger
Kirche befindlichen Reliquienschreine mit Erzbischöflicher
Bewilligung und unter Assistenz eines Apostolischen Notars
eröffnet, um ihren Inhalt festzustellen. Im Schreine des
h. Hippolytus fand sich neben anderen unbenannten Reliquien ein mäßiges Packet in mehrere uralte Tücher von
höchst merkwürdigem Gewebe eingewickelt, welchem ein
Pergamentstreifen mit der Aufschrift: s. Hippolyti mart.
beigefügt war. Dieser Fund enthält zwei wichtige Ent-
deckungen:

1) Da der Name des h. Hippolytus in der kölnischen
Litanie von allen Heiligen an der Spitze der kölnischen
Martyrer steht, auch in der alten Sequenz de patronis
Coloniensibus vorkommt, da ferner der kostbare Schrein,
welcher die fraglichen Reliquien einschließt, stets als Schrein
des h. Hippolytus bezeichnet wurde, so hatte sich im Laufe
der Jahrhunderte die Ansicht verbreitet, daß in der Kirche
St. Ursula der ganze Leib dieses heiligen Martyrers enthalten sei. Konnte aber schon die Urkunde vom 11. August
922 eines Besseren belehren, da sie nirgends vom ganzen
Körper des Heiligen, sondern nur von Reliquien desselben
redet, so hat die am 24. März 1871 geschehene Eröffnung
des besagten Schreines allen Zweifel beseitigt und den
wirklichen Inhalt offen gelegt. Nach Eröffnung des besagten Packetchens fanden sich etwa drei große und mehrere
kleine Gebeine. Leider ist die nähere osteologische Untersuchung und Bestimmung dieser Gebeine von Seiten eines
befähigten Arztes unterblieben. Dieser Fund ist nicht

grabe eine Enttäuschung zu nennen; denn es läßt sich durch viele Beispiele constatiren, daß man im Mittelalter in der Bezeichnung der Reliquien oft sehr ungenau zu Werke ging; in den meisten Fällen heißt der Ausdruck corpus Sancti soviel als de corpore Sancti. Diese ungenaue Redensart ist aber weniger in der Nachlässigkeit der Schreiber, als in den Verhältnissen begründet; denn daß eine Kirche von der anderen, und mag sie auch die römische sein, nicht den ganzen Leib eines Heiligen geschenkt erhielt, ist gewissermaßen als selbstverständlich anzunehmen. Zollte die erstere Kirche dem Heiligen wirkliche Verehrung, warum sollte sie nicht bei der Verschenkung seiner Gebeine einige Theile für sich zurückbehalten, zumal diese Zurückbehaltung so nahe lag und so leicht anging? Auch konnte es ja der zu beschenkenden Kirche weniger darauf ankommen, daß sie alle Gebeine des betreffenden Heiligen zum Geschenk erhielt als darauf, daß sie in den Besitz von ächten Gebeinen desselben gelangte. Es kann daher von vornherein durchaus nicht als Lüge bezeichnet werden, wenn zwei oder noch mehr Kirchen die Reliquien eines Heiligen zu besitzen vorgeben; es kommt darauf an zu wissen, was sie von demselben Heiligen besitzen.[1]) So ist es auch kein Verstoß gegen die historische Wahrheit, wenn das heutige Städtchen Saint-Bilt in Lothringen sich des Besitzes der Gebeine des h. Martyrers Hippolyt (vorausgesetzt, daß er mit dem Gerresheimer identisch ist) rühmt. Der Name Saint-Bilt ist contrahirt aus Saint Hippolyte. Nachdem nämlich der bereits erwähnte Abt Fulrad die Abtei Audolvilare in Lothringen gestiftet hatte, brachte er die Reliquien des h. Martyrers Hippolytus, die er ebenfalls von Rom erhalten hatte und in seiner Abtei St. Denys aufbewahrte, dorthin.[2]) Seit jener Zeit nahm der Ort Audolvilare den Namen des h. Martyrers an; der alte Name, der noch in einem Diplom Karls des Gr. vom 14. Sep-

---

1) Kampschulte, westfäl. Kirchenpatrozinien, S. 110.
2) Caroli Magni opera omnia ed. Migne, tom. I. p. 935.

tember 774 vorkommt[1]), ist seitdem verschwunden. Auch
waren Reliquien vom h. Martyrer Hippolyt zu Quedlinburg[2]), im Minoritenkloster zu Köln[3]) u. s. w.; da es
aber vier heilige Hippolyti gibt, die zugleich Martyrer
waren, so läßt sich nicht sicher constatiren, ob dieselben
alle dem h. Martyrer Hippolytus, dem Täufling des
h. Laurentius, angehören.

2) Sodann führte die Eröffnung des St. Hippolytus-
Schreines zur Entdeckung mehrerer uralter Gewebe, welche
die Aufmerksamkeit der Archäologen und Kunsthistoriker in
nicht geringem Grade in Anspruch nehmen. Es sind dies
drei verschiedene Seidengewebe, gleich kostbar durch Alter,
Farbenpracht und Reichthum der Ornamente. Ohne Zweifel
bildeten diese werthvollen Seidenstoffe die ursprüngliche
Umhüllung, in welcher die Gebeine des h. Martyrers von
Rom nach Gerresheim gebracht worden sind. Dafür spricht
vor Allem das Alter der Gewebe. Nach dem competenten
Urtheile des berühmten Archäologen James Weale, der
namentlich in Belgien und England auf so manches, der
Vernachlässigung oder Vergessenheit anheimgefallene Kunst-
werk aufmerksam gemacht hat, gehört der älteste dieser
Purpurstoffe dem vierten Jahrhundert an.[4]) Das noch
vorhandene, gut erhaltene Stück ist 75" hoch und 53" breit.
Es zeigt auf röthlichem Grunde in Medaillons zwei fech-
tende Reiter, welche mit Lanzen gegen Leoparden zu
kämpfen scheinen. Je vier Medaillons sind durch eine
freiliegende Rosette getrennt. Einzelne Theilornamente
zeigen blaue und grüne Schattirung. In der edlen, einfachen und correcten Zeichnung der Bilder zeigen sich noch
unverkennbar Nachklänge der klassischen Kunstperiode. Der
Inhalt und die Composition der Gesammt-Dessins erinnern
an die Bilder römischer Mosaikböden. Ein älteres Seiden-

---

1) Grandidier, histoire de Strasbourg cod. dipl. Cointii
annal. eccles. Francorum tom. VI. p. 84.

2) Annal. Quedlinburg. ad. a. 1021.

3) Oeconomia Minoritana sacra et profana (Hauschronik der
kölnischen Minoriten in meinem Besitz, bisher ungedruckt.) § VI.

4) Vgl. Kölnische Volkszeitung vom 17. August 1873.

gewebe als das eben beschriebene ist bisher nicht bekannt geworden. Noch reicher und effectvoller in Farbe und Ornamenten als dieses Gewebe ist ein wenigstens dem siebenten Jahrhundert angehöriger Purpurstoff, von welchem noch zwei größere Stücke vorhanden sind. Derselbe zeigt auf blauem Grunde zwei phantastisch costümirte Reiter auf geflügelten Rossen, die gegen anspringende Greife zu kämpfen scheinen. Die Reiter sind getrennt durch ein palmenartiges Pflanzenornament, aus welchem nach beiden Seiten der obere Theil eines den Arm ausstreckenden Mannes hervorragt. Ueber den erwähnten Reitern zeigt das Dessin springende Hirsche, unter denselben ruhende Löwen. Die Theilornamente sind roth, grün und gelb. Dieses durch seine saftigen, wenig abgebleichten Farben und durch seinen reichen Schmuck überaus wirkungsvolle Gewebe verräth in der Composition und Stylisirung der Bilder deutlich seinen orientalischen Ursprung. Es sind jene phantastisch costümirte und geschmückte Thier- und Menschengestalten, die uns in ähnlicher Auffassung in den Ornamenten altpersischer und assyrischer Paläste und Tempelbauten entgegentreten.

Von einem dritten wohl ebenfalls dem siebenten Jahrhundert angehörigen Seidenstoffe ist leider nur der untere Theil des Dessin noch vorhanden. Er zeigt in medaillonförmiger Fassung zwei Stiere gegeneinander und zwischen je vier Medaillons das Brustbild eines, die Arme nach beiden Seiten hin ausstreckenden Mannes von vorn. Wie die beiden andern hat auch dieses Gewebe vier verschiedene Farben und zwar gelb, blau, grün und weiß.

Außer den beschriebenen kostbaren und werthvollen Stoffen mit figurativen Ornamenten wurden noch einige sehr feine Byssuslappen sowie ein, dem späteren Mittelalter angehöriger, geblümter Seidenstoff in demselben Schreine aufgefunden.

Jene drei alte, merkwürdige und überaus seltene Gewebe erregen die Bewunderung der Kunstverständigen und sind auch schon mehrmals von deutschen, holländischen und englischen Museen sehnsüchtig erstrebt worden. Man

hat hohe Summen für eine käufliche Ueberlassung derselben in Aussicht gestellt, allein der Kirchenvorstand von
St. Ursula hat in richtiger Würdigung des seltenen
und durch den Ort der Auffindung ehrwürdigen Schatzes
beschlossen, daß derselbe nicht veräußert, sondern bleibend
den übrigen Kunstwerken der goldenen Kammer beigefügt
werden soll. Dort sind denn gegenwärtig an der Westseite der goldenen Kammer die Gewebe in passender Um-
rahmung, zwischen Glasscheiben gepreßt, ausgestellt, und
damit allen Verehrern alter Kunst zugänglich gemacht
worden.

Zum Schlusse fügen wir noch hinzu, daß die in Rede
stehenden Reliquien in der St. Ursulakirche zu Köln am
29. November 1871 in einen neuen, kunstreich geschnitzten
und prachtvoll ausgestatteten Schrein übertragen worden
sind da die alten Reliquienschreine der genannten Kirche
zur Zeit der französischen Invasion, am Schlusse des vorigen
Jahrhunderts, ihres alten Schmuckes beraubt und dadurch
ganz entstellt waren.

Fünftes Kapitel.
Ursprüngliche Dotation der Abtei Gerresheim durch Gerrich und Regenbierg.

Welche Güter und Gefälle zur ursprünglichen Dotation
der Abtei Gerresheim gehört haben, kann heutzutage nicht
mehr vollständig ermittelt werden, weil die bezüglichen
Urkunden schon im X. Jahrhundert verloren waren, und
Regenbierg, welche nach dem Tode ihres Vaters die Stiftung desselben zur vollen Ausführung brachte, in ihrer
Schenkungsurkunde nur die Weinberge zu Linz, die Zehnten
und die Patronate über verschiedene Kirchen namhaft
macht, aber die geschenkten Höfe und Hörigen nur im Allgemeinen bezeichnet. Als Gerrich'sches Dotationsgut läßt
sich eigentlich nur der „Hof in Gerresheim", auf dessen

Grund und Boden das Kloster gegründet worden, mit
Sicherheit angeben. Wirft man aber einen Blick in das
alte Guda'sche Heberegister der Stiftshöfe, so kann man
sich der Ueberzeugung nicht verschließen, daß wenigstens
die meisten Haupthöfe zum ursprünglichen Stiftungsgut
gehören. Die Zahl der Höfe, welche die Abtei zur Zeit
der genannten Aebtissin (1218—1231) eigenthümlich besaß
oder wo sie jährliche Renten zu erheben hatte, reicht[1]) wenigstens an 100, und doch sind unter diesen nicht 10, deren
Erwerb nach Gerrichs oder Regenbiergs Tode erweisbar
ist. Guda ließ diejenigen Güter, Gefälle, Renten und
Rechte, welche der Abtei nach langjähriger Ausbeutung
Seitens der Vögte[2]) übrig geblieben waren, genau ver-
zeichnen und aus diesem Schriftstück erkennen wir, daß
damals schon ein förmliches Hofessystem bestand, in welchem einerseits Höfe des Convents und der Aebtissin, anderseits Haupt- und Unterhöfe unterschieden wurden. Damals
zählte man 12 Haupthöfe, von denen dem Convent 9, und
der Aebtissin 3 gehörten; an der Spitze der Conventshöfe
stand der Dernerhof, an der Spitze der Höfe der Aebtissin
der Viehhof.[3]) Von den Haupthöfen, die in den Aemtern
Mettmann, Angermund und Solingen und noch darüber
hinaus gelegen waren, kann nur Hubbelrath als ein nicht
zum ursprünglichen Stiftungsgut gehöriger Hof constatirt
werden[4]); die Erwerbung der übrigen ist, so viel wenigstens aus den im Staatsarchiv zu Düsseldorf aufbewahrten

---

1) Lacomblet, Archiv, fortgesetzt von Dr. W. Harleß. Neue
Folge. I. Bd. S. 116 flg.

2) Lacomblet, U. B. I. 267.

3) Ob derselbe schon im Beginn der Abtei bestanden, oder erst
durch die Destruction „des alten Hofes in Gerresheim" sich erhoben
habe und bei der Theilung der Güter zwischen Aebtissin und Convent zu einem Haupthofe gemacht worden sei, wage ich nicht zu bestimmen, da nach den früheren Mittheilungen S. 93 auch der alte
Hof nach dem Tode Gerrichs ein Wirthschaftshof der Abtei geworden
zu sein scheint; übrigens bestand auch bei dem, um gleiche Zeit ent-
standenen Kloster Essen ein Viehhof als Wirthschaftshof, und zwar von
Anfang an. Lacomblet, Archiv, 1. Bd. 1. Heft, S. 10.

4) Ennen und Eckertz, Quellen zur Geschichte der Stadt Köln,
1. Bd. S. 464.

und aus den von mir an anderen Orten entdeckten Urkunden hervorgeht, ganz unbekannt, was offenbar mehr
für, als gegen die Annahme der Schenkung durch Gerrich
spricht. Die Namen der 9 Conventshöfe sind: Dern bei
Gerresheim (nebst Hubbelrath), Sonnborn, Hösel (bei
Ratingen), Erkrath, Eppinghoven (bei Neuß), Kelbenich
(bei Brühl), Rheinheim und Gyfferthem (bei Dinslaken);
letzterer Name kommt im Archiv des Stiftes sonst nicht
mehr vor; an seine Stelle ist Nünninghoven getreten,
ebenfalls als Haupthof. Die Namen der Höfe der Aebtissin sind: Viehhof zu Gerresheim, Mintard und Rhein-
heim-Cassel. Auch ist es höchst wahrscheinlich, daß die
bedeutenden Waldrechte, welche das Stift auf der Bilker[1]),
Flinger[2]), Gerresheimer[3]) u. s. w. Gemark besaß, von
Niemanden anders als von seinem Stifter herrühren;
wenigstens spricht keine Urkunde für spätern Erwerb oder
Schenkung, und im Jahre 1273, wo eine Theilung auf
der Bilker Gemark stattfand, galt das abteiliche Recht
darauf als ein von Alters her (ab antiquo) begründetes.[4]

Uebrigens ist es sicher, daß gleich nach dem Tode
Gerrichs und vielleicht noch zu Lebzeiten seiner Tochter,
der Aebtissin Regenbierg, auch noch andere Wohlthäter an
das junge Kloster Güter und Jahresrenten geschenkt haben.
Wir wissen dies aus einem bestimmten Zeugnisse der für
die Geschichte der Anfänge der Abtei so wichtigen Urkunde
vom 11. August 922; diese spricht nämlich über die Dotation derselben in folgender Weise[5]): „Aebtissin Lands-

---

1) Vgl. Buschordnung der Bilker Gemark, im Provinzialarchiv
zu Düsseldorf.
2) Mering, Ritterburgen, XII. S. 158.
3) Zeitschrift des Bergischen Geschichtsvereins, VI. Bd. S. 87.
4) Lacomblet, U. B. II. 649.
5) Per amicorum probabilium interventum (Lantsuinda abbatissa omnesque honorabiles virgines) monasterium sanctarum virginum extra muros Coloniae erectum ad laudationem Dei et sanctae
Mariae ac ipsarum XI. virginum sibi a nostra concedi mediocritate
poposcerant, ea pro certo ratione, quo se cum sibi subiectis omnibus sub patrocinium et defensionem primitus Christi Dei ac almi
patroni nostri Petri (Patron der Domkirche und Erzdiözese) necnon

wind (es ist die zweite Aebtiſſin des Stiftes), und alle
ihre edlen Schweſtern hatten durch Vermittlung bewährter
Freunde die Ueberweiſung des, vor den Mauern der Stadt
Köln erbauten Kloſters der heiligen Jungfrauen zu Ehren
Gottes, ſeiner h. Mutter und der elftauſend Jungfrauen
für ſich erbeten, ſo zwar, daß ſie ſich mit allen ihren
Hörigen unter den Schutz und Schirm zuerſt Chriſti des
Herrn, dann unſeres hehren Patrons Petrus, wie auch
unter die Obhut des Hirten der kölniſchen Kirche mit den
Reliquien des genannten Martyrers (Hippolytus) unterwerfen und zugleich Alles, was ihnen an Landgut (Stiftungsgut des ſel. Gerrich) oder Erbſchaft (Erbgut der
Aebtiſſin Regenbierg), mit einem Worte aus der Schenkung Gerrichs ſel. Andenkens, und auch Alles, was ihnen
nach deſſen Tode von anderen frommen Männern
und Frauen übergeben worden ſei, ganz und ungetheilt freiwillig auf den Altar des h. Petrus zu Köln
niederlegen wollten u. ſ. w." Welche Schenkungen aber
vor dem Jahre 922 von frommen Männern und Frauen,
außer von Gerrich und Regenbierg, dem Kloſter ſchenk-
weiſe zugefloſſen ſind, iſt, wie geſagt, unbekannt; wahr-
ſcheinlich ſind die betreffenden Urkunden in der oben erwähnten Ungariſchen Invaſion zu Grunde gegangen; das
aber iſt wohl zweifellos, daß die erwähnten Markgerecht-
ſame von einem reichen und bedeutenden Manne herrühren,
der zum Kloſter Gerresheim in einem beſonders nahen
Verhältniſſe geſtanden. Auch weiſen dieſe Gerechtſame zu
deutlich auf die ältere Zeit hin, als daß wir nicht an
Gerrichs Herrenhof als Haupthof der Gegend und die
daran haftende Markgerechtigkeit denken ſollten.

---

et sub alas pastoris eiusdem sanctae Coloniensis ecclesiae ac ipsius
praefati martyris reliquiis (des h. Hippolytus) submittendo, quidquid praedii (Stiftungsgut des ſei. Gerrich) vel haereditatis (Erbgut
der Aebtiſſin Regenbierg), sive ex traditione Gerrici bonae memoriae
viri (Alles zuſammenfaſſend), vel quidquid post eius obitum ab aliis
religiosis viris sive feminis traditum fuisset, sine diminutione totum
et ad integrum ad altare sancti Petri infra Coloniam in principali
loco fundatum spontanea contraderent voluntate etc. etc.

Als Gerrich starb, war zwar das Werk seiner Klosterstiftung perfect und wahrscheinlich hat er auch den Tag
der Einweihung erlebt, aber es war sein Wille, daß auch
seine Tochter, die Aebtissin Regenbierg, alle Güter und
Gefälle, welche ihr als Erbe zugefallen waren und worüber
sie Zeitlebens freies Dispositionsrecht behalten sollte,
bei ihrem Tode dem jungen Kloster testamentarisch ver-
machen möchte. Dieses deutet letztere in ihrer Schenkungsurkunde deutlich an, indem sie erklärt, daß sie alle Schenkungen an's Kloster auf Geheiß und Bitten ihres Vaters
(iussu et rogatu genitoris nostri) vollziehe. Was aber
Regenbierg als sicheres, ihr vorbehaltenes Erbgut vom
Vater erhalten und im Jahre 873 ebenfalls an's Kloster
vermacht hat, ist uns in der gedachten Schenkungsurkunde derselben mitgetheilt.

Zuerst überwies dieselbe dem Kloster ihre Weingüter
zu Linz a. Rh. (Linchesee). Es waren ihrer Natur nach
Pfandgüter (arrabona), wozu der ganze Weinzehnte der
dortigen Pfarrei kam. Wie es sich mit der Beschaffenheit
und Herkunft dieser Pfandgüter verhält, ist nicht näher
bekannt; die dazu gehörigen Zehnten aber weisen darauf
hin, daß der ursprüngliche Eigenthümer der Weinberge
diese in Verding gegeben hatte; die Dienstleute mußten
nämlich mit den Abgaben an Wein gewöhnlich auch Zehnten
entrichten.[1]

Wein wurde damals am Niederrhein viel gezogen.
Im Jahre 798, den 19. Juli, kaufte[2] Liudger, Abt von
Werden (es ist der Heilige), für sein Kloster Weingärten
zu Bachem (Oberbachem) am Melenbache bei Bonn. Der
Abt von Corvei reiste alljährlich an den Rhein, nämlich
nach Kessenich bei Bonn, um in den dortigen Weinbergen
seines Convents der Lese beizuwohnen[3] In den corvei'-
schen Registern liest man, daß zur Bebauung von 50 Wein-

---

1) Cf. Schöpflin, Alsatia D. I. 245. Würdtwein, nova sub-
sidia D. VII. 191.
2) Lacomblet, U. B. I. S. 7.
3) Kindlinger, Münster'sche Beiträge II. 115.

pinten (picturae vinearum) und 7 Petiolen (particulae vinearum)[1] wenigstens 50 Menschen nöthig seien. Das in der Zeit der Karolinger gegründete Stift Meschede in Westfalen hatte in der Gegend des Siebengebirges Weinbezüge; ein Burggraf vom Drachenfels verpflichtete sich demselben alljährlich eine Quantität reifer Trauben und Pfirsiche zu liefern.[2] Im Güter-Verzeichnisse der Abtei Prüm[3]) vom Jahre 893, welches der dortige Exabt Casärius im Jahre 1222 commentirt hat, werden mehr oder minder große Weinberge erwähnt zu Iversheim (Kr. Rheinbach), Keßlingen (bei Altenahr), Ahrweiler, Müggenhausen (bei Rheinbach), Meckenheim, Netersdorf (am Drachenfels), Unkel, Enzen, Rheinbach u. s. w.

Regenbierg's Weinberge zu Linz waren nicht unbedeutend; denn nach dem mehrmals genannten Heberegister der Stiftsgüter, welches Aebtissin Guda aufstellen ließ, betrugen sie 7 Manuwerke.[4] Dieselben waren an 7 Hyen[5]) verdungen und diese nach der genannten Heberolle verpflichtet:

1) Der Aebtissin alljährlich, und zwar jeder für sich, einen Ohm Wein zu liefern.

---

1) Die Weinberge wurden verschiedenartig hinsichtlich ihres Flächeninhaltes berechnet. Der älteste Ausdruck ist pictura und petiola d. i. Weinpinten und Weinpetiolen; ihre Größe war nicht überall gleich. In späterer Zeit hieß picturas facere einen Weinberg gegen einen bestimmten Theil des Ertrags verdingen.

2) Quellen der westfäl. Geschichte von Seibertz, 1. Bd. S. 409.

3) Beyer, U. B. der mittelrhein. Territorien I. S. 142—201.

4) Was die Mansen bei Ackergütern sind, das sind die Manuwerke bei Weingärten, jedoch mit dem Zusatze, daß diese Saalland sind, also nicht zum Pfarrzehntverbande geschlagen werden können. Günther, cod. dipl. I. 233. Wurden die Saalländereien resp. die Manuwerke in erbliche Nutzung ausgeliehen, so mußte an den Saal- oder Grundherrn Zehnten entrichtet werden. In der Erzdiözese Trier hatte derselbe $2/_3$, der Pfarrer $1/_3$ des Pfarrzehnten zu beziehen.

5) Hyen, d. i. Hyemanne oder Hegemanne, benannt von den Hecken, womit jeder Hof und gewöhnlich auch jeder Weinberg umgeben war.

2) Die Manuwerke zu bebauen, wofür ihnen herkömmlich ⅓ des Ertrages zukam, während die Aebtissin ⅔
erhielt.

3) Im Herbste nach vollbrachter Arbeit insgesammt vor der
Aebtissin oder ihrem Villicus zu erscheinen, wo dann der
Hofesbote diejenigen anzeigen mußte, welche ihre Win-
gertsarbeit vernachlässigt hatten. Die Bürgschaften bezüglich des vorschriftsmäßigen Weinbaues entgegen zu
nehmen, war Sache der Aebtissin, die Leute aber mit
Gastessen, und deren Vieh mit Stroh und Futter zu
bedienen, war Pflicht des Halfen auf dem Viehhof.

4) Außerdem hatten die 7 Hyen, und zwar jeder, alljährlich auf ein Manuwerk 2 Karren Rahmen (Pfähle)
für die Weinberge und 4 Mann zum Einschlagen
derselben zu stellen.

5) Schließlich waren dieselben verpflichtet, vor St. Johannis[1]) einen Wagen Brennholz, 15 Zaunpfähle,
3 Etzen(?), 5 Karren Mist, 1 Faßreif, 15 Buschen
Stroh zum Dachdecken, einen Bettsack, 2 Mann für
die Weinlese, 15 Sümmer Pferdefutter, 2 Mann für
die Weinfuhren nach Himmelgeist, 2 hölzerne Balken
und noch 2 andere Hölzer zu liefern.

Aus späteren Urkunden des Stifts erfahren wir, daß
die Aebtissin Regenbierg in Linz auch das Patronat der
dortigen Kirche sowie den Kornzehnten der ganzen Pfarrei
besessen und ihrem Kloster geschenkt hat. Da Letzterem
der Besitz dieser Rechte im Anfange des XIII. Jahrhunderts von verschiedener Seite in Linz gekränkt wurde,
so implorirte dasselbe die geistlichen Gerichtshöfe zu Trier
und Rom um Beistand.[2]) In Folge dessen wurde ihm das
Kirchenpatronat, der Weinzehnte sowie der Kornzehnte
neuerdings von Seiten der höchsten geistlichen Gerichte

---

1) Es war am Nieder- und Mittelrhein bräuchlich, daß Mitte
April die Weinstöcke geschnitten und aufgerichtet, zu St. Johannis
gepfählt und umgraben sein mußten; bei der Verdingung wurde auf
die Unterlassung dieser Bestimmung gewöhnlich eine Strafe gesetzt.
Cremer, origg. Nassov. II. 224.
2) Urkunde im Provinzialarchiv zu Düsseldorf, bisher ungedruckt.

vollständig zugesprochen, jedoch mußte es dem zeitlichen Pfarrer von Linz einen bestimmten Theil des Weinzehnten nebst dem ganzen kleinen Zehnten der Pfarrei überlassen.[1]) Bezüglich des Kornzehnten verglich es sich mit dem Ritter Ludwig von Linz dahin, daß dieser alljährlich für die Einlieferung desselben 26 Malter Waizen ohne vererbliches Recht erhalten sollte.[2])

Interessant ist die Bemerkung, daß die Linzer Weinberge das Andenken an Gerrich Jahrhunderte hindurch bewahrt haben, sei es nun, daß darunter der selige Stifter von Gerresheim zu verstehen, oder daß der Name auf einen gleichlautenden Vorfahren desselben zu beziehen sei. Nach einer von mir zuerst veröffentlichten Urkunde[3]) des Gerresheimer Stifts hießen nämlich im Jahre 1282 bestimmte Theile der Linzer Weinberge noch immer upme Geregge, ein Ausdruck, der offenbar auf die Gerrich'sche Familie in Gerresheim hinweist. Damals also war Gerrich noch als der älteste Besitzer der dortigen Weinberge in der Erinnerung. Es wäre interessant zu wissen, ob diese Bezeichnung noch bestehe.[4])

Zweitens schenkte Regenbierg ihrem Kloster die Kirche zu Mietherge (Meiderich bei Duisburg); sie wird in der Schenkungsurkunde ecclesia genannt, was in damaliger Zeit der gewöhnliche Ausdruck für eine Hauptkirche, namentlich eine Pfarrkirche ist. Aus späteren Urkunden des Stiftes[5]) lernen wir den Inhalt der Schenkung genauer kennen; sie bestand im Kirchenpatronat und im Zehnten der ganzen Pfarrei. Der Ertrag sollte nach dem Willen der Schenkgeberin zur Besorgung des Conventstisches mit Weißbrod

---

1) Lacomblet, U. B. II. 62.
2) Lacomblet, U. B. II. 63. Anmerkung. Nach Aufhebung des Stifts wurden diese Zehnten vom Fiscus erhoben. In den fünfziger Jahren sind sie abgelöst worden.
3) Pick, Monatschrift, l. c.
4) Ein Brief, den ich deßhalb an einen dortigen Gelehrten geschrieben, ist leider unbeantwortet geblieben.
5) Lacomblet, U. B. III. 18, zweite Anmerkung. Im XI. Jahrhundert hieß der Ort Medriki; vgl. Zeitschrift des bergischen Geschichtsvereins, VI. Bd. S. 68.

dienen. Im Jahre 1311, wo das Stift Gerresheim durch
Kriegsunglück und schlechte Zeiten in seinen Einkünften
sehr heruntergekommen war, wurde ihm die Pfarrkirche zu
Meiderich incorporirt, so zwar, daß der Pfarrer ¹⁄₃ des
großen Zehnten behalten, ²⁄₃ dagegen zu den Stiftspräben-
den abgeben sollte. Außerdem behielt der dortige Pfarrer
den ganzen kleinen Zehnten des Kirchspiels, die Opfer und
die Grundstücke, womit die Kirche von Alters her dotirt war.[1]

Durch den Abfall[2] des Pfarrers Villanus und des
größten Theiles der Pfarrei Meiderich vom katholischen
Glauben im Jahre 1547 gingen alle Rechte und Gefälle
des Gerresheimer Stiftes daselbst verloren.

Die dritte Schenkung Regenbiergs bestand im Patronat
und Zehnten der Kirche zu Sonnborn (Sunnebrunno) bei
Elberfeld und war bestimmt zur Besorgung des Conventstisches mit Roggenbrod, Fleisch und Käse. Im Anfange
des XIII. Jahrhunderts trat[3] das Stift Gerresheim auf
Ersuchen des Kölner Erzbischofs Theoderich das Patronat der
dortigen Kirche dem Kloster Gräfrath im Bergischen gegen
eine Jahresrente von 18 Malter Roggen und das Präsentationsrecht des dortigen Probstes ab. Die Kirche zu
Sonnborn wird von Regenbierg basilica genannt, was auf
die Existenz einer Pfarrkirche daselbst schließen läßt; völlig
bestätigt wird dies durch die vorberührte Abtretungs-Ur-
kunde, worin die Kirche ecclesia genannt wird. Auch im
liber valoris der kölner Erzdiözese kommt dieselbe als
Pfarrkirche vor.[4]

Durch den Abfall des Pfarrers Hermann Weimers[5]
und eines großen Theiles seiner Pfarrei vom katholischen
Glauben um die Mitte des XVI. Jahrhunderts ging der

---

1) Lacomblet, U. B. III. S. 13, Anmerkung.
2) J. Arnold v. Recklinghausen, Reformationsgeschichte
der Länder Jülich, Cleve, Berg. III. Theil, herausgegeben von
E. von Oven, S. 173.
3) Lacomblet, U. B. II. 54.
4) Binterim und Mooren, die alte und neue Erzdiözese
Köln. I. S. 207.
5) Von Recklinghausen, Reformationsgeschichte, l.c. I. S. 334.

Zehnte des Stifts daselbst verloren. Die nach Weimers auftretenden protestantischen Prediger Wilhelm und Caspar Lüneschloß rissen auch den letzten Rest Katholiken von der Mutterkirche los und bewogen ihn, das reformirte Bekenntniß anzunehmen.

Die vierte Schenkung bestand im Patronat und Zehnten der Kirche zu Mintard bei Kettwig (Minthert), und sollte der Ertrag nach dem Willen der Schenkgeberin für Brod, Fleisch und Käse während der Fastenzeit verwendet werden. Die Kirche wird ecclesia genannt, war also eine Pfarrkirche. Im Jahre 1302 wurde dieselbe auf Anordnung des Erzbischofs Wichbold der Stiftskirche zu Gerresheim incorporirt[1]), um die Brodpräbenden der Stiftsfräulein, die in damaliger Zeit fast jedes Jahr zwei Monate lang wegen Mangel an Lebensunterhalt zu befreundeten Familien gehen mußten, zu vermehren. Das Stift hat den Besitz seiner dortigen Rechte und Gefälle bis zur Säcularisation desselben im Jahre 1806 bewahrt.

Die fünfte Schenkung bestand in der Hälfte des Zehnten zu Pier bei Düren; die andere Hälfte nebst dem Patronate der dortigen Kirche, die durch das Wort ecclesia als Pfarrkirche bezeichnet wird, behielt Regenbierg aus Vorsicht bis zu ihrem Tode für sich selbst. Der Ertrag dieses Zehnten sollte dem Willen der Stifterin gemäß für gutes Bier und Schwarzbrod beim Conventstische verwendet werden. Diese Gefälle gingen im Jahre 922, nach der früher beschriebenen Union[2]) zwischen den Klöstern Gerresheim und der heiligen Jungfrauen in Köln, auf beide Klöster über. In Bezug auf den Ertrag der alten Güter fand alljährlich eine nach feststehender Norm vorgenommene Theilung statt und so kommt es, daß noch im 14. Jahrhundert die Abtei Gerresheim die in der Umgegend von Gerresheim,

---

1) Lacomblet, U. B. III. 18. Dem Stifte wurde der große Zehnte in den beiden Honschaften Breitscheid und Mintard überwiesen, während der Pfarrer daselbst, außer der Kirchenbot und den Opfergeldern, den großen Zehnten in der Honschaft Vuozheim und den kleinen Zehnten der ganzen Pfarrei zu seiner Competenz behielt.
2) Siehe oben S. 107.

Düsseldorf und überhaupt im Bergischen Lande erfallenden Kurmeden und Pacht-Intraden der Abtei St. Ursula eincassirt, während letztere dieses selbe Geschäft für die um Bonn, Köln und Jülich herumliegenden Gerresheimer Güter übernimmt.[1]

So besaßen beide Klöster seit jener Zeit auch das Patronat zu Pier gemeinschaftlich. Bei Besetzung der dortigen Pfarrstelle übten beide Aebtissinnen das Präsentationsrecht alternirend aus, indem sie bei Erledigung der Stelle dem Domprobste als Archidiacon des Jülicher Decanats eine passende Persönlichkeit vorschlugen.

Diese Verbindung löste sich, wie bereits angedeutet, im 14. Jahrhundert. Katharina von Rennenberg, Aebtissin von Gerresheim und Dechantin von St. Ursula († 1417), gab dazu den nächsten Anlaß. Wie dieselbe die Reihe der Dechantinnen von St. Ursula schließt, so führen auch die, nach ihrem Tode entworfenen Güter-Verzeichnisse von St. Ursula Gefälle von Gerresheim und Umgegend nicht mehr auf. Das Kirchenpatronat von Pier liegt fortan allein in der Hand der Gerresheimer Aebtissin. In der Vereinbarung über die Trennung, worüber jedoch eine Urkunde meines Wissens nicht vorliegt, ist ihr dasselbe rechtlich zugefallen. Sie hat dasselbe besessen bis zum Untergange der Abtei im Jahre 1806.[2]

Das sind speziel die größeren Besitzungen, die der Aebtissin Regenbierg als Tochter des Stifters, so lange sie lebte, vorbehalten waren. Sie hatte aber auch noch anderes Besitzthum, nämlich Dienstleute und Hörige (mancipia), ferner Höfe, deren Namen jedoch nicht genannt werden. Alle diese Besitzungen und Berechtigungen schenkte sie im

---

1) Vgl. Lacomblet, Archiv III. S. 130 und mehre mir im Original vorliegende Urkunden. Die Abtei St. Ursula hatte übrigens zu Pier ebenfalls und zwar seit Alters reiche Besitzungen. Vgl. Annalen des historischen Vereins für den Niederrhein, 26. u. 27. Heft, S. 338.

2) Vgl. meine ausführliche Abhandlung über das Pfarrdorf Pier in den Beiträgen zur Geschichte von Eschweiler und Umgegend, S. 122 flg.

Jahre 873 an's Kloster, einzig befliſſen, den Willen und die Bitte ihres Vaters bezüglich der Kloſterſtiftung treu auszuführen (iussu et rogatu genitoris nostri).

Regenbierg's Schenkungsurkunde eröffnet uns einen hellen Blick in die einfachen Lebensverhältniſſe ihrer Zeit, und daß dieſe Verhältniſſe mehre Jahrhunderte hindurch in Gerresheim ſich unverändert erhalten haben, erhellt aus einer Urkunde[1]) der Aebtiſſin Theophanu von Eſſen († 1054), welche auch dem Kloſter Gerresheim als ſolche vorgeſtanden. Weil nämlich daſelbſt der für die Kleidung der Nonnen beſtimmte Kloſterfond ſehr gering war, ſo vermehrte ihn die genannte Tochter des Pfalzgrafen Ehrenfried, und be- ſtimmte, daß nach Beſtreitung der Kleidungskoſten von dem übrig bleibenden Gelde 2 Pfund zu Fiſchſpeiſen an den Sonntagen der Faſtenzeit verwendet werden ſollten.

Sechstes Kapitel.

Die Verehrung des ſeligen Gerrich in der Stiftskirche zu Gerresheim.

Wir haben im Verlauf der bisherigen Darſtellung den Stifter der Abtei Gerresheim durchgehends den ſeligen Gerrich genannt, müſſen aber geſtehen, daß wir der- malen zur Begründung dieſes Ausdrucks auf eine öffent- liche liturgiſche Verehrung deſſelben in der Pfarrkirche zu Gerresheim nicht hinweiſen können. Eine ſolche hat ſchon längſt aufgehört und nur der alte Steinſarg, der die Ge- beine deſſelben umſchließt, gibt ein ſtummes aber viel- ſagendes Zeugniß, daß es eine Zeit gegeben, wo man ſeine Ehrwürdigkeit beſſer anerkannte. Derſelbe ſtammt dem frühgothiſchen Style zufolge, in welchem er aus- gearbeitet iſt, aus der erſten Hälfte des XIII. Jahrhun- derts und iſt alſo mit dem Kirchengebäude ſelbſt, wie es

---

1) Pick, Monatsſchrift, l c.

heute noch dasteht, gleichzeitig. Eine getreue Abbildung bietet das photographische Titelblatt dieser Schrift.

Was aber selbst im Localcult der Kirche durch die Macht der Zeitverhältnisse und die Sorglosigkeit derer, welche die Pfarrkirche zu Gerresheim zu leiten hatten, untergegangen ist, das hat das gläubige Volk daselbst bis zur Stunde festgehalten. Die Katholiken von Gerresheim sprechen auch heute noch nur von einem heiligen Gerricus und wissen nicht anders, als daß derselbe die dortige Kirche gestiftet habe. Und Dank der christ-katholischen Ueberzeugung, die nicht wie eine Wetterfahne sich nach dem Winde richtet, — die urkundliche Geschichte des Ortes zeigt, daß dieselben nicht mit Unrecht an der Tradition ihrer Väter festhalten, da die Heiligkeit Gerrichs und der Glaube an dieselbe durch unverwerfliche Zeugnisse documentirt ist. Freilich gehörte die Loupe der Spezialforschung dazu, um das Gesammtbild des hochverdienten Mannes im Lichte der Geschichte wieder zu gewinnen. Um nun für die Folgezeit zur Wiederauffrischung und Belebung der kirchlichen Verehrung desselben nach Kräften beizutragen, wollen wir die einzelnen Momente, wodurch sich letztere zur Stiftszeit kundgab, kurz und klar zusammenstellen, jedoch ohne dabei im Geringsten zu beabsichtigen, der kirchlichen Behörde in diesem Punkte vorzugreifen.

Das Wort Verehrung seiner sprachlichen Bedeutung nach ist sehr weitgehend; wir haben es hier nur mit der liturgischen oder kirchlichen Verehrung eines Heiligen zu thun, und in dieser Beziehung müssen wir sagen, daß, wenn auch Gerrich nach der durch die jetzt bestehenden kirchlichen Gesetze bestimmten Form und Weise nicht beatifizirt worden ist, er doch in Gemäßheit des von Pabst Urban VIII. am 5. Juli 1634 bezüglich der Beatifikation erlassenen Decretes und der darin enthaltenen Ausnahme, sowie der seit dem Jahre 1855 und vielleicht auch schon früher erfolgten Erklärungen des Ausnahmefalles durch die sogenannte unvordenkliche Gewohnheit oder Verjährung das Recht erlangt hat, als Heiliger verehrt zu werden, und

daß nur noch die neuerliche Prüfung und Bestätigung
Seitens des Apostolischen Stuhles nachzuholen ist.[1]) Indem
wir dieses aussprechen, schließen wir uns enge an die
Päbstlichen Decrete an und stützen uns auf die Lehre des
gelehrten Pabstes Benedict XIV., der die Beatifikation und
Canonisation eines Heiligen unter folgenden Bedingungen
für zulässig erklärt[2]):

1) Wenn der Name des betreffenden Heiligen in
Verzeichnissen, Kalendarien, Martyrologien u. s. w. eines
Ordens, einer Diözese, eines Landes in gleicher Reihe
mit anderen, bereits auf feierliche Weise Heiliggesprochenen
aufgeführt, oder wenn seine Reliquien als die eines Heiligen in Büchern und Schriften, die von der Kirche gutgeheißen sind, erwähnt werden oder endlich, wenn seine
Heiligkeit bereits in Päbstlichen und Bischöflichen Schreiben
ausgesprochen ist.

Alle diese Punkte treffen bezüglich des seligen Gerrich
vollständig zu. Derselbe wird in vielen Schriftstücken des
ehemaligen Damenstiftes Gerresheim, nämlich in Necro-
logien, Kalendarien, Directorien, Urkunden[3]), namentlich
in einem alten, wahrscheinlich aus dem XII. Jahrhundert

---

1) Constitutio Urbani VIII. papae de non cultu et de par-
titione decretorum; dieselbe findet sich mit den nöthigen Erklärungen
in den Instructiones pro confectione processuum in causis servorum
Dei Romae 1855. In der genannten constitutio Urbani VIII.
wird freilich der Cult eines noch nicht beatifizirten Heiligen strenge
verboten, aber die Verjährung desselben wird ausdrücklich ausgenommen. Auch hat der genannte Pabst die Privatverehrung eines
solchen Dieners Gottes und die private Anrufung desselben nicht für
unerlaubt erklärt, auch das Verbot des Cultus nicht ausdehnen wollen
auf Fälle, wo durch Consens der allgemeinen Kirche, durch die
Schriften der Väter oder endlich durch sehr lange und wissentliche
Duldung des h. Stuhles und des Diözesanbischofs ein solcher Cult
bestanden hat. So oft daher einer dieser Ausnahmefälle begründet
ist, muß eben dieses durch Proceß und Sentenz des Bischofs festgestellt
werden und dieser Proceß heißt super casu excepto. Das Decret
selbst über den Fall der unvordenklichen Gewohnheit werden wir
später mittheilen.

2) de canonizat. Sanctorum, lib. II. c. 14.

3) Lacomblet, Archiv, fortgesetzt von Dr. W. Harleß, l. c.
S. 93, 101 und die Beilagen zu dieser Schrift.

stammenden liturgischen Ordo [1]) derselben Kirche sowohl
selig (beatus), als heilig (sanctus) genannt. In einer
Urkunde, die ungefähr 50 Jahre nach seinem Tode geschrieben ist, nämlich in der oft erwähnten vom 11. August 922,
wird er sehr charakteristisch vir bonae memoriae genannt.[2])
Dieser Ausdruck erinnert lebhaft an die römische Zeit, wo
derselbe in christlichen Grabschriften in der Lugdunensis
I. und II., in der Germania II., in der Maxima Se-
quanorum, in der Vienoise, in Aquitania I., in der
Narbonensis I. und in den Seealpen zur Bezeichnung
eines gottseligen Menschen, der im Frieden der Kirche
gestorben ist, unzähligemal vorkommt[3]), und daher den
Character eines terminus technicus hat. Wenn wir von
dem vorerwähnten liturgischen Ordo, der den Stifter der
Gerresheimer Kirche stets beatus oder sanctus nennt,
absehen, so wird er heilig zuerst genannt in einer Urkunde des kölnischen Erzbischofs Friedrich I. vom 9. Januar 1106, worin zugleich die Gerresheimer Kirche
unter dem Namen des heiligen Gerricus vorkommt.[4])
Und seit jener Zeit kehrt die Bezeichnung „seliger oder
heiliger Gerrich" schier in allen Urkunden und Schriftstücken
wieder, worin seiner Erwähnung geschieht. In einem
Ablaßbrief, den 1 Patriarch, 15 Erzbischöfe und Bischöfe
am 19. Mai 1319 von Avignon aus zu Gunsten der
Gerresheimer Kirche ausstellen, wird Gerrich mitten in
der Reihe der Heiligen, die damals zu Gerresheim besonders festlich verehrt wurden, nämlich der seligsten
Gottesmutter Maria, der Apostel und Evangelisten, des

---

1) d. i. ein Directorium für die gottesdienstliche Ordnung im
Laufe des Kirchenjahrs, welches zwar, wie es jetzt vorliegt, dem
XIV. Jahrhundert angehört, aber durch mehrere inhaltliche Indizien
sich als ein Erzeugniß des XII. Jahrhunderts erweist. Wir werden
denselben in der Folge unter dem einfachen Namen „alter Ordo"
citiren. Vgl. Beilage VII.

2) Beilage II. zu dieser Schrift.

3) Edmonde Le Blant, manuel d'épigraphie chrétienne
d'après les marbres de la Gaule. Paris 1869 p. 76. Dr. Kraus,
Fr. X. Roma Sotterr. Freiburg 1873, S. 416.

4) Beilage III.

h. Michael, des h. Johannes Baptist, der Heiligen Georg, Quirinus, Nicolaus, Martin, Augustin, Ambrosius, Hieronymus und vieler weiblichen Heiligen namentlich aufgeführt.[1] Als Seliger findet er sich in gedruckten Werken zuerst verzeichnet beim Carthäuser Werner Rolewinck; in dessen Werkchen de laude antiquae Saxoniae nunc Westphaliae dictae ed. a. 1488 heißt es part. III. cap. 8: „Gerricus beatus vir et dux quiescit in Gerisheim coenobio monialium, quod ipse construi fecerat; dann in den sacri et pii fasti Agrippinenses des kölnischen Historiographen Aegidius Gelenius, die einen Theil von dessen im Jahre 1645 herausgegebenen Werke de admiranda sacra et profana magnitudine Coloniae ausmachen, und als erster Versuch einer kurzen, aber vollständigen kölnischen Heiligengeschichte auch heute noch ihren Werth haben.[2] Ebenso wird er als ein Seliger der kölnischen Erzbiöze aufgeführt in dem Werke des Jesuiten Theodor Rhay: Animae illustres Juliae, Cliviae, Montium Neoburgi 1663 pag. 193. Auch an einer Abbildung des seligen Gerrich aus früherer Zeit fehlt es nicht; er ist nämlich auf einem, aus der Gerresheimer Abtei herrührenden Glasgemälde dargestellt, welches dermalen in der Pastorat von Schwarz-Rheindorf aufbewahrt wird.[3]

2) Die katholische Kirche verehrt ihre Heiligen dadurch, daß sie dieselben als Beschützer und Patrone einer Stadt, Diözese, eines Landes, geistlichen Ordens u. s. w. aufstellt und dieses auch von einer Stadt, Diözese, einem Lande, geistlichen Orden ec. stillschweigend geschehen läßt,

---

1) Beilage VI.

2) cf. lib. IV. pag. 736.

3) Das Glasgemälde stammt von einem Gerresheimer Stiftsfräulein, welches nach Aufhebung des Stiftes in Schwarz-Rheindorf gelebt und dieses Bild nebst einem anderen, den h. Hippolyt darstellend, als theures Kleinod bis zu ihrem Tode verehrt hat. Die Kenntnißnahme dieser Bilder verdanke ich der gef. Mittheilung meines Freundes, des Herrn Pfarrers Pet. Jos. Vincken zu Schwarz-Rheindorf; die nähere Beschreibung derselben wird später erfolgen.

wenn die Verehrung des Heiligen auf gegründeten Ursachen beruht und durch den betreffenden Diözesanbischof
gutgeheißen wird.

Auch diese Art der Verehrung ist dem seligen Gerrich
in Gerresheim zu Theil geworden; er wurde nämlich der
Ortspatron. Das klarste Zeugniß dafür bietet die
vorerwähnte Schrift des Jesuiten Theodor Rhay, worin
es pag. 193 heißt: „V. die Novembris Gerrichshemii
in Montia Patrocinium b. ducis Gerrici, qui sceptrum
omniaque humana despexit et in pauperes sua liberaliter
erogavit. Jamque is metit, quae seminavit.“ Patron
der Stiftskirche ist, wie wir wissen[1]), der h. Hippolyt,
und zwar seit dem Beginn und der Einweihung der Kirche
im Jahre 873; auch bei der Weihe der nach der Ungarn-
ischen Invasion wieder aufgebauten Kirche am 2. Januar 970
und bei der Weihe des jetzigen Kirchengebäudes erhielt
dieselbe den h. Hippolyt zum Patron.[2]) Die Pfarrkirche
aber hatte von jeher die h. Margaretha zur Patronin.
Daß Gerrich etwa der zweite Patron der Stiftskirche sei,
wird nirgends bezeugt, ist auch an sich unwahrscheinlich, da er
unter Voraussetzung seiner von der Kirche vollzogenen Beatifikation als Stifter der Gerresheimer Kirche wohl anderen Heiligen hätte vorgehen müssen. Sage man nicht,
die Kirche zu Gerresheim hatte ja schon den h. Hippolyt
als Patron und konnte denselben nicht aufgeben; denn
dagegen läßt sich erwidern: Die jetzige Kirche ist im ersten
Viertel des XIII. Jahrhunderts erbaut[3]), aber erst im
Jahre 1236 ganz vollendet worden, und da bei der Nieder-
legung des alten Kirchengebäudes das Patrocinium des
h. Hippolyt liturgisch wegfiel und bei der Grundsteinlegung

1) Lacomblet, U. B. I. 68.
2) Lacomblet, l. c. I. 111, 119, 155.
3) Daher heißt es in einer Urkunde der Aebtissin Guda, die als
Anhang dem ofterwähnten Heberegister der Gerresheimer Stiftshöfe
beigefügt ist: Ad opus ecclesiae dedimus decem et octo marcas et
ciphum et alia multa, que hic non continentur. In einer ehemaligen
Altarinschrift der Kirche, die sich abschriftlich erhalten hat, heißt es,
sie wäre 1236 vollendet, also wahrscheinlich eingeweiht worden.

bzw. Weihe der neuen Kirche, falls er auch der neuen
Kirche Patron werden sollte, wiedergewählt werden mußte,
so wäre es damals durchaus zulässig gewesen, den Stifter
der Kirche zum Patron derselben zu erwählen, zumal schon
damals die Wahl eines zweiten Kirchenpatrons nicht un-
gewöhnlich war.[1] Das ist aber nicht geschehen und daher
läßt sich nicht annehmen, daß er der zweite Patron der
Kirche sei. Somit bleibt nur die Annahme übrig, daß er
der Ortspatron sei, d. h. der Beschützer und Fürsprecher
der Stadt Gerresheim. Wir werden in der folgenden
Nr. sehen, daß sein Fest als Ortspatron schon im XIII. Jahrhundert feierlich begangen wurde und daß bei dieser Gelegenheit an die armen Bürger (also vornehmlich ein
Bürgerfest!) reiche Schenkungen ausgetheilt wurden, was
am Feste des eigentlichen Kirchenpatrons, des h. Hippolytus, nicht geschah.

Vielleicht weist auch das oben erwähnte Glasgemälde
auf den seligen Gerrich als Patron der Stadt Gerresheim hin. Dasselbe besteht eigentlich aus zwei Gemälden,
von denen das eine den seligen Gerrich, das andere den
h. Hippolyt darstellt. Gerrich ist abgebildet mit einer sogenannten phrygischen Mütze, jedoch ohne Nimbus[2], ferner
mit einem prachtvollen Gewand und mit einer Halskette,
die er mit der linken Hand festhält. Die rechte Hand
hält er schützend über die Stadt Gerresheim, welche sich
im Hintergrunde des Gemäldes befindet. Unter den Ge-
bäuden der Stadt ragen besonders hervor die Kirche und
dicht an derselben ein in länglichem Viereck hingestreckter

---

1) Der patronus secundarius einer Kirche war schon im
XII. Jahrhundert nichts Ungewöhnliches. Die Kirche St. Johann
Baptist zu Köln hatte z. B. damals zum patronus primus den
gleichnamigen Heiligen; patrona secundaria dagegen war die h. An-
tonina. Dies besagen deutlich mehre Schriftstücke im Archiv dieser
Kirche aus dem XIV. Jahrhundert, die ich selbst als ehemaliger
Pfarrer derselben eingesehen habe.

2) So lange Heilige noch nicht rite beatifizirt sind, ist es nicht
gestattet, sie mit einem Heiligenscheine darzustellen; cf. Päbstliches
Decret vom 2. October 1625.

Bau, ohne Zweifel das Stiftsgebäude. Die Höhe des Gemälbes beträgt 10 M., die Breite 7 M. incl. Inschrift.
Letztere lautet:

HIC. EST. GERRICVS. FVNDATOR. DVX.
LOTHARINGVS.
A. QVO. GERICO. GERIKHEIM. NOMEN. IN. VSV.
Aº. 1. 5. 98.

Das andere Glasgemälde stellt, wie gesagt, den h. Martyrer Hippolytus dar, und zwar in Rittertracht mit Nimbus. In der rechten Hand trägt er eine Stange mit
Fahne, auf welcher acht Kugeln erkennbar sind; mit der
linken Hand hält er ein neben ihm stehendes Schild, auf
welchem ein Doppeladler[1]) dargestellt ist. Im Hintergrunde des Gemälbes sieht man ein Häuschen, an welchem
Wasser vorbeifließt, — offenbar den St. Gerricuspütz darstellend. Die Höhe besselben beträgt 10 M., die Breite
7. M. incl. Inschrift. Letztere lautet:

HIPPOLITVS. MARTIR. GERRICIA. TECTA.
GVBERNAT.
QVI. SVMMVM. NOBIS. DIGNETVR. FLECTERE.
NVMEN.
Aº. 1. 5. 98.

3) Die katholische Kirche verehrt ferner die Heiligen
durch Begehung eines alljährlichen Festes zu ihren Ehren.

Das Fest des h. Gerrich wurde zur Stiftszeit alljährlich am 5. November und zwar noch im 17. Jahrhundert feierlich begangen. Gelenius berichtet darüber
in dem oben angeführten Werke de admiranda sacra et
profana magnitudine Coloniae pag. 736 also:

„Am 5. November Fest des seligen Herzogs Gerrich
zu Gerresheim, einer vornehmen Landstadt der kölnischen

---

1) Das Emblem des Doppeladlers findet sich schon auf den
Siegeln Karls IV.; derselbe führte zuerst 2 Adler in seinen Siegeln,
die er dann in einen Doppeladler zusammenzog. Brinkmeier,
Handbuch der histor. Chronologie, S. 248.

Diözese, in der Nähe von Düsseldorf. Diesen Seligen
halten Einige für jenen Gerrich, der im Jahre 879 in
einer furchtbaren Niederlage der Deutschen gefallen ist,
und dann wäre sein Fest auf den 2. Februar zu verlegen
und die feierliche Commemoration, welche heute in den
Kirchenbüchern von Gerresheim mit Päbstlichem Ablaß
verzeichnet ist, wäre seine Translation zu nennen, entweder Translation vom Marterplatz oder aus der Pfarrkirche, in welcher er ehedem geruht hat, in die Stiftskirche, in das in derselben errichtete Grabdenkmal, in welchem
annoch sein Leib ruht. Es existirt aber auch zu Gerresheim ein St. Gerricus-Pütz und ich glaube, daß dieser
Gerrich ein Bekenner aus Gerresheim war, verschieden
von dem Martyrer Gerrich." [1]

1) Diese gelehrte Deduction des kölnischen Canonicus und späteren Weihbischofs von Osnabrück fällt heutzutage, wo die ältesten
Urkunden des Stiftes Gerresheim bekannt und fast alle gedruckt sind,
zusammen; nur das Zeugniß über den St. Gerricus-Pütz behält noch
seinen Werth. Daß Gerrich ein Martyrer gewesen und an derselben
Stelle, wo noch heute die alte Pfarrkirche St. Margaretha steht,
um des Glaubens willen von den Normannen erschlagen worden sei,
ist pure Sage, deren Unwahrheit durch unzweideutige Zeugnisse der
Geschichte erwiesen wird. Die Quelle derselben sind wahrscheinlich
die Jahrbücher von Fulda, die zum Jahre 879 berichten, daß Ludwig gegen die an der Schelde sich aufhaltenden Normannen ein Heer
gesendet und daß dieses mehr als 5000 Mann niedergemacht habe;
dagegen habe ein zweites Heer, welches Ludwig gegen dieselben Feinde
in Sachsen gesendet, große Verluste erlitten; es seien nämlich 2 Bischöfe, 12 Grafen und 18 königliche Trabanten mitsammt deren Gefolgschaften gefallen. Unter den gefallenen Grafen heißt einer Gerrich und eine Notiz des ehemaligen Canonicus und Pfarrers Schmitz
von Gerresheim, welche annoch im Kirchenarchiv daselbst aufbewahrt
wird, besagt, daß man im Stift G. seit Alters geglaubt habe, dieser
Gerrich sei der Stifter der dortigen Abtei. Diese Notiz ist aber in
doppelter Beziehung unrichtig; ersteres kann der in den Fuldaer
Annalen genannte Gerrich nicht der Stifter von Gerresheim sein, da
letzterer bereits im Jahre 873 zu den Todten zählte, weßhalb seine
Tochter Regenbierg die von ihm errichtete Stiftung zur Ausführung
brachte (cf. Lacomblet, U. B. I. 68); zweitens ist es unrichtig,
daß das Stift seit Alters in diesem Gerrich seinen Stifter anerkannt
habe; denn letzteres hielt seinen Stifter für einen Herzog und die in
Gerresheim noch dermalen cursirende Localsage behauptet, der heilige

Nach den voraufgegangenen Untersuchungen wissen wir, daß Gerrich vor dem Jahre 873 gestorben ist, also kann er nicht im Jahre 879 als Martyrer für den Glauben sein Blut vergossen haben. Auch kann „die feierliche Commemoration", die in den Kirchenbüchern von Gerrisheim mit Päbstlichem Ablaß auf den fünften November verzeichnet ist, nicht als Translationsfest des seligen Gerrich, wie Gelenius meint, bezeichnet werden; denn dieses Fest wurde zur Stiftszeit, wie das alte Necrologium und Memorienbuch der Abtei Gerresheim ausweist [1]), stets am 23. September gefeiert. Gelenius widerspricht sich übrigens selbst; denn in seinen Farragines, die annoch in der Rathsbibliothek zu Köln aufbewahrt werden, heißt es: Dies obitus b. Gerici ducis ut pie creditur primi fundatoris ecclesiae collegiatae in Gerritzheim servatur quinta Novembris. Hier ist also auf den fünften November sein Tod verzeichnet und das stimmt mit dem vorerwähnten Necrologium und Memorienbuch überein, welches den 5. November als den anniversarius scl. dies Gerici militis d. i. als den Todestag desselben bezeichnet. Aus dem Zeugniß des Gelenius folgt also für unsere Sache nur dies, daß zur Zeit, wo derselbe sein Buch über die Größe Kölns herausgab (1645), in Gerresheim alljährlich am 5. November das Fest des seligen Gerrich feierlich, mit Päbstlichem Ablaß begangen wurde.

Daß dieses Fest aber schon im Anfange des XIII. Jahrhunderts zu derselben Zeit und ebenso feierlich gehalten wurde und schon damals ein solches war, dessen Ursprung unbekannt, dessen Feier aber sowohl im Interesse des Conventes als der Bürgerschaft von Gerresheim ge-

---

Gerrich sei da, wo jetzt die alte Kirche St. Margaretha steht, gemartert worden; zum Beweise dafür bringt sie gewisse Stiftungen der Pfarrkirche „mit den auf dem Walle Gefallenen" in Verbindung. Freilich ist es auch mit diesen Stiftungen der Pfarrkirche Nichts, doch hat die documentirte Zurückführung einer Sage auf ihre Quellen ebenfalls realen Werth.

[1]) Lacomblet's Archiv, fortgesetzt von Dr. W. Harleß. l. c. S. 98.

legen war, ersehen wir aus dem alten Heberegister der abteilichen Stiftshöfe, welches ursprünglich, wie bereits erwähnt, unter der Aebtissin Guda (1214—1231) zusammengestellt worden ist. Nach diesem Documente „mußte jede Aebtissin von Gerrisheim am Jahresfeste des heiligen Gerrich (wir übersetzen das Lateinische möglichst wörtlich) [1] aus den ihr als Aebtissin zustehenden Höfen Viehhof, Mintard und Rheinheim dem Convente 6 Metzen guten Waizen geben, woraus dann 36 Weckplätze gebacken wurden, ferner 36 Becher Wein, 3 Schillinge und auf dem Grabe des Heiligen eine Kerze von ½ Talent anzünden. Diese Kerze mußte während der ganzen Festoctav brennen und durfte nicht eher als nach Vollendung der feierlichen Conventualmesse [2] ausgelöscht werden. Dann mußte sie auch einen Denar zum Meß-

---

1) Lacomblet's Archiv, fortgesetzt von Dr. W. Harleß, l. c. S. 118. Curia que dicitur veyhof. et Minthart et Rynheym. iste tres attinent abbatisse singulariter. De hiis abbatissa in anniversario sancti Gerici dabit conuentui sex sextarios tritici optimi, unde parabuntur triginta et sex panes. Insuper triginta sex stophos vini et tres solidos tunc dabit abbatissa et super sepulchrum cereum de semitalento, — hic cereus ardebit infra vigilias et non extinguetur usque post missam animarum, — et unum denarium ad sacrificium. Ipso etiam die dabit abbatissa ad elemosinas pauperum quatuor sextarios siliginis mensure curie (der Hof in Gerresheim) et duos sextarios pise et decem sextarios ceruisie. Villicus de Derne eodem die dabit duos sextarios siliginis et unum sextarium pise et sex sextarios ceruisie. Sciatis, quod nullum villicum debet (abbatissa) statuere suo arbitrio, sed per electionem et consilium totius conuentus. Si uero nullus uenerit, qui villicationem vacantem solito more petierit, abbatissa omnes villicos cum familia omnium curiarum ad presentiam sui conuocabit, ut ipsi coram ea inter se unum eligant, qui sciat et valeat conuentui sufficere, qui etiam corpore et rebus ecclesie attineat. Si uero talis et tantus et tam ydoneus qui valeat et possit sufficere conuentui, inueniri non potest, sciendum est quod queuis abbatissa cum per electionem tocius conuentus et dei prouidentiam abbatiam et curam sui regendam suscipere meruit, se excusare non potest quin ipsa proprio et aliorum prudentum debeat uti consilio, qualiter pro posse suo possit subsistere conuentus.

2) In der St. Gerrichs-Kapelle wurde herkömmlich zu gewissen Zeiten des Jahres die Conventualmesse gehalten.

stipendium geben. Die Armen bekamen an diesem Tage
4 Metzen Korn Hofmaaß, 2 Metzen Erbsen und 10 Quart
Bier. Auch der Villicus zum Dern war an diesem Tage
verpflichtet, zur Festfeier 2 Metzen Korn, 1 Metze Erbsen
und 6 Quart Bier zu liefern. Diese Tractamente beruhten
nicht etwa auf einer Stiftung der genannten Aebtissin,
sondern waren schon zu ihrer Zeit althergebrachte Gebühren, deren Zahlung dieselbe allen ihren Nachfolge-
rinnen, auch rücksichtlich der Gebühren des Derner Villicus,
warm an's Herz legte. „Wisset," sagt sie, „daß eine Aebtissin nicht nach ihrem Belieben, sondern nur nach Wahl
und Berathung des ganzen Conventes einen Villicus des
Derner Hofes anstellen kann. Sollte sich keiner finden,
der die dortige Oekonomiewirthschaft in der hergebrachten
Weise übernehmen will, so soll die Aebtissin alle Hüfner
aller Stiftshöfe vor sich bescheiden, daß dieselben in ihrer
Gegenwart einen Villicus erwählen, der dem Convent zu
genügen wisse und vermöge und der zugleich mit seinem
Leib und Gut der Kirche pflichtig sei. Sollte aber auch
unter diesen ein solcher vermögende und geeignete Mann
nicht zu finden sein, so ist zu wissen, daß jede Aebtissin,.
die durch die Wahl des ganzen Conventes und durch die
Vorsehung Gottes die Abtei und ihre Leitung erlangt
hat, gleichwohl verpflichtet ist, mit sich und mit klugen
Männern Rath zu pflegen, wie das Stift nach Möglich-
keit bestehen könne." Die reichliche Spendenvertheilung
für die Armen hatte offenbar den Zweck, daß sich nicht
bloß die begüterten, sondern auch die armen Bewohner
von Gerresheim am Feste ihres Ortspatrons Gerrich erfreuen sollten. Auch die Klosterjungfrauen hatten für die
gemüthliche Feier dieses Tages, wie des der h. Lants-
windis, der zweiten Aebtissin von Gerresheim, eine alte
Rente, die ihnen der Pfarrer daselbst alljährlich pünktlich
zahlen mußte. Sie war zwar klein, aber gerade dadurch
weist sie auf ihr hohes Alterthum, wo das Geld noch min-
deren Werth hatte. In den kirchlichen Notizen des
Knipping'schen Sammelbandes Gerresheimer Acten, der im
Staatsarchiv zu Düsseldorf aufbewahrt wird, heißt es:

10*

„Domus plebani solvit XVIII den. pagamenti in festo beate Katharine virginis et pro memoria beati Gerici dabit III Solid. pagamenti." In einer Notiz desselben Werkes aus dem XV. Jahrhundert heißt es: „Item up den vurss. tzweyn Jairgetzyden (des h. Gerrich und der h. Lantswind) gifft der pastor alle Jaere den Jonfferen zo offergelde II sol. brab."

Diese althergebrachte Festfeier und die Sorgfalt, mit welcher die genannte Aebtissin die Begehung derselben für die Zukunft sich angelegen sein läßt, werden uns noch klarer, wenn wir die alte Verordnung der Kirche bezüglich der Verehrung der Ortsheiligen berücksichtigen. In älterer Zeit wurde nur dann ein Heiliger zum Ortsheiligen er- wählt, wenn dessen Gebeine in der Ortskirche ruhten und so das Volk Gelegenheit hatte, ihn durch die Wunder und Gebetserhörungen, die es bei seinem Grabe erlangte, als besonderen Beschützer des Ortes und seiner Bewohner kennen zu lernen. Daher verordnet die Synode von Mainz [1]) vom Jahre 813, can. 36: Et illas festivitates martyrum vel confessorum observare decrevimus, quorum in unaquaque parochia sancta corpora re- quiescunt.

4) Die katholische Kirche verehrt ihre Heiligen durch Uebertragung ihrer Leiber (Reliquien) aus dem gewöhn- lichen Beerdigungsorte, sei es im Boden einer Kirche oder außerhalb derselben, an einen anderen ausgezeichneteren Ort, um sie der Verehrung der Gläubigen auszustellen. Hinsichtlich des seligen Gerrich ist eine solche Translation seiner Gebeine schon im XIII. Jahrhundert erwiesen, da die Aebtissin Gertrud von Neukirchen (1254—1287) zum Behuf der Tag und Nacht andauernden Beleuchtung der Tumba (Sarcophag) des seligen Gerrich eine Stiftung macht.[2]) Wahrscheinlich aber hat die Erhebung seiner Ge-

---

1) Hartzheim, Concilia Germ. tom. I. p. 404 seq. Bin- terim, Pragmatische Geschichte der deutschen Conzilien, Bd. II. S. 339 u. 436.

2) Zeitschrift des Bergischen Geschichtsvereins, VII. Bd. S. 209.

beine viel früher stattgefunden, da schon der alte liturgische Ordo der Kapelle und des in derselben befindlichen Altars des seligen Gerrich Erwähnung thut. Das alte Necrologium und Memoirien-Verzeichniß von Gerresheim setzt das Fest der Translation des seligen Gerrich, wie bereits erwähnt, auf den IX. Kal. Octobris, d. i. auf den 23. September.[1]) Es ist nun die Frage, was haben wir uns unter dieser Translation zu denken? Wenn die sub Nr. 3 mitgetheilte Ansicht des Historiographen Aegidius Gelenius richtig wäre, dann hätten wir uns darunter nur eine einfache Uebertragung seiner Gebeine aus der Pfarrkirche St. Margaretha in die Stiftskirche zu denken; aber diese Ansicht erregt, wenn sie auch heute noch in Gerresheim vielfach verbreitet ist[2]), gerechte Be-

---

1) Lacomblet's Archiv, fortgesetzt von Dr. W. Harleß, l. c. S. 98.

2) Die Sage, daß das Grabmal des seligen Gerrich ehedem in der Pfarrkirche St. Margaretha gestanden habe, könnte leicht zur Vermuthung führen, als ob letztere zur Zeit Klosterkirche gewesen und dieselbe Kirche sei, welche von den Nonnen nach der Ungarn-Invasion wieder aufgebaut und von Erzbischof Gero im Jahre 970 eingeweiht worden, zumal es in der That auffällig ist, daß in dem Zeitraum von 1142 bis 1236 zu Gerresheim, welcher Ort doch damals nur ein einfaches Dorf war, zwei Kirchen, eine Pfarrkirche und kunstvolle Stiftskirche, von Grund aus neugebaut worden sind. Diese Meinung aber muß entschieden zurückgewiesen werden und zwar aus folgenden Gründen:

a. Erzbischof Hermann I. gab im Jahre 922 den vor den Ungarn geflüchteten Nonnen von Gerresheim das Kloster St. Ursula unter dem Vorbehalte, daß ein Theil derselben, nach Eintritt ruhigerer Zeiten, dorthin zurückkehren, Kirche und Kloster wieder aufbauen und das canonische Klosterleben, wie früher, fortsetzen sollte (Annalen des Niederrheins, 26. u. 27. Heft, S. 334). Der Neubau des Klosters und der Kirche war im Jahre 970 fertig und Erzbischof Gero weihte sie ein. (Lacomblet, U. B. I. 111). In den betreffenden Urkunden ist nur von der Klosterkirche die Rede, nicht von der Pfarrkirche. Auch ist es unglaublich, daß die den Feinden entronnenen Katholiken daselbst 48 Jahre lang ohne Kirche gewesen seien.

b. Vom IX. bis zum XIII. Jahrhundert geschieht der Kirche St. Hippolyti zu Gerrisheim in Urkunden öfters Erwähnung. (Lacomblet, U. B. I. 68, 73, 84, 119, 155, 267). In der letztgenannten Urkunde heißt sie ecclesia s. Gerici. Das ist die Stiftskirche, nicht die Pfarrkirche; denn diese ist der h. Margaretha geweiht. Wo sonst

benken; denn warum sollte man seinen heiligen Leib in die Pfarrkirche, die wahrscheinlich schon vor der Zeit des Seligen existirte, transferirt und von der Stiftskirche, die ihm doch ihr Dasein verdankte, ausgeschlossen haben? In Werden an der Ruhr erhob der Abt Adalwig (1066 bis

---

die Bischöfe einer Klosterkirche die Pfarreigenschaft geben, da drücken sie dieses als etwas Ungewöhnliches in den Stiftungsbriefen oder in anderen Urkunden ausdrücklich aus (Lacomblet, U. B. I. 288, 497); in keiner einzigen Gerresheimer Urkunde aber verlautet, daß die dortige Stiftskirche die Pfarreigenschaft besessen habe.

c. Auch kann die früher S. 104 erwähnte Mauer, vorausgesetzt daß sie der im Jahre 1142 eingeweihten St. Margaretha-Pfarrkirche an Alter gleichkommt, zum Beweise dienen, daß letztere nie Klosterkirche gewesen ist; denn im bejahenden Falle müßte sie doch von derselben in die abteiliche Immunität eingeschlossen werden. Sie wird aber factisch geradezu ausgeschlossen, was sich nur durch ihren Character als Volkskirche d. i. Pfarrkirche erklärt.

d. Das Gebäude der St. Margaretha-Pfarrkirche, noch jetzt in seinen Größenverhältnissen deutlich erkennbar, ist viel zu klein, um den combinirten Zweck einer Pfarr- und Klosterkirche zu erfüllen.

Aus diesen Gründen folgt nach unserer Ansicht unzweifelhaft, daß die oben erwähnte Vermuthung allen Grundes entbehrt, wie denn auch überhaupt die Sage bezüglich des St. Gerrichs-Grabes zu unbestimmt ist, um darauf Schlüße zu bauen. Die Baulust und Bauthätigkeit in Gerresheim im XII. und zu Anfang des XIII. Jahrhunderts hat aber theils eine locale, theils eine allgemeine Ursache. Es ist unzweifelhaft, daß bei der Ungarn-Invasion auch die Pfarrkirche St. Margaretha sehr gelitten hat, wenn sie nicht ganz zerstört worden ist. Der Aufbau derselben wie auch der der Klosterkirche geschah im Drange der Noth und daher ist nicht anzunehmen, daß diese Gebäude hinsichtlich ihrer Stärke und Construction hervorragend gewesen seien. Daß dieselben also nach 200jährigem Bestande ihrem Zwecke nicht mehr dienten, kann nicht auffällig erscheinen. Was aber den allgemeinen Grund für die damalige Bauthätigkeit in Gerresheim anlangt, so liegt dieser in dem großen Aufschwunge des kirchlichen Lebens jener Zeit. In der Stadt Köln allein entstanden die Pfarrkirchen St. Brigida, St. Christophorus, St. Jacob, Mariä-Ablaß, Kirchen, die als Kapellen oder Oratorien schon lange vor dem XII. Jahrhundert bestanden hatten; in der Erzdiözese Köln entstanden damals die Klöster Dünwald, Füssenich, Gräfrath, Hoven, Langwaden, Heinsberg, Meer, Rolandswerth, Knechtstaden u. s. w. Diesen kirchlichen Schöpfungen reiheten sich in Gerresheim die erwähnten Neubauten an.

1081), wie die dortigen Klosternachrichten mittheilen [1]), die Gebeine des h. Liudger, des Stifters der Abtei, aus der Erde und setzte sie in einer silbervergoldeten, auf vier Marmorsäulen hinter dem Hochaltar ruhenden Tumba bei. Diese Erhebung der heiligen Gebeine wird ihre Translation genannt und ein besonderes Fest eingesetzt, um das Andenken an diese Feier zu weihen und zu verewigen. Es muß wohl festlich begangen worden sein; denn dasselbe erscheint so wichtig und bekannt, daß es im Jahre 1256 zur Datirung [2]) einer Urkunde dient: datum et actum Verdina die translationis sci Ludgeri. Anno dei M°. CC°. LVI°. Wir glauben, daß es sich ebenso mit der Translation der Gebeine des seligen Gerrich verhält, doch sind wir nicht in der Lage über den Zeitpunkt der Erhebung der Gebeine auch nur eine Vermuthung aussprechen zu können. Die älteste Nachricht darüber, daß dieselbe stattgefunden, ist die oben erwähnte Urkunde der Aebtissin Gertrud von Neukirchen (1254—1287), kraft deren sie die immerwährende Beleuchtung der Tumba des Seligen [3]) anordnet und dotirt.

5) Die katholische Kirche verehrt die Heiligen dadurch, daß sie zu ihrer Ehre Altäre, Kapellen und Kirchen baut und weiht. Auch auf diese Weise hat man in Gerresheim den seligen Gerrich verehrt. Zwar kann ich die Bezeichnung „Kirche des seligen Gerrich", die sich selbst im Diplom des kölnischen Erzbischofs Friedrich I. (1106) und sonst in manchen Urkunden und Schriftstücken der Gerresheimer Stiftskirche findet, zum Beweise hierfür nicht anführen, da dieselbe zweifelsohne nichts anderes heißt, als daß die Gerresheimer Kirche von Gerrich gestiftet sei; denn es ist ja urkundlich constatirt, daß dieselbe dem h. Hippolyt geweiht war, wie sie bis heute diesem Martyrer geweiht ist; dagegen wissen wir aus urkundlichen

---

1) Overham, annal. monasteriorum Werthinen. et Helmstadien. p. 72.

2) Zeitschrift des Bergischen Geschichtsvereins, Bd. VII. S. 39.

3) Die Tumba wird auch häufig Sarcophag genannt, was identisch ist; vgl. Zeitschrift des Bergischen Geschichtsvereins, Bd. VI. S. 57.

Quellen, daß in der zweiten Hälfte des XIII. Jahrhunderts in derselben Kirche eine zu Ehren des seligen Gerrich errichtete Kapelle war und daß in derselben die oben erwähnte Tumba des Heiligen stand. Nach dem alten liturgischen Ordo wurde in derselben herkömmlich am Palmsonntag die lectio de Exodo gesungen[1]); ebenso herkömmlich wurden in derselben vom Sonntage in tua misericordia an, also vom ersten Sonntage nach Pfingsten, bis zum Freitage vor Kreuz-Erhöhung an allen Freitagen die Conventualmessen gehalten und jedesmal nach Beendigung der Messe der Ps. Beati gebetet. Nachdem der Verfasser das Ordo der Procession, die an diesen Freitagen gehalten wurde, Erwähnung gethan, spricht er auch von einem Altar des h. Gerrich und theilt mit[2]), daß vor demselben zum Schlusse eine Collecte gesungen werde. Aus Verehrung gegen den seligen Gerrich errichtete die Aebtissin Gertrud von Neukirchen (1254—1287) die bereits erwähnte Stiftung, daß nämlich in der Kapelle desselben Tag und Nacht ein Licht brennen und der Glöckner der Kirche, der sonst auch Unterküster genannt wird, für die Unterhaltung desselben Sorge tragen sollte, wofür sie ihm am St. Hippolytus-Feste ein jährliches Gehalt von 12 Denaren auswarf.[3]) Nach der gottesdienstlichen Ordnung der ehemaligen Stiftskirche, wie sie noch im XVII. Jahrhundert bestand[4]), mußten die Canonissen an jedem Dinstage der Fastenzeit am Grabe des h. Gerrich die commendatio defunctorum beten, nachdem sie Montags die vigiliae defunctorum daselbst gebetet hatten; auch schreibt dieselbe am Grünenbonnerstage bei der Abwaschung der einzelnen Altäre, differirend vom allgemeinen Ritus, die Absingung der Collecte von demjenigen Heiligen vor, dem der Altar

---

1) Intrabunt capellam sancti Gerici et incipietur lectio de Exodo.
2) Finita antiphona ante altare sancti Gerici Ebdomadarius flectens se etc.
3) Vgl. Beilage IV zu diesem Werke und Zeitschrift des Bergischen Geschichtsvereins, VII. S. 209.
4) Dieselbe wird in einer Handschrift aus jener Zeit im Pfarrarchiv zu Gerresheim noch jetzt aufbewahrt.

gewidmet war.[1]) So oft der Hauptaltar thurifizirt wurde, mußte nach derselben gottesdienstlichen Ordnung auch das Grab des heiligen Gerrich thurifizirt werden. Daß alle diese liturgischen Acte der Verehrung gegen den Seligen, welche in der ehemaligen Stiftskirche zu Gerresheim Jahrhunderte hindurch herkömmlich waren, mißbräuchlich und ohne alle Gutheißung der geistlichen Oberbehörde geschehen seien, läßt sich nicht annehmen.

6) Schließlich gibt sich nach der Lehre des Pabstes Benedict XIV. der liturgische Cult, den die katholische Kirche einem Heiligen erweist, in einem besonderen, zu Ehren des Heiligen verfaßten Offizium kund. Ich muß aber gestehen, daß es bezüglich des seligen Gerrich in diesem Punkte an Vorlagen fehlt. Ueberhaupt hat sich, und das ist auffallend, aus der ehemaligen Stiftskirche zu Gerresheim an Meß- und Chorbüchern fast Nichts erhalten; ein altes Evangelistarium aus dem X. Jahrhundert, das in neuerer Zeit dem Pfarrarchiv daselbst zurückerstattet worden ist, kann seiner Natur nach über unsere Frage keine Auskunft geben. Das Staatsarchiv zu Düsseldorf enthält zwar zur Geschichte der Abtei Gerrisheim einen reichen Schatz von Urkunden und Litteralien, aber an Büchern ebenfalls sehr wenig, an Meß- und Chorbüchern Nichts. Wo dieselben geblieben, ist bis zur Stunde unbekannt. Es kann daher aus Mangel der nöthigen Quellen nicht constatirt werden, ob der selige Gerrich durch besondere Gebetsformeln, Abbetung des priesterlichen Offiziums und durch die Feier der h. Messe mit eingeschalteten Gebeten zu Ehren desselben ist gefeiert worden, oder nicht. Da aber in der Kirche zu Gerresheim dem Seligen eine Kapelle und in derselben ein Altar gewidmet war, so scheint mir wenigstens diese Frage nicht entschieden verneint werden zu dürfen.

---

1) Wörtlich heißt es: Hora secunda vocatur per Custodem Hebdomadarius et lavantur altaria, etiam in Ecclesia parochiali; ad unumquodque altare canitur antiphona cum versu et Collecta de eius altaris patrono seu patrona etc.

Das sind die einzelnen, mir bekannt gewordenen Momente, in welchen die ehemalige Stifts- jetzt Pfarrkirche zu Gerresheim ihre liturgische Verehrung gegen den seligen Gerrich kundgab. Ob diese in beglaubigten Quellen enthaltenen Thatsachen geeignet sind, um auf Grund derselben die liturgische Verehrung des Seligen zu erneuern, muß der Entscheidung der Bischöflichen Behörde bzw. des Apostolischen Stuhles überlassen bleiben. Es gibt manche Seligen, die vom Apostolischen Stuhle noch nicht beatifizirt sind, aber dennoch an einzelnen Orten wie wirklich Beatifizirte verehrt werden, ohne daß die Bischöfliche Behörde oder der Apostolische Stuhl dagegen Einsprache erhebt. Ein solches Beispiel bietet der selige Gottfried von Cappenberg, dessen Gebeine zu Ilbenstadt in der Wetterau ruhen. Derselbe ist vom Apostolischen Stuhl nicht beatifizirt worden, wurde aber gleichwohl im Prämonstratenser-Orden seit unvordenklicher Zeit als ein Heiliger verehrt.[1] Im Jahre 1862 hat der jetzige Bischof von Mainz, Wilhelm Emmanuel, zu dessen Diözese Ilbenstadt gehört, die beinahe 70 Jahre unterbrochene öffentliche Verehrung desselben wieder erneuert. Aehnlich verhält es sich mit dem seligen Altman, Bischof von Passau († 1091), dessen kirchliche Gedächtnißfeier in Göttweih schon frühzeitig begangen wurde und sich von da in fremde Diözesen verbreitet hat. Eine Canonisation oder Beatifikation des Seligen Seitens des Apostolischen Stuhles hat nie stattgefunden, wohl aber hat der römische Stuhl laut einer alten Göttweiher Handschrift zu wiederholten Malen zur Feier seines Gedächtnißtages Ablässe verliehen.[2] Ein anderes, noch merkwürdigeres Beispiel bietet in dieser Beziehung die selige Königstochter Agnes von Böhmen, die Tochter des Przemisliden Ottokar I. und Constantia (geb. 1205, gest. 1282), welche von den Kreuzherren zu Prag seit dem XVI. Jahrhundert in einer Weise verehrt worden ist, wie man überhaupt nur Heilige verehrt, und dies geschah bis in die neueste Zeit, ohne

---

1) Acta Sanct. ed. Bolland, II. p. 117.
2) Historisch politische Blätter 1847, II. Bd. S. 419.

daß die Geistliche Behörde dagegen Einsprache erhoben hat. Gleichwohl wurde ihr heiliger Leib erst im Jahre 1643 aus dem Grabe erhoben und an einen „ausgezeichneteren Ort" übertragen; die eigentliche Seligsprechung derselben nach der durch die kirchlichen Gesetze bestimmten Form hat erst am 28. November 1874 stattgefunden.[1] Ein drittes, nicht minder merkwürdiges Beispiel bietet der h. Petrus Damiani († 1072). Auf Bildern kommt er vor als Einsiedler, die Geißel in der Hand, den Cardinalshut neben sich; sein Name steht im römischen Martyrologium und sein Offizium im Brevier, aber die Kirche hat ihn nicht förmlich canonisirt.[2] Wenn wir die Bestimmungen des Apostolischen Stuhls über die Canonisation der Heiligen zu Rathe ziehen, so finden wir auch die Erklärung dieser Erscheinung. Pabst Urban VIII. verbietet zwar in seinem Decrete vom 5. Juli 1634, dessen wir oben Erwähnung gethan, irgend einem Verstorbenen die Ehre eines Seligen oder Heiligen zu erweisen, so lange derselbe nicht vom Apostolischen Stuhle selig oder heilig gesprochen ist, und er hatte gewiß dazu seine guten Gründe, wenn man die Wichtigkeit der Sache und die Nothwendigkeit, auch in diesem Punkte die Einheit der Kirche zu wahren, berücksichtigt. Er nimmt aber einen Fall aus und gestattet in diesem, auch einem solchen Verstorbenen die Ehre eines Seligen oder Heiligen zu erweisen, der vom Apostolischen Stuhle noch nicht selig oder heilig gesprochen ist; dieser Fall tritt nach dem angezogenen Decrete dann ein[3], „wenn die einer im Rufe der Heiligkeit verstorbenen Person erwiesene Verehrung (cultus) bereits eine öffentliche ist und

---

1) Julius Glaubrecht, Pfarrer, die selige Königstochter Agnes von Böhmen und die letzten Przemisliden, Regensburg 1874, S. 215. Zur Schrift von Glaubrecht vgl. meine kritisch-historischen Bemerkungen in der Litter. Rundschau von Joseph Köhler, I. Jahrgang, S. 51 flg.

2) Lebensbilder der Heiligen von Stabell, 23. Februar.

3) So erklären dieses Decret die Instructiones pro confectione processuum in causis servorum Dei Ordinis Minorum S. Francisci. Romae 1855; ferner ein Päbstliches Breve vom 5. Dezember 1865, wie das angeführte Werk von Glaubrecht mittheilt, S. 213.

in der Art und Weise geübt wird, wie die Kirche die Seligen und Heiligen im Allgemeinen zu verehren pflegt, namentlich wenn diese Verehrung bereits verjährt ist, d. h. schon 100 Jahre vor der Erlassung des genannten Decrets, also schon vor dem 5. Juli 1534 seinen Anfang genommen hat, von der Bischöflichen oder Päbstlichen Behörde niemals verboten worden ist, auch niemals unterbrochen worden und bis auf den heutigen Tag fortdauert." In diesem Decret lautet Alles zu Gunsten der liturgischen Verehrung des seligen Gerrich, mit Ausnahme des letzten Passus, daß dieselbe nämlich im Laufe der Zeit nicht unterbrochen sein dürfe. Wie wir bereits ausgesprochen haben, findet sich leider heutzutage in der Pfarrkirche zu Gerresheim von der liturgischen Verehrung des Seligen keine Spur mehr; nur das Volk spricht noch von einem heiligen Gerricus und in der Kirche wird annoch der steinerne Sarcophag, welcher fast alle seine Gebeine umschließt, gezeigt. Aber einsam steht dieser im rechten Seitenschiff der Kirche, an die Wand angelehnt; man sollte nicht vermuthen, daß dort die Gebeine eines Seligen ruhen. Diese Vernachlässigung des ehrwürdigen Monumentes datirt schon seit längerer Zeit und fällt mehr dem Ungeschmack der Zeit, als dem Mangel an Religiösität zur Last. In der Mitte des XVII. Jahrhunderts wurde die Kapelle des seligen Gerrich auf dem Jungfrauenchor abgerissen und entfernt, angeblich um denselben freizulegen. Zwar blieb der Sarcophag einstweilen auf dem Chore stehen, weil die Jungfrauen (Canonissen) noch zu viel Ehrfurcht vor dem Stifter ihrer Kirche hatten. Als aber gar am 1. April 1669 der Hochwürdigste Weihbischof und Generalvicar Paul von Außem, der mit dem churfürstlichen Commissar Dr. Wendelen von Düsseldorf eine Visitation des Stiftes vornahm, im Geiste der damaligen aller Gothik abgewendeten Zeit befahl[1), „das Veralte vnd ... Monumentum B. Gerici Herzogen vom

---

1) So wörtlich im Visitations-Protokoll, das sich annoch im Original im Pfarrarchiv zu Gerresheim erhalten hat.

Chor ab- und gegen dem Altar SS. Nicolai Und Anthonii zur kirchen mauren zu stellen," da entfremdete sich allmählig dieses altehrwürdige Denkmal den Blicken der Gläubigen und damit sank zugleich die Verehrung, die seit alter Zeit den Gebeinen des seligen Mannes erwiesen worden war. Zwar wurde das Grab, so lange das Damenstift noch bestand, zuweilen während des Hochamtes und der Vesper thurifizirt, aber es brannte kein Licht mehr vor demselben; auch war die alte Stiftung der Aebtissin Gertrud zum größten Theile untergegangen, weßhalb der Weihbischof Johann Heinrich Anethan um Dispens von der Erfüllung der bezüglichen Verpflichtungen angegangen wurde. Aber auch die letzte Spur der liturgischen Verehrung desselben ging verloren, nachdem die Stiftskirche am 22. März 1806 durch Decret des Kaisers Napoleon I. aufgehoben worden war. Die schöne Kirche blieb bis zum Jahre 1809 verlassen, wo die französische Regierung dieselbe der Gemeinde an Stelle der unbrauchbar gewordenen Pfarrkirche St. Margaretha überwies und bezüglich der Unterhaltung mit derselben für ewige Zeiten einen Vertrag abschloß. Zwei Generationen sind seitdem dahin geschwunden; jetzt gibt es nur noch Wenige, welche sich des alten Stiftes erinnern. Ob nun diese Unterbrechung in der Verehrung des seligen Gerrich eine solche ist, welche nach canonischem Rechte eine nachweislich über 700 Jahre bestandene liturgische Heiligenverehrung aufheben kann, muß dem Urtheil der Geistlichen Behörde überlassen bleiben.

Nachdem wir nun im Vorhergehenden den Stand der Frage bezüglich der liturgischen Verehrung des seligen Gerrich dargelegt und zugleich das nöthige Beweismaterial zur Beurtheilung beigefügt haben, machen wir als Resultat unserer Untersuchung folgende Wahrnehmung: Vom Jahre 1106 an, wo der kölnische Erzbischof Friedrich von Kärnthen die Gerresheimer Kirche die des heiligen Gerrich nennt, bis zum Schluß des XVI. Jahrhunderts wird letzterer constant in genannter Kirche als ein Seliger (beatus) und Heiliger (sanctus) bezeichnet[1]) und ihm demgemäß eine liturgische Verehrung dargebracht; seit dieser Zeit aber, wo sich zuerst auf einem abteilichen Glasgemälde ein leiser Zweifel an seiner Heiligkeit durch die Weglassung des Nimbus kundgibt, sinkt allmählig diese Verehrung, bis sie dermalen fast gänzlich verloren erscheint. Wie erklären wir uns diese Erscheinung?

Daß der kölnische Erzbischof Friedrich von Kärnthen den seligen Gerrich irrthümlich oder hyperbolisch mit diesem Titel beehrt habe, ist nicht anzunehmen, da er ein intelligenter und glaubenstreuer Kirchenfürst war, der seine Begeisterung für die Reinheit des Glaubens und die Beobachtung der kirchlichen Satzungen durch sein ruhmvolles Einschreiten gegen den Ketzer Tanchelm und dessen Anhänger bewiesen hat[2]); er hätte diesen Ausdruck nicht gebraucht, wenn derselbe in Gerresheim nicht gebräuchlich und in canonischer Hinsicht nicht richtig gewesen wäre. Damals waren die alten Vorschriften der Kirche bezüglich der Heiligenverehrung noch in lebendiger Erinnerung. Die Synode von Frankfurt (794) hatte verordnet (can. 42)[3]): Es dürfen keine neuen d. h. unbekannte Heiligen verehrt und ihnen an den Wegen keine Kapellen erbaut werden." Im Capitular Karls des Gr. vom Jahre 806 heißt es (c. 17): „Neue Kirchen und neue Heiligen dürfen ohne Zustimmung des Bischofs nicht verehrt werden." Wir glauben daher, daß sich die Sache anders verhält.

Im Jahre 1106 war noch die Zeit, wo die Canonisation der Heiligen größtentheils in den Händen der Bischöfe lag und wir sehen in der angezogenen Urkunde des Erzbischofs Friedrich von Kärnthen den Beweis, daß Gerrich vor dieser Zeit, vielleicht im elften Jahrhundert, von einem kölnischen Erzbischofe beatifizirt worden ist. Um unsere

---

1) Beide Bezeichnungen kommen unterschiedlos vor, wie dies auch unzähligemal in den Lebensgeschichten älterer Heiligen sich findet.

2) Quellen zur Geschichte der Stadt Köln, von Ennen und Eckerz, I. 498.

3) Hefele, Conziliengeschichte, Bd. III. S. 649.

Ansicht gründlicher darzulegen, ist es zweckmäßig, über das Canonisationsverfahren der Kirche in älterer Zeit einige Worte mitzutheilen.

Bis zum Jahre 1170 war die Beatifikation bzw. Canonisation eines Heiligen Sache des Bischofs, in dessen Diözese derselbe gelebt hatte und gestorben war. Derselbe vollzog dieses Amt einfach dadurch, daß er den Namen der im Frieden Gottes und der Kirche abgeschiedenen, durch ein außerordentlich tugendhaftes Leben berühmten und dadurch vom Volke hochverehrten Person in das Heiligen-Verzeichniß seiner Kirche eintrug und zur Verehrung derselben einen jährlichen Gedächtnißtag, gewöhnlich den Todestag derselben, bestimmte. Ursprünglich war dieser Act noch einfacher, indem bloß der Name eines solchen Heiligen in den Canon der Messe aufgenommen wurde. Es ist überhaupt auf diesem Gebiete ein merkwürdiger Fortschritt ersichtlich[1]), der mit der Ausbreitung der Kirche selbst in Zusammenhang steht. Zuerst glänzten im Canon die Namen der allerseligsten Jungfrau Maria, der Apostel und jener heiligen Personen, welche dem Heilande nahe gestanden. Die erste Erweiterung desselben bildeten ausgezeichnete Martyrer, theils für die ganze Kirche, theils für einen besonderen Theil derselben. Ungefähr bis zum Schlusse des dritten Jahrhunderts wurden nur Martyrer verehrt. Und dauerte nicht auch gerade bis zu dieser Zeit die Bluttaufe der Kirche, d. h. jene Zeit, wo sie im Blute der Martyrer ihre göttliche Kraft bewähren und sich die Anerkennung als göttliche Stiftung erringen mußte? Den Martyrern schlossen sich allgemach die Bekenner Christi an, d. h. jene gottseligen Christen, die ihren Glauben an Christus und ihre Liebe zu ihm nicht durch den Martertod, wohl aber durch ein außerordentlich tugendhaftes Leben bekannt haben. Das war bereits Thatsache zur Zeit des h. Paulin von Nola (354—431), wie derselbe ausdrücklich

---

1) Ausführlicher bei Benedict XIV. de servorum Dei beatificatione et Beatorum canonizatione Prati 1839. Stadler, Vollständiges Heiligen-Lexicon, II. Bd. Augsburg 1861.

bezeugt.[1]) Da aber die Bischöfe in der Canonisation der
Heiligen nicht überall gleichmäßig verfuhren, so entstanden
manche Inconvenienzen, die für das Ansehen der Kirche
und der Heiligen nur nachtheilig wirken konnten. Um diese
zu verhüten und zugleich jeden möglichen Verdacht, als könne
bei einem solchen Verfahren ein Betrug oder Irrthum statt-
finden, zu beseitigen, hob Pabst Alexander III. im Jahre
1170 die Canonisation durch den Diözesanbischof auf und
reservirte die ganze Sache dem Apostolischen Stuhle.[2])
Indessen dauerte es noch über 20 Jahre, ehe ein förm-
licher Proceß üblich wurde; es genügte, wenn der Bischof,
in dessen Diözese der Heilige gelebt hatte, dessen Heiligkeit nach einer voraufgegangenen Untersuchung bestätigte.
Erst unter Pabst Cölestin III., im Jahre 1191, begann

---

1) Cf. Paulin. natal. XIII. apud Muratori Anecdot. tom. I.
p. 542.

Hinc ergo Sanctis sive Confessoribus
Dies sacratas, in quibus functi diem
Mortalis aevi morte vitali suum
De labe mundi transierunt ad Deum,
Populi fidelis gaudiis solemnibus
Honore Christi gratulantes excolunt.

2) Uebrigens formulirte er bloß in Form eines Decretes, was
bereits seine Vorgänger, Innocenz II. und Pabst Hadrian IV.,
factisch als päbstliches Vorrecht ausgeübt hatten. Besonders ist das
Vorgehen des Pabstes Innocenz II. zur Erkenntniß des damaligen
Verfahrens in dieser Sache wichtig. Das Kloster Westminster in
England hatte im Jahre 1138 seinen Prior Osbert nach Rom geschickt,
um die Heiligsprechung des Königs Eduard zu erwirken. Pabst Innocenz II. erklärte sich dazu bereit, wenn er hinreichende Zeugnisse
der englischen Bischöfe und Aebte über die Heiligkeit des Königs in
Händen hätte, bis dahin aber müsse er die Sache aussetzen; übri-
gens müsse ein solches Fest, da es zu Ehren und Nutzen des ganzen
Reiches eingesetzt werde, auch vom ganzen Reiche beantragt werden
(Innocentii II. epist. bei Wilkins Concil. magnae Brit. vol. I. pag. 419).
So verzog sich die Sache bis zum Jahre 1161. Damals hatte das
genannte Kloster die englischen Bischöfe und Aebte sowie auch den
König Heinrich II. für die Sache gewonnen: diese sandten die ge-
wünschten Schriftstücke, welche das Leben des Königs und seine
Wunder schilderten, der päbstlichen Curie ein, und so erfolgte die
Canonisation noch in demselben Jahre; vgl. die Bulle Alexanders III.
bei Baronius, annal. a. 1161. §. 1.

der erste Canonisationsproceß. Pabst Innocenz III. (1216—1227) fügte diesem Processe das Postulat beeidigter Zeugen bei. Pabst Clemens IV. (1265—1271) verlangte eine doppelte Untersuchung, nämlich nicht bloß über die Heiligkeit der Person und ihres Lebens, sondern auch über die geschehenen Wunder. Pabst Leo X. (1513—1521) ließ zuerst ein Cäremoniale über die Art und Weise anfertigen, wie das ganze Canonisationsverfahren bis ins Einzelne vorzunehmen sei. Pabst Sixtus V. (1585—1590) setzte zur Vornahme des Canonisationsprozesses eine besondere Congregation ein. Die wichtigsten Bestimmungen über die Heiligsprechung erließ Pabst Urban VIII. (1623—1644), die noch dermalen maßgebend sind. Pabst Alexander VII. endlich beschloß, daß die Seligsprechungen in der vaticanischen Kirche und zwar mit bestimmten Feierlichkeiten geschehen sollten. Seitdem sind keine wesentliche Neuerungen im Canonisationsverfahren vorgekommen.

Nach dieser Darlegung, die auf quellenmäßigen Nachrichten und Daten beruht, scheint die Canonisation des h. Gerrich, wenn eine solche je stattgefunden hat, durch den kölnischen Diözesanbischof vor 1106 vollzogen worden zu sein. Schriftliche Zeugnisse aber sind darüber nicht vorhanden. Waren sie je vorhanden, dann sind sie ohne Zweifel schon im XI. oder XII. Jahrhundert zu Grunde gegangen; denn während das Gerresheimer Stiftsarchiv aus allen Jahrhunderten, so lange das Stift bestanden, noch manche Urkunden und Litteralien bewahrt hat, haben sich aus den genannten Jahrhunderten nur wenige erhalten. Nur unter Annahme einer bischöflichen Canonisation läßt sich auch begreifen, warum der Beatifikationsproceß des seligen Gerrich, wenn derselbe etwa bloß durch die Volksstimme selig gesprochen sein sollte, vom XII.—XVI. Jahrhundert bei der Päbstlichen Curie nicht angeregt worden ist. Zwar ist bekannt[1]), daß bei letzterer in dieser

---

1) Daher heißt es in dem erwähnten Decrete Urbans VIII.: Nec prius sedes Apostolica moveri solet, quam reges, principes et aliae honestae et authenticae personae instanter supplicaverint sum-

Angelegenheit lange angeklopft werden muß, ehe das
Gesuch erhört wird, und sie hat dabei ihre guten Gründe:
es unterliegt aber keinem Zweifel, daß wenn das Gerresheimer Stift, dessen Mitglieder dem höchsten Adel des
Landes angehörten und dadurch bei den höchsten Würden-
trägern der Kirche und des Staates Einfluß hatten, seine
Bitte um Eröffnung des Canonisationsprocesses wiederholt gestellt und durch die Fürsprache geistlicher und weltlicher Großen unterstützt hätte, so daß die Sache nicht mehr
als Privatsache Einzelner, sondern als öffentliche erschienen
wäre, es unterliegt keinem Zweifel, sage ich, daß der Apostolische Stuhl in diesem Falle zur Eröffnung des Pro-
cesses geschritten wäre. Aber es ist bei diesem in der
beregten Sache nichts geschehen und konnte nichts geschehen, weil aller Wahrscheinlichkeit nach eine bischöfliche
Canonisation Gerrichs vor dem Jahre 1106 vorhergegangen
war. Der Grund, warum das Fest des seligen Gerrich
seit dem XIV. Jahrhundert, wo es noch besonders feierlich in Gerresheim gehalten wurde, sich über das Weich-
bild dieser Stadt nicht ausgedehnt hat, liegt wohl vornehmlich in der Synodalbestimmung des, unter dem Erzbischofe
Heinrich von Virnenburg abgehaltenen kölnischen Provinzial-
conzils vom Jahre 1307, welches für die Erzdiözese Köln
zur Erreichung einer einheitlichen Feier der Kirchenfeste
eine neue Festordnung zur Vorschrift erhob.[1]) Diese Festordnung enthält bloß 50 gebotene Festtage; es heißt aber
am Schlusse derselben, daß während die Synode diese Festtage zu feiern strenge befiehlt, sie alle übrigen der Fröm-
migkeit der Gläubigen überlasse, so zwar, daß derjenige,

---

mo Pontifici, et tunc etiam non statim, sed exspectare, quod diu
pulsetur; nam si perdurabunt miracula et supplicantium instantiae,
praesertim spontaneae, tunc summus Pontifex, si ei videbitur per
commissionem manu Sanctitatis suae signatam, citato Promotore
fidei, committit causam Congregationi sacrorum rituum.

1) Statuta seu Decreta provincialium et dioecesanarum syno-
dorum s. ecclesiae Coloniae etc. Coloniae apud Joan. Quentel
1554, p. 66.

welcher sie nicht feiere, dadurch keine Schuld oder Strafe sich zuziehe.[1])

Da aber das Stift keine Documente über die Canonisation des Stifters besaß, so gerieth diese allgemach in Vergessenheit, so daß man am Schlusse des XVI. Jahrhunderts nicht wagte, ihn mit einer Lichtkrone ums Haupt, dem Abzeichen der wirklichen Canonisation eines Heiligen, darzustellen. Dieses scheint auch der Grund gewesen zu sein, warum die Verehrung desselben als Ortsheiligen allmählig abnahm. Zum völligen Untergang derselben wirkten dann die im 17. Jahrhundert erlassenen Entscheidungen der heiligen Riten-Congregation in Beziehung auf die Wahl und Verehrung der Ortspatrone[2]), die wir in folgende Punkte zusammenfassen können:

1) Nur canonisirte Heiligen dürfen zu Ortspatronen gewählt werden.

2) Mysterien des Glaubens können dazu nicht genommen werden.

3) Die vor dem Jahre 1630 verehrten Ortspatrone sollen beibehalten werden, auch wenn sie nicht canonisirt, sondern nur beatifizirt sind.

4) Die Ortspatrone müssen von der geistlichen und weltlichen Ortsbehörde gewählt, vom Bischofe gutgeheißen und von der h. Congregation bestätigt sein, wenn das patrocinium loci kirchlich gefeiert werden soll.

5) Ein rite erwählter und eingeführter Ortspatron

---

1) Statuta seu Decreta etc. p. 67.

2) Vgl. die Entscheidungen der S. R. C. vom 23. März 1630, vom 5. Juli 1634 und 20. September 1681. Daß diese päbstlichen Entscheidungen in der Erzdiözese Köln stricte ausgeführt worden sind, beweist die umfangreiche Verordnung des Churfürsten Ferdinand, Herzogs von Baiern, bezüglich der Reliquien-Verehrung vom 6. April 1644, die sich handschriftlich noch in vielen Kirchenarchiven vorfindet. Da sie bisher noch nicht vollständig gedruckt ist, so theilen wir sie im Anhange wörtlich mit. Vgl. Beilage VIII. Uebrigens ist dieselbe fast vollständig und nur mit geringen Veränderungen unter die Decrete und Statuten der kölnischen Diözesansynode vom Jahre 1662 aufgenommen worden. cf. p. 41—46.

darf ohne Genehmigung des Apostolischen Stuhles nicht mit einem anderen vertauscht werden.

Zwar konnte es nicht in Frage kommen, ob der selige Gerrich vor dem Normaljahr 1630 zu Gerresheim als Ortspatron verehrt worden sei, und insofern waren diese Entscheidungen der Verehrung desselben nicht hinderlich; aber sie erweckten mit doppelter Gewalt die Zweifel, ob eine Canonisation desselben zu Recht bestehe; selbst der Weihbischof Paul von Außem scheint diese Zweifel getheilt zu haben, sonst hätte er nicht befehlen können, daß das Grabmal des Seligen in einen Winkel der Kirche an die Kirchenmauer gestellt werden solle. Was aber in einer unwissenschaftlichen Zeit im Fahrwasser des Zweifels versank, das ist darum nicht verloren gegangen. Im Lichte der historischen Forschung tritt die Gestalt des seligen Gründers von Gerresheim mit doppeltem Glanze wieder vor unsere Augen und es ist zu erwarten, daß die dankbare Bürgerschaft das Fest ihres Ortspatrons alljährlich, wie vor mehreren Jahrhunderten, wieder in feierlicher Weise begehen wird.

Siebentes Kapitel.

Die Erhebung der Gebeine des seligen Gerrich.

Es ist eine Sache, die sich durchaus von selbst versteht, daß jene Diener und Dienerinnen Gottes, welche auf Erden durch ihr tugendhaftes Leben, durch ihr thätiges, für die Ehre Gottes vollbrachtes Wirken, durch ihre um die Mitmenschen erworbenen Verdienste sich der ewigen Herrlichkeit würdig erwiesen haben, eben darum verdienen, auch von uns verehrt zu werden. Ehren wir ja doch, und zwar mit Recht, schon diejenigen unserer Mitmenschen, welche, obgleich mit allerlei Schwächen behaftet, durch ihr redliches Streben nach Tugend und Vollkommenheit, durch gewissenhafte Vermeidung alles Sündhaften und

Bösen, durch regen Eifer für die Ehre Gottes und durch
wahre uneigennützige Liebe gegen ihren Nächsten sich der
Ehre würdig zeigen. Um wie viel mehr verdienen daher
jene geehrt zu werden, die den schweren Kampf gegen die
Sünde siegreich bestanden, die sich durch ein tugendhaftes
Leben und Wirken bis ans Ende als treue Kinder Gottes
bewährt und endlich durch einen seligen Tod ihre irdische
Pilgerschaft vollendet haben und die nun, hoch erhaben
über alle menschliche Gebrechlichkeit und Fehlerhaftigkeit,
als verklärte Himmelsbewohner an der himmlischen Glück-
seligkeit Theil nehmen! Eine solche Verehrung der Heiligen findet auch in der h. Schrift ihre Bestätigung. Gott
selbst sagt[1] im A. B.: „Wer mich ehrt, den werde ich
ehren“ Und in demselben Sinne spricht unser göttlicher
Heiland Jesus Christus[2] im N. B.: „Wo ich bin, da soll
auch mein Diener sein. Wenn Jemand mir dient,
so wird mein Vater ihn ehren.“ Alle Mitglieder der
Kirche, mögen sie noch hier auf Erden leben oder bereits
ins Jenseits hinübergetreten sein, bilden nach katholischer
Lehre eine große unzertrennliche Gemeinschaft, Gemeinschaft der Heiligen genannt, oder, was dasselbe ist, einen
geistigen Leib, dessen Glieder die einzelnen Gläubigen,
dessen Haupt Jesus Christus ist, wie dies der Apostel
Paulus ausdrückt, wo er sagt[3]: „Ihr seid der Leib
Christi und jeder Einzelne ist ein Glied desselben.“ In
Gemäßheit dieser unzertrennlichen Verbindung aller Gläubigen zu einer Gemeinschaft sollen auch die Einzelnen an
dem Wohl und Wehe des Ganzen, und alle insgesammt
an dem Wohl und Wehe des Einzelnen den innigsten
Antheil nehmen, wie gleichfalls der Apostel Paulus im
Zusammenhange mit den angeführten Worten ausspricht[4]:
„Wenn ein Glied leidet, so leiden alle Glieder mit, und
wenn ein Glied verherrlicht wird, so freuen sich alle Glieder mit.“ Daher nehmen wir einerseits einen innigen,

---

1) I. reg. 2, 30.
2) Joan. 12, 26.
3) I. Cor. 12, 27.
4) I. Cor. 12, 26.

mitleidsvollen Antheil an ben Leiden berjenigen unferer
verftorbenen Mitbrüder, welche wegen ber ihnen noch an=
haftenben Unvollkommenheiten ober wegen nicht abgebüßter
Sünbenftrafen noch eine Zeit lang im Reinigungsorte
büßen müffen, unb wir bethätigen biefe unfere Theilnahme
burch Opfer, Gebete unb anbere gute Werke, welche wir
für fie barbringen; anbererfeits nehmen wir aber auch
mit nicht geringerem Rechte Antheil an ber Verherrlichung
unferer verklärten Mitbrüder, welche fich bereits ber himm=
lifchen Glückfeligkeit erfreuen unb baher bie triumphirenbe
Kirche genannt werben, unb biefe unfere Theilnahme an
ber Verherrlichung ber auserwählten Diener Gottes be=
thätigen wir burch bie Verehrung, welche wir ihnen nach
Anleitung unferer heiligen Kirche erzeigen. Diefe Ver=
ehrung fließt in ihrer höchften Beziehung auf Gott felbft, ben
Urquell aller Tugenb, ben Allheiligen, zurück, fo baß wir,
wie ber königliche Prophet David fagt[1], „Gott in feinen
Heiligen loben unb verherrlichen.‟

Durchbrungen von ber Wahrheit unb Erhabenheit biefer
katholifchen Lehre, glaubte ber Wohllöbliche Kirchenvorftanb
von Gerresheim bas Jahr 1873, wo bie bortige Kirche
ihren taufenbjährigen Beftanb feierte, nicht vorbeigehen
laffen zu bürfen, ohne bem feligen Stifter berfelben einen
befonberen Act religiöfer Verehrung barzubringen. Schon
lange hatte berfelbe ben Wunfch gehegt, über ben Befunb
ber heiligen im Sarcophag befinblichen Gebeine beffelben
nähere unb fichere Auskunft zu erlangen, namentlich barüber,
ob biefelben noch in würbiger Weife eingehüllt feien,
worüber vielfach Zweifel gehegt wurden. Das taufenb=
jährige Jubeljahr gab enblich Gelegenheit, ben Wunfch
zur wirklichen Erfüllung zu bringen.

Auf Einlabung bes Pfarrers von Gerresheim, Herrn
Aloys Hahn, erfchienen am 24. Juni 1873 bie Hoch=
würbigen Herren: Dr. theol. Johann Hubert Keffel,
Canonicus ber Collegiat=Stiftskirche zu Aachen, Urban
Portz, erfter Kaplan zu Gerresheim, Peter Piel, zweiter

[1] Ps. 150, 1.

Kaplan daselbst, ferner der Rentner Herr Jacob Her-
mens, Ritter und Inhaber verschiedener in- und aus-
ländischer Orden, die Mitglieder des örtlichen Kirchenvorstandes Peter Müller und Jacob Kirschbaum, Gutsbesitzer,
endlich der Küster Fried. Höltgen mit dem vorgenannten
Pfarrer in der dortigen Pfarrkirche vor dem steinernen,
in der Nähe des Altars B. M. V. an der Seitenwand
der Kirche befindlichen Sarcophag des seligen Gerrich,
um von dem inneren Zustande desselben Kenntniß zu
nehmen. Zwei Lichter, die zu diesem Zwecke angezündet
worden, wurden auf den genannten Altar B. M. V. gesetzt.
Nachdem nun das Grabmal durch den Küster eröffnet
worden, fand man nach Abhebung des Deckels unmittelbar
über dem sepulcrum ein eisernes Gitter, jedoch sehr ver-
wahrlost und ohne Verschluß. Das sepulcrum selbst bestand in einer, mit zerrissener Seide ausgefütterten Truhe
von Eichenholz, mit starken Nägeln zusammengeschlagen
und am Kopf- und Fußende mit zwei eisernen Handhaben
versehen. Das Innere desselben war gleichfalls in einem
trostlosen Zustande. Es enthielt drei Schenkelknochen,
fast alle Theile des Hauptes und viele andere Stücke und
Splitter der Gebeine des seligen Gerrich und einige kleinere Reliquien in Kapseln, die jedoch zu den Gebeinen
des Seligen nicht gehörten, wie die namentliche Bezeichnung derselben deutlich erkennen ließ. Die größern Gebeine lagen auf zwei Kissen und waren mit einem Ueberwurf von blauer, mit Figuren verzierter Seide bedeckt.
Das eine der genannten Kissen bestand aus einer alten
Weberei, wahrscheinlich sizilianischer Fabrication, wie sie
im XIII. Jahrhundert üblich war, ein Zeichen, daß es
mit dem Sarcophag bzw. Kirchenbau gleichzeitig war.
Das Hauptmuster hatte in rothem Felde einen weißen
Drachen, die Zwischenfelder waren auf blauem Grunde
abwechselnd mit blauen und grünen Sternen besäet. Das
andere Kissen war von blauem Sammet, das Futterzeug
in beiden grüne Seide. Der Ueberwurf oder die Decke
bestand aus einem Stück alter dicker Seide, 4' 1/2" lang
und 18 1/2" breit. Der Untergrund desselben war blau,

das Muster grüngelb mit einem Kreuzblatt-Dessin und in demselben in Medaillons abwechselnd ein Blumenstrauß und ein dem Hasen ähnliches Thier. Das Ganze war Seide-Damast. Auch dieses Stück scheint dem XIII. Jahrhundert anzugehören. Dabei befand sich im sepulcrum der Hut eines weltlichen Großen von Goldbrocat mit aufgelegtem rothem Sammetmuster. Der Kronreif war von Pappendeckel mit verschiedenen Zierrathen von Messing und Stein. Endlich fand sich noch ein grünseidenes, altes Reliquien-Beutelchen, 4" lang und 3" breit, mit einer Klappe von selbigem Stoffe, inwendig mit rother Seide gefüttert und mit gelbseidener Einfassung.

Da der Sarcophag sich in solchem Zustande befand, so hielten die vorgenannten bei dem Grabe Gegenwärtigen es für nothwendig, über den Befund der Gebeine einen detaillirten Bericht an die geistliche Oberbehörde einzusenden, um auf Grund desselben die Ermächtigung zu erbitten, die Gebeine des seligen Gerrich zu erheben und provisorisch zum Behuf der würdigen Wiederherstellung des sepulcrum an einer anderen passenden Stelle der Kirche zu bergen. Der Bericht wurde am 26. August 1873 mit den nöthigen geschichtlichen Zeugnissen über das heiligmäßige Leben des Seligen an das Hochwürdige Erzbischöfliche Generalvicariat zu Köln abgesendet. Die Vollmacht zur Erhebung der Reliquien erfolgte am 17. September d. J. und zwar unter lobender Anerkennung der Bemühungen des zeitlichen Kirchenvorstandes in dieser Sache und mit der Vorschrift, daß die Reliquien zu dem Ende vorläufig aus dem Sarcophag entnommen, eingesiegelt und in der Sacristei oder an einem andern Orte der Kirche unter Verschluß hinterlegt würden, bis die Herstellung des Sarcophags vollendet sei; die Erhebung und Reposition der Gebeine habe in der Stille und ohne kirchliche Feierlichkeit zu erfolgen; über den Befund der Reliquien sei unter Zuziehung eines Arztes und einiger Mitglieder des Kirchenvorstandes als Zeugen bei der Erhebung ein Protokoll aufzunehmen und Abschrift einzusenden.

Die Erhebung fand darauf am 8. October d. J. statt. Eingeladen waren dazu die Hochwürdigen Herren: Dr. theol. Joh. Hub. Kessel, Canonicus der Collegiat-Stiftskirche zu Aachen, Urban Portz, erster Kaplan zu Gerresheim, Peter Viel, zweiter Kaplan daselbst, welche auch erschienen. Von den eingeladenen Kirchenvorstands-Mitgliedern fanden sich ein: Peter Müller, Gutsbesitzer, Jacob Kirschbaum, Guts-besitzer, Theodor Lohmann, Post-Expedient, Wilhelm Viegen-wald, erster Lehrer. Schließlich nahmen an dem vorzu-nehmenden Acte auf Einladung Theil: der assistirende Arzt, Herr Dr. Püllen und die Herren Heinrich Schang, Rentner, wohnhaft zu Grafenberg, und Wilhelm Kemper-dick, Gutsbesitzer zu Papendell. Folgendes ist der Wort-laut des über die Erhebung der Gebeine aufgenommenen Protokolls:

„Im Jahre 1873, den 8. October, Nachmittags 4 Uhr versammelten sich die unten benannten Personen auf Ein-ladung des Pfarrers von Gerresheim, Herrn Aloys Hahn, in der dortigen Pfarrkirche vor dem Sarcophag des seligen Gerricus, um dem Auftrage der Erzbischöflichem Behörde gemäß die Erhebung von dessen Gebeinen vorzunehmen. An der Seite des Altars B. M. V. standen der Sacristan und vier Choralen mit brennenden Kerzen, um bei der Reponirung der heiligen Gebeine den Priestern, welche dieselben tragen sollten, das Geleit zu geben. Die Ver-sammelten stellten sich vor den genannten Altar, worauf Herr Pfarrer Hahn, dem die Anordnung des Ganzen in die Hand gegeben war, an dieselben eine kurze Anrede richtete. Derselbe hob die wichtige Bedeutung des vorzu-nehmenden Actes hervor, indem er auf Grund der geschicht-lichen Zeugnisse die hohen Verdienste des seligen Gerrich betonte und unter Verlesung der betreffenden Erzbischöf-lichen Verfügung die Art und Weise erklärte, wie die Erhebung der Gebeine vor sich gehen solle. Darauf reichte er in Abwesenheit des Präsidenten des Kirchenvorstandes dem ältesten Mitgliede desselben, Herrn Peter Müller, die Schlüssel zur Eröffnung des Sarcophags. Nachdem unter dem Beistande zweier anderer Kirchenvorstands-Mitglieder die Eröffnung geschehen, wurde das Gitter abgehoben und das sepulcrum mit den Gebeinen des Seligen auf den dazu vorbereiteten Muttergottes-Altar niedergesetzt. Die Gebeine selbst wurden darauf herausgenommen und die Truhe entfernt, worauf Herr Dr. med. Püllen die osteologische Untersuchung vornahm.

Es fanden sich an Gebeinen vor:

1) Das ganze Schädelbach[1]) (calvaria), ein Theil der Schädelbasis und des rechten Schläfenbeins (os temporum); ferner die Hälfte des rechten Unterkiefers (mandibula seu maxilla inferior) und ein Stück des linken Unterkiefers; sodann das rechte Jochbein (os zysmaticum) und der untere Theil der rechten Augenhöhle, 13 Zähne und zwar sowohl Augen- als Backzähne.

2) Der rechte Oberschenkel (femur dextrum), welcher 18³/₄" lang ist, der rechte Unterschenkel (tibia) und der linke Unterschenkel, von denen jeder 15" lang ist; ferner ein Gelenktheil des Hüftknochens (acetabulum ossis pelvis), Kopf und Hals des linken Oberschenkels.

3) Ein Fußwurzelknochen des linken Sprungbeins (talus), ein zweiter Fußwurzelknochen (os biboides), ein dritter Fußwurzelknochen (os navicularis).

4) Der obere Theil des rechten Radius oder Unterarms, ferner Theile des rechten und linken Oberarmknochens (partes humeri dextri et sinistri).

5) Stücke von Rippentheilen, ferner Stücke vom fehlenden linken Oberschenkel und verschiedene andere kleinere Knochentheile, alle stark erobirt.

Diese Gebeine lassen in ihrer osteologischen Zusammenstellung nach dem Urtheile des genannten Arztes auf eine männliche, starke, im höheren Mannesalter stehende Person in der Größe von ungefähr 5' 7" schließen.

---

[1]) Der Schädel ist verhältnißmäßig gut erhalten, die Schädelnath noch deutlich erkennbar. Die Länge des Hinterkopfes bis zum Nasenansatz beträgt 14", das Breitemaaß vom rechten bis zum linken Chraniatz über den Oberkopf gemessen 10".

Hierauf wurden sämmtliche Gebeine, die größeren einzeln, die kleineren zusammen, sorgfältig in rothe mit Stickereien versehene Tücher eingehüllt, mit rothen Bändern geschlossen und versiegelt, sodann auf Kissen ruhend von der Geistlichkeit unter Begleitung brennender Lichter in das sogenannte Blutstabernakel niedergelegt, dasselbe in Gegenwart der vorbenannten Zeugen verschlossen und die Schlüssel wieder den Händen des Pfarrers übergeben.

So geschehen zu Gerrisheim, wie oben.

Vorgelesen und unterzeichnet

Dr. Kessel, Canonicus, Aloys Hahn, Pfarrer, Urban Portz, Kaplan, Peter Piel, Kaplan, Peter Müller, Jacob Kirschbaum, Theodor Lohmann, Wilhelm Biegenwald, Dr. med. Püllen, Heinrich Schang, Wilhelm Kemperdick, Fr. Höltgen.

Im Blutstabernakel blieben sodann die heiligen Gebeine ruhen, bis das Innere des Sarcophags des seligen Gerrich würdig hergestellt war. Diese Herstellung wurde sofort in Auftrag gegeben und es ist den eifrigen Bemühungen des Hochwürdigen Pfarrers, Herrn Hahn, und der freudigen Opferwilligkeit vieler seiner Pfarrkinder zu danken, daß dieselbe in nicht langer Frist einfach aber geschmackvoll vollendet wurde. Das vielbesuchte heilige Blutsfest zu Gerresheim, das in althergebrachter Weise stets am Sonntage in der Frohnleichnams-Octave gefeiert wird, war noch nicht herangekommen, als die Herstellung bereits vollendet war und die heiligen Gebeine wieder an ihre alte Ruhestätte zurückgebracht werden konnten.

Was aber die Restauration des Grabes und die neue Ausstattung der Gebeine des Seligen anlangt, so glaubte der Wohllöbliche Kirchenvorstand nach dem Urtheile kunstgeübter Kenner seiner Pflicht am besten zu genügen, indem er folgende Anordnung traf:

Die hölzerne Arca wurde inwendig mit rother Seide ausgeschlagen, sowohl unten auf dem Boden als an den Seiten. Alle Linien innerhalb der arca wurden mit hölzernen aber vergoldeten Stäbchen besetzt; nur das Innere des Kopfstückes bildet eine Ausnahme. Dort ist nämlich eine metallene, versilberte Platte angebracht, die folgende Inschrift trägt:

Arca Reliquiarum
Beati Gerrici Equitis Francici,
Huius Coenobii Virginum Praenobilium quod olim fuit
Fundatoris
intus renovata et exornata
sumptibus parochianorum Gerrisheimensium
ex mandato
Rev^mi et Illust^mi Dni Dni Pauli Melchers
Archiepiscopi Coloniensis
Anno 1874. Nonis Maii.

Die Gliedmaßen des Seligen wurden in folgender Weise ausgestattet und geziert: Der Oberschenkel und die Unterschenkel wurden mit rother Brocatseide, in welcher Hirsch- und Vogelmuster abwechseln, kreuzweise umhüllt, dann mit Borden umwickelt und mit Perlen und Edelsteinen passend verziert. Von der rittermäßigen Ausstattung wurde deßhalb Abstand genommen, weil die Frage nach der Art und Weise auf Schwierigkeiten stieß, die sich nicht sofort lösen ließen. Der Schädel wurde in eine, in Reliquiarform gehaltene Kapsel von versilbertem Metall eingestellt, oben auf dem Scheitel derselben eine Oeffnung angebracht und diese mit einem Krystallglase versehen, um das Heiligthum zu schauen und küssend zu verehren.

So haben die Katholiken von Gerresheim wieder in würdiger Weise ihren Ortspatron geehrt und gefeiert. Zwar hatte die Feier zunächst einen stillen localen Character; da aber der selige Gerrich ein Heiliger der katholischen Kirche ist, so hatte die Feier ideell eine viel weiter gehende Bedeutung, zu deren Beurtheilung nur das katholische Glaubensdogma den Schlüssel bietet. Aber gleichwohl verbleibt der Ortskirche von Gerresheim dieserhalb das meiste Verdienst und der größte Ruhm; denn würde der selige Gerrich noch wohl bekannt sein, wenn die katholische Kirche

daselbst seine Gebeine nicht bewahrt hätte? Und würden
letztere noch wohl existiren, wenn die katholische Kirche
daselbst nicht mehr existirte? Gewiß ernste Fragen für
unsere Tage, deren Beantwortung sich der katholische Leser
selbst geben mag. Alles in der Welt ist freilich dem
Wechsel und der Vergänglichkeit anheimgegeben, aber die
katholische Kirche unterliegt diesem Gesetze nicht, da sie von
Gott dem Herrn selbst gegründet ist.[1] Sie ist demnach die
allein Unsterbliche auf Erden, sie ist die in ihrem Geiste
und in ihrer Verfassung allein Unwandelbare, denn ihre
Grundfesten[2] ruhen auf den heiligen Bergen; sie ist das
auf Felsen gebaute Haus, das zwar manchmal erschüttert
scheint, aber nie zusammengestürzt werden kann.[3] Zwar
gilt dieser Satz nur von der Kirche im Allgemeinen, da
es bekannt ist, daß dieselbe in vielen Städten und Gegenden nicht mehr existirt, wo sie früher wirklich existirt hat;
aber sie ist nur deßhalb dort untergegangen, weil die
christliche Religion selbst dort untergegangen ist. Wo letztere in den Herzen der Menschen gepflegt wird und bestehen bleibt, da hat auch die Localkirche eine gewisse Be-
ständigkeit und nimmt an der Unvergänglichkeit der allgemeinen Kirche, die sie ja repräsentirt, Theil. Tausend
Jahre sind seit der Stiftung des seligen Gerrich verflossen
und unzählige Menschen in naher und ferner Umgegend

---

1) Der Allerhöchste selbst hat sie gegründet. Ps. 66, 5.
2) Ps. 86, 1.
3) Luc. 6, 48. Schön und treffend singt in dieser Beziehung
ein unbekannter Dichter:

Seit die Sterne friedlich wallen
Auf der blauen Himmelsau,
Sehen sie zu tausend Malen
Anders diesen Erdenbau. —
Nur auf Sions Felsenhöhen
Ist die feste Burg gebaut,
Die, seit ihre Zinnen stehen,
Unverrückt herniederschaut.
Feindeswuth und Sturmeswogen
Drohten oft der Veste Fall,
Selbst die Hölle kam gezogen
Zu zerstören Burg und Wall.

Doch umsonst. Durch alle Zeiten
Steht die hehre Felsenpfort',
Ob auch Höllenmächte streiten;
Denn der Heiland ist ihr Hort.
Immer schickt er neue Schaaren
Auf das weite Kampffeld aus,
Seine Sionsburg zu wahren,
Bis sie wird das — eine Haus.
„Nicht auf Waffen sollt ihr bauen,"
Spricht er, „eure Rüstung sei:
Glaube, Liebe und Vertrauen,
Denn ich steh' euch immer bei."

von Gerresheim haben aus derselben ihr zeitliches und ewiges Heil geschöpft; aber wer hat im Jahre 1873, wo das Fest des tausendjährigen Bestandes zum Danke gegen Gott und zur Verehrung des seligen Stifters hätte auffordern sollen, wer hat dieserhalb ein Dank= und Freudefest gefeiert? Nur im Schooße der katholischen Pfarrkirche daselbst empfand man dieses Bedürfniß, und suchte es, dem Ernst der Zeit entsprechend, in der Stille[1]) durch Erhebung von St. Gerrichs Gebeinen und in der würdigen Ausstattung seines Grabmals zu bethätigen. Dank deßhalb dem Wohllöblichen Kirchenvorstande! Er hat sich selbst dadurch für alle Zukunft ein Ehren=Denkmal gesetzt.

Achtes Kapitel.

Rückblick und Schlußwort.

Wir stehen am Schlusse unserer Darstellung. Lieblich und in natürlicher Einfachheit tritt das Lebensbild des seligen Gerrich, dessen einzelne Züge wir in vorliegender Schrift zum erstenmal aus den Quellen beschrieben haben, vor unsere Augen. Wenn es wahr ist, daß die einzelnen Mitglieder einer Gesellschaft durch ihr Betragen und durch ihre Verdienste diese selbst zu ehren und zu verherrlichen vermögen, dann hat der Ritterstand des Bergischen Landes schon zur Zeit, wo das Licht des Christenthums ihm erst zu leuchten anfing, in Gerrich gewissermaßen seine christliche Weihe empfangen. Nicht Waffenglanz und Siegestrophäen verschlangen, wie bei den meisten anderen Rittern seiner Zeit, sein Sinnen und Trachten; er kennt und beobachtet über seinem irdischen Beruf den höheren, den himmlischen, und so zeigt er sich als einen ganzen Mann,

---

1) Bei den traurigen Zeitverhältnissen, in welchen gegenwärtig die katholische Kirche Deutschlands ihr Dasein fristet, ist eine größere Festfeier nicht abgehalten worden.

der dem Kaiser gibt was des Kaisers ist, aber auch Gott was Gottes ist. Schon durch seine Vorfahren mit dem Kloster des h. Suidbert aufs innigste verbunden, gebührt ihm durch die Gründung eines regulären Stiftes für adelige Damen, durch die Schenkung seines Herrschersitzes und aller seiner irdischen Güter an die Kirche, durch die Erwerbung der Gebeine des römischen Martyrers Hippolyt und durch viele andere im Dienste des Herrn vollbrachte Werke mit diesem Apostel des bergischen Landes Antheil und Verdienst an der Begründung und Befestigung der katholischen Kirche daselbst, und so eröffnet sich uns in seiner, aus dem Dunkel ferner Zeiten hervorgezogenen Geschichte ein neuer lichter Einblick in die Wege, auf denen das Christenthum zu uns gedrungen ist. Ist das vom h. Suidbert im Anfange des VIII. Jahrhunderts gegründete Kloster auf'm Rheinwerth (Kaiserswerth) mit Recht als die vornehmste Centralstätte des Christenthums im Bergischen Lande zu bezeichnen, so unterliegt es doch keinem Zweifel, daß die vom h. Altfried und vom seligen Gerrich errichteten Damenstifter zu Essen und Gerresheim ihm als ähnliche Centralstätten desselben zur Seite getreten sind, wenn dieselben auch zunächst nicht die Bestimmung hatten, das Christenthum weiter zu tragen. Ihr Zweck und Beruf war es, unter den Töchtern und weiblichen Mitgliedern der Edelfamilien des Landes das Christenthum mit der ganzen Herrlichkeit seiner inneren Kraft, Schönheit und Beseligung zur Entfaltung zu bringen. In der Stiftung des seligen Gerrich tritt diese Absicht noch mehr hervor, als in der des Hildesheimer Bischofs, wie auch die Geschichte der Abtei Gerresheim dieselben mehr offenlegt als die der Abtei Essen. Wenn wir bedenken, mit welcher Ehrfurcht die alten Deutschen das Weib umgaben und zu welcher Höhe der christlichen Tugend und Gottseligkeit dieses zu gelangen vermag, wenn es sich Gott und dessen Sache ganz hingibt, dann begreifen wir den großen Einfluß der Frauenklöster jener Zeit und die hohe Bedeutung, welche sie für die Förderung der christlichen Religion und Kirche hatten. Daher ist auch die Abtei Gerresheim für die Religionsgeschichte des Bergischen Landes von großer Bedeutung. Zwar hören wir nichts oder doch nur wenig von den großen politischen und kirchlichen Ereignissen, welche Kirche und Welt in Bewegung gesetzt haben, aber desto mehr von der stillen, segensreichen Wirksamkeit der Kirche zur Vertiefung und Verinnerlichung des Christenthums, von der allmähligen Lösung des, bis zum XII. Jahrhundert und noch länger auf einem großen Theile der Menschheit lastenden Joches strenger Leibhörigkeit, von der Unterstützung der Armen, von der liebevollen Pflege der Kranken, namentlich der kranken Wanderer, die auf der großen Heerstraße von Köln nach Holland oder Westfalen durch Gerresheim kamen, von zahlreichen Memorien, welche die hochadeligen Aebtissinnen und Canonissinnen dieses Stifts durch fromme Schenkungen für die Verstorbenen ihrer Familie gestiftet haben. Wir finden also, daß die Mitglieder dieses Stiftes ihrem eigentlichen Berufe vollkommen entsprochen haben und daß somit die Absicht des Stifters hinreichend erfüllt worden ist. Daher war auch der Adel des ganzen Niederrheins dieser Abtei von jeher besonders zugethan. Bis zum Jahre 1595 gehörten die Aebtissinnen und Canonissinnen zu den höchsten Edelfamilien des Landes, mehrere waren sogar der regierenden Familie der Bergischen Grafen blutsverwandt und es gibt wohl kaum ein Adelsgeschlecht in Jülich, Cleve, Berg, das nicht dem Stifte Gerresheim eine Tochter als Canonissin zum Dienste des Allerhöchsten übergeben hätte. Die mancherlei Namen der gräflichen Herrscherfamilie von Berg, die Grafen von Jülich, von Cleve, ferner die ritterlichen Geschlechter in naher und ferner Umgegend, von denen das alte Necrologium der Gerresheimer Kirche Kunde gibt, namentlich deren von Eller, Erkrode, Nesselrode-Ehreshoven, Helpenstein, Grefgenstein, Winkelhausen, Blankenberg, Landsberg, Isenburg, Sayn, Windeck, Mühlenark, Elberfeld, Oytgenbach, Overheid, Blech u. s. w. vervollständigen, so sagt treffend Archivrath Dr Harleß, der jenes Necrologium zuerst veröffentlicht hat, das Bild der bedeutsamen Beziehungen, welche das alte Stift in den Personen seiner Genossen, Gönner und Freunde mit dem Lande, seinen Fürsten und edelen Geschlechtern dauernd auf das Innigste verknüpften. Noch steht zu Gerresheim als laut redender Zeuge dieser besonderen Vorliebe des niederrheinischen Adels für Gerrichs Stiftung die prachtvolle Stiftskirche, jetzt Pfarrkirche des Ortes, die als eins der wenigen und besten Baudenkmale des Uebergangsstyls aus dem Anfange des XIII. Jahrhunderts mit ihrem, auf der Kreuzvierung stolz flankirenden Thurme in die Gebiete hinüberschaut, aus welchen ehedem ihr die Fürsten- und Grafentöchter in großer Anzahl zuströmten.

Die Stiftung des seligen Gerrich ist, wie bereits gesagt, im Anfange dieses Jahrhunderts bei der allgemeinen Säcularisation der Klöster und klösterlichen Institute aufgehoben, ihr Dotations- und Eigenthumsgut dem Fiscus überwiesen worden. Welch' ein Unterschied zwischen dem IX. und XIX. Jahrhundert in Beziehung auf die Begriffe von Gewissen, Religion und Kirche einerseits und Gerechtigkeit, Macht und Staat anderseits! Ich enthalte mich aller Reflexion über diese Wandlung, nur mache ich darauf aufmerksam, wie leichtfertig und gewaltsam unser Jahrhundert in der Zerstörung dessen vorgeht, was einem ganzen Jahrtausend ehrwürdig, ja heilig war.

Gerrichs Stiftung ist nicht mehr, aber der religiöse Geist, der durch sie geweckt worden, ist damit nicht untergegangen. Noch blüht die katholische Religion in Gerresheim und im ganzen Bergischen Lande. Trotz der unseligen Reformation, die unter die deutschen Stammesgenossen einen klaffenden und, wie es scheint, immer weiter gehenden Riß gebracht, ist Gerresheim katholisch und von allen katholikenfeindlichen Parteien frei geblieben. Noch blüht das katholisch-kirchliche Leben daselbst, Tausende Pilger strömen z. B. in der Frohnleichnams-Octav dahin, um den unter Brodsgestalt verhüllten Gottmenschen entweder in den weiten Hallen der Kirche, oder in glänzender Prozession, wie kaum eine großartigere am ganzen Rheinstrome gehalten wird, anzubeten. Das ist die Weihe,

die dem Orte von oben gegeben ist! Mögen die dortigen Katholiken dies erkennen und in den Stürmen
und Verfolgungen der Kirche sich stets als würdige Nachfolger ihres Patrons und Stifters erweisen! Sicher wird
dieser, nachdem er die Krone des Lebens empfangen hat,
die Seinigen nicht vergessen, sondern ihnen seine besondere
Fürbitte zuwenden.

Zum Schlusse möchte ich den freundlichen Leser ersuchen, Gerresheim zu besuchen. Nachdem die Geschichte
des seligen Gerrich nunmehr auf Grund urkundlicher Zeugnisse klar und vollständig dargestellt ist, wird der Besuch
seines alten, im Laufe der Zeit bis zum städtischen Weich-
bild entwickelten Ansiedels doppelt lohnend sein. Immer,
sagt Archivrath Dr. Lacomblet, fand der Stadtbewohner
sich von dem freundlichen Thale angezogen, sei es um
unter seinen waldigen Höhen, am Gerrichs-Brünnchen,
die Eindrücke der still schaffenden Natur zu genießen, oder
um den Kunstsinn an dem edlen Gebäude der Stiftskirche,
einer Schöpfung aus dem Anfange des XIII. Jahrhunderts
zu weiden. Indem ich behufs Einladung zu diesem Be-
suche nicht verfehle, dieses Fleckchen Erde, wo so manches
Herz in Gott sich erfreut hat, kurz zu schildern, versetzt
sich mein Geist in freudiger Bewegung aus weiter Ferne
in die Heimath, wie sie noch vor 30 Jahren in Wald
und Flur, in Wegen und Stegen beschaffen war; denn die
moderne Zeit hat auch dort an den Naturbildern viel geändert.

Es gibt wenige Landschaftspunkte auf der rechten
Rheinseite des Kreises Düsseldorf, über welche die Natur
in so reicher Fülle ihre Schönheiten und Segnungen aus-
gegossen hat, wie über Gerresheim. Gelegen in einem
stillen, friedlichen Thale, das ein unbedeutender Bach
durchschlängelt, und von drei Seiten mit Berg und Wald
umgeben, bietet der Ort ein Ensemble der schönsten Natur-
scenen. Von allen Seiten führen alte, gangbare Wege durch
Busch und Feld, über Berg und Thal dahin und zu jeder
Jahreszeit, namentlich an Sonn- und Festtagen, ist die
Zahl der Besuchenden nicht gering. Der Hauptgrund
dieser Frequenz ist die balsamische, erquickende Luft, welche

dort im Thale wie auf den Höhen weht und die wunder-
schöne Naturscenerie, welche die Umgegend bietet Der
schönste Punkt des Thales aber ist wohl das Gerricus-
Brünnchen.[1] Während dort die Natur Deinen Körper
erfrischt, breitet sich die Stadt in ihrem ländlichen An-
strich, das Heiligthum Gerrichs in der Mitte haltend,
aus dem Wiesengrün vor Deinen entzückten Augen aus,
erinnert Deinen Geist an die Vergangenheit, führt ihn
sogar in die deutsche Urzeit zurück, wo nur mehr ein einfacher Hof die Stätte zierte. Gehst Du der schmalen
Thalsohle entlang, die südlich sich erweitert und in die große
Rheinebene ausläuft, dann hast Du zu beiden Seiten
Berghöhen vor Dir, von denen die westliche, etwas ab-
schüssig, schon vor Gerrichs Stiftung fruchtbares Ackerland
war, denn dort liegt der uralte Hof Ludenberg. während
die östliche, steil aufragend, noch jetzt mit dichtem Walde
bestanden ist, durch welche uralte, tief eingeschnittene Wege
führen und die noch älteren Höfe der Gegend mit einander verbinden. Gehst Du auf die Höhe, etwa auf den
Grafenberg oder die Hardt oder den Taubenberg, dann
liegt das Rheinland in weiter Strecke wie ein Paradies
vor Deinen Augen ausgebreitet. Der von der Sieg bis
zur Ruhr mitten durchs Bergische Land sich hinziehende
Höhenzug, eine Zierde der Landschaft, tritt hier dem
Rheine am nächsten und erhebt sich am höchsten. — gewissermaßen eine Einladung der Natur, die Schönheiten der

---

1) Das Wasser dieses Brünnchen, der in seinem Namen das
Andenken des Heiligen auch außerhalb der Kirche bis zum heutigen
Tage in frischem Andenken erhält, wird in einem Umkreise von
mehr als 8 bis 10 Meilen weit geholt und hauptsächlich gegen Haut-
ausschlag der Kinder angewendet. Mineralisch ist es nicht und unterscheidet sich wenig von den Bestandtheilen gemeiner Trinkwasser,
Schwefelsäure, Chlor, Kalk; nur scheinen ihm in geringen Quan-
titäten Schwefeltheile beigemengt zu sein, welche bei Hautausschlägen
eine heilende Wirkung verursachen. Es lohnte sich wohl der Mühe
an Ort und Stelle (wegen der Weichheit des Wassers ist dies nöthig)
eine chemische Analyse vorzunehmen, um die Bestandtheile genau bestimmen zu können; eine zu diesem Zwecke in Krügen besorgte Ver-
sendung des Wassers ist fehlgeschlagen.

Gegend zu betrachten und zu genießen. Wie ein Silberband zieht sich der Rhein durch die herrlichen Auen, die mit Städten und Dörfern zahlreich besetzt sind. Aecker und Gärten, Wälder und Wiesen wechseln malerisch mit einander ab und geben dem ganzen Panorama einen unbeschreiblich schönen Anblick, der im Norden am Xantener, im Süden am Kölner Dome seinen Ruhepunkt findet. Die lebhafte Industrie und die ausgebreitete Ackerwirthschaft, die in diesem, größtentheils in sich geschlossenen Districte betrieben werden, geben Zeugniß von der Kraft, Fröhlichkeit und geistigen Energie, welche die Bevölkerung allerwärts beseelen. Liebst Du es aber im Dickicht des Waldes zu weilen und Dich Deinem Sinnen und Träumen zu überlassen, dann gehe in den Godesbusch und setze Dich aufs grüne Moos; dort herrscht tiefe Stille; die alten Deutschen würden darin die Nähe des Gottes Wodan erkennen, den sie dort verehrt haben sollen.

Ja wahrlich! die Gegend ist schön. Hier findet sich ein Ensemble von Natur und Religion, Geschichte und Kunst, das hinsichtlich der harmonischen Verbindung seines Gleichen sucht. Leider ist bis zur Stunde die Geschichte des Ortes fast ganz unbeachtet geblieben und noch harrt sie des Mannes, der von der Urzeit anfangend bis zu unseren Tagen mit sicherem Griffel die Details schildert. Dem religiösen Moment aber wollte ich durch vorliegende Schrift Rechnung tragen und ich hoffe, daß es mir gelungen ist; wenigstens hat es an fleißigem Quellenstudium und sorgfältiger Ausarbeitung nicht gefehlt. Seit vielen Jahren war das Bild des seligen Gerrich stets vor meinen Augen, mit unwiderstehlicher Gewalt hat es auf mich eingewirkt, mich ergriffen und gehoben, mich getröstet und gestärkt; denn zu sehen, wie das Licht der göttlichen Gnade zuerst in die Finsterniß des Heidenthums fällt, wie die Wahrheit des Evangeliums ihren Gegensatz in der Welt, namentlich der heimathlichen, überwindet, wie mit dem Siege derselben alle Segnungen des Friedens und der Liebe in die Familie und in die bürgerliche Gesellschaft einkehren, das gewährt wahre, geistige Freude, Vertrauen auf Gott, Liebe und Begeisterung für die Kirche, Kraft der Ueberzeugung, Lebendigkeit des Glaubens, wie sie anderswo nicht häufig gewonnen werden.

Hast Du nun dort lieber Leser, die erfrischenden Eindrücke der Natur genossen, ihre Schönheiten geschaut und bewundert, dann gehe still zum Grabmal des seligen Gerrich und verehre ihn in andächtigem Gebete; denn ihm und seinem frommen Geschlechte verdankt der Ort sein Dasein, die Mark ihre frühest bekannte Bebauung, die Gegend die erste Aufnahme der christlichen Religion, die Geschichte ihre ältest beglaubigte Spur.

Beilagen

zur Geschichte des seligen Ritters Gerrich.

Nro. I.

Aebtissin Regenbierg, Tochter des Ritters Gerrich, bestätigt die von ihrem Vater errichtete Stiftung der Kirche St. Hippolyti zu Gerresheim und schenkt hierzu fernere Ländereien zu Linz und Einkünfte der Kirchen zu Meiderich, Mintard, Sonnborn und Pier zum täglichen Unterhalt der Nonnen. 1873.

C. Trinae unitatis et indiuiduae trinitatis gratia monarchiam imperatorum feliciter gubernante Lutheuvigo imperatore augusto. et sanctae aecclesiae dei coloniensi fideliter praesidente Guilliberto archiepyscopo. Regenbierg indigna Christi famula atque militis gerici filia pro spe et requie futurae beate uitae, ea quae ad me hereditario iure peruenerunt. iura mancipiorum. predia. et aecclesias quasdam. ad cenobium patrio nutu ac sumptu in Gerichesheim pro remedio coelestis patriae constructum et a uenerabili supradicto archiepyskopo dedicatum tradidi. atque sub testimonio et auxilio archicancellarii Everhardi. necnon archicapellani Loitberti. atque aduocati huius prescriti loci hatheboldi patruelis nostri. sub auctoritate regali et pontificali concedens firmaui. Notum autem facere cupimus tam quam presentibus futura aetate aduenientibus.[1] quod iussu et rogatu genitoris nostri gerici lege perpetua predia nostra sanctismonialibus ibidem deo seruientibus et arabona que sita sunt in linchesce cum uniuersis decimationibus ad uinum iugiter propinandum eisdem monialibus stabiliter con-

---

1) müßte richtig heißen: tam presentibus quam futura aetate aduenientibus.

firmamus. Ecclesiam uero que habita est in mietherge
ad album panem sororum nostrarum constituimus et
coram omnibus firmamus. Basilicam autem que est in
sunnebrunno cum uniuersa decimatione ad panem
siligineum carnem et caseum eadem lege confirmando
stabilimus. At vero aecclesiae que est in Minthert
decimationis utilitatem ad nos pertinentem ad quadra-
gesimale mandatum. et ad panis carnis caseique usum
promittendo constituimus. Aecclesiam quippe pirnam
cum dimidia parte decimationis mihimet ipsi prouidens
separo. aliam autem dimidiam sororibus nostris ad
meliorem cereuisiam et ad pauem nigrum stabiliter dere-
linquo. Si (ne) quid autem quod absit nostris aut se-
quentium temporibus his aecclesiis pastorum ruina
aduersi acciderit. hoc firmiter imperamus ac stabiliter
firmamus. predictorum dominorum auctoritate et imperio. nec mihi nec ulli sequenti abbatissae ab his
predictis basilicis et prediis ex me et parentibus meis
traditis. ac sanctismonialibus ad prebendam constitutis
liceat transmutare. donare uel cuipiam prestare. nisi
beati ypoliti martiris christi monasterii praepositae et
decane imperio atque concordi sororum omnium prece
et consilio. Huius quidem rationis seriem mihimet
ipsi primum laudabilem. cunctis uero sororibus accep-
tabilem litteris mox placuit coram archiepyscopo Guilliberto necnon principibus quam multis clericis atque
laicis ea lege denotari atque signari. ut si quis aduocatus seu cenobii huius prelata superueniens eam infringere. uel iura mancipiorum permutare uoluerit. a
presente archipresule Guilliberto atque ab uniuerso
coloniensi clero infelici damnatus anathemate. uiuens
atque uidens cum dathan et abiron et iuda traditore
nequam descendat. ubi uermis immortalis mordet et
flamma inextinguibibilis ardet.[1])

_____

1) Diese Urkunde beruht im Staatsarchiv zu Düsseldorf, abge-
drudt ist sie bei Lacomblet, U. B. I. S. 68.

Nro. II.

Hermann I., Erzbischof von Köln, versetzt die durch die Ungarn vertriebenen Nonnen von Gerrisheim in das Kloster der 11,000 Jungfrauen zu Köln, nimmt sie in den Schutz des heil. Petrus und bestätigt bzw. mehrt die Güter und Einkünfte der beiden vereinigten Klöster.

922, den 11. August.

C. Qui sacra loca rationabiliter gubernat eisque famulantibus stipendia augmentando delegat. remunerationem sibi in futuro praeparat. Ideoque in nomine sanctae et indiuiduae trinitatis ego Herimannus sanctae Coloniensis ecclesiae diuina opitulante clementia archiepiscopus omnibus sanctae matris ecclesiae filiis ac fidelibus praesentibus scilicet et futuris notum fieri uolo. quia exusto per Ungaricam tyrannidem monasterio in loco Gerrichesheim nuncupato. in honorem sancti Saluatoris ac sanctae Mariae sancti que Ypoliti martyris constructo. cunctisque et ipsius uenerabilis abbatissae Lantsuindae omniumque honorabilium sororum diuinitus utique sibi subiectarum habitaculis specialibus profecto et communibus pari modo flammiuomis consumptis incendiis. mancipiis quoque interfectis atque captiuatis. et in exilium abductis. omnibusque quae habuere direptis. ipsa etiam praenominata deo deuota abbatissa una cum sanctimonialibus sibi unanimiter adhaerentibus sororibus ex improuiso ac subitaneo Ungariorum impetu mortis periculum formidando Coloniensis ciuitatis confugia adeuntibus nullumque per omnia in praefato loco castellum uel aliud quodcumque tutamentum habentibus ut in dei omnipotentis famulatu ueluti propitia diuinitate imprimis coeperunt permanere mererentur: per amicorum probabilium interuentum monasterium sanctarum uirginum extra muros Coloniae erectum ad laudationem dei et sanctae Mariae ac ipsarum $\overline{XI}$. virginum sibi a nostra

concedi mediocritate deuote poposcerant. ea pro certo
ratione qua se cum sibi subiectis omnibus sub patrocinium ac defensionem primitus Christi domini ac almi
patroni nostri Petri necnon et sub alas pastoris eiusdem sanctae Coloniensis ecclesiae cum ipsius praefati
martyris reliquiis submittendo. quicquid praedii
vel haereditatis siue ex traditione Gerrici
bonae memoriae viri vel quicquid post eius
obitum ab aliis religiosis viris siue feminis
traditum fuisset sine diminutione totum et
ad integrum ad altare sancti Petri infra
Coloniam honorifice in principali loco fundatum spontanea contraderent voluntate.
suscepturae item e contra per huiusmodi traditionem
quicquid bonorum traditione virorum seu honestarum
mulierum ad ecclesiam sanctarum tradebatur uirginum.
et sic perpetualiter domino largiente in eodem sub regu-
lari constitutione degendo loco. utrumque suis usibus
deputatum sine ulla possiderent contradictione. minime
tamen ea intentione quo illud monasterium in memorato
loco constructum ubi antea diuinis inuigilabant laudibus
sine cura omnino relinqueretur. sed aliquantis illic prout
congruum visum fuerit relictis sororibus cum presbytero
missarum sollemnia et omnem canonicum cursum cum alia-
rum frequentia supplicationum cotidie explerent. Quae au-
dientes earumque calamitatibus ac detrimentis ex animo
compacientes. sanctum quoque locum ubi tot preciosarum
Christi martyrum corpora quiescunt summopere procu-
rare nitentes. consultu fidelium nostrorum tam clerico-
rum idoneorum quam etiam laicorum nobilium iuxta earum
petitionem et nostrorum suggestionem vota suscepimus.
et martyris Christi Ypoliti reliquias super altare almi Petri ponentes in conspectu totius circum-
stantis populi eius se humiliter subdidere dominio. omnia
ipsarum usibus communiter deputata Everwini aduocati
sui manu in medio posita secundum praescriptam summit-
tentes sententiam. Tali itidem tenore quatinus eadem
Lantsvint quae instanti praeest abbatissa tempore omni-

bus vitae suae diebus sine alicuius obiurgationis impulsu
praefixo utatur priuilegio. postque ipsius cum dominus
uoluerit decessum liberum omnimodis electionis suae ha-
biturae arbitrium inter se illam quae optima et in sancti-
monialis vitae proposito devotissima tunc temporis inuen-
ta fuerit cum consensu atque consilio reverendi antistitis
quicumque illis temporibus iam dictae praeesse sacrae videbitur sedi ab infantia secum nutritam. ac regularis atque monasterialis vitae norma bene instructam. ex nobili
progenie ortam in abbatissae sibi praeferre honore. Nec
ullus umquam successorum nostrorum aliquam cuiuslibet
famulationis in eisdem ancillis dei potestatem sibimet vin-
dicare praesumat. nisi tantum paterno affectu sanctarum
exercitia precum. nec suae cognationis vel familiaritatis
abbatissam contra earum uoluntatem eis praeponere at-
temptet. sed ipsarum electio atque petitio cum adiutorio
primi pastoris sanctissimi Petri apostolorum principis
firma in omnibus munitaque permaneat. Hoc etiam inti-
mandum. fore duximus de hoc profecto episcopatu ad
saepedictum locum nihil magis pertinere quam quae infra
scripta sunt loca: Hier folgen die Namen der Güter oder
Angaben der Einkünfte des St. Ursula-Klosters, welche der Erzbischof Hermann I. neuerdings bestätigt und durch eigene Schenkungen an dasselbe reichlich vermehrt. Zum Schluß heißt es:
  Haec omnia et superius comprehensa cum omnibus
ad haec iure pertinentibus domibus aedificiis silvis
campis pascuis aquis aquarumvis decursibus ingressibus
et exitibus cunctisque appenditiis. omnia et ex omnibus
totum et ad integrum de iure nostro in ius et domina-
tionem praefatae ecclesiae et sanctimonialibus sororibus
ibidem deo sanctisque virginibus rite famulantibus tra-
dimus atque transfundimus. ea pro certo conditione
quatinus illic perpetualiter in divinis laudibus pro
animae nostrae remedio omniumque supranominatorum
virorum vel feminarum augmenta capiendo proficiant.
Si quis vero quod fieri minime credimus. si nos ipsi
quod absit aut ullus successorum nostrorum seu quae-
libet ulla opposita vel extranea persona qui contra

hanc donationis cartam venire temptauerit et eam
infringere aut emutare voluerit. primo iram dei omnipotentis et sanctae Mariae atque earundem sauctarum
$\overline{XI}$. milium virginum incurrat. et a liminibus ipsius sancti
loci excommunicatus appareat. et insuper veniat super
eum lepra Neaman.[1]) et sic marcescat in radice ut non
florescat in palmite. et si aliquid exinde repetit. nullo
umquam tempore evindicare praevaleat. et adhuc pro
totius rei firmitate inferat cum constringente socio
fisco[2]) iuxta legum decreta auri libras V. et argenti
pondera XX. ne factum nostrum irrumpere valeat. sed
praesens traditionis carta omni tempore firma stabilis-
que permaneat. cum stipulatione subnixa. Actum publice
Colonia civitate regnante christianissimis regibus
Karolo et Heinrico.[3]) indictione X. III id. aug. in dei
nomine feliciter.[4])

Nro. III.

Friedrich I., Erzbischof von Köln, stellt die Gebühren-
taxe eines Vogtes der Kirche des heiligen Gerrich nach
eingezogenem Weisthum für jeden der drei jährlichen
Gerichtstage auf 14 Solidi fest. 1106, den 9. Januar.

In nomine summę et indiuiduę trinitatis. Ait sapiens
salomon. Diligite iusticiam qui iudicatis terram. Sen-
tite de domino in bonitate. et in simplicitate cordis
querite illum. Huius rei gratia. ego Fredericus gratia
dei sanctę coloniensis ęcclesię archiepiscopus. diligens

---

1) Cf. VI. Könige c. 5.
2) Aehnliche Formeln bei Ducange v. Fisco sociare.
3) Die Anführung beider Könige ist offenbar in der Beschaffenheit des kölnischen Erzstiftes, das sich auf beiden Seiten des Rheines
erstreckte, begründet; der Rhein bildete die Grenze der Reichsgebiete
beider. Waitz, Jahrb. des deutschen Reichs unter König Heinrich I.
n. B. S. 65.
4) Die Urkunde, die im Original in der Bibliothek des katholischen Gymnasiums zu Köln noch vorhanden ist, ist nach diesem erst
kürzlich in einem correcten Abdruck veröffentlicht worden. Vgl. Annalen des historischen Vereins für den Niederrhein, 26. u. 27. Heft, S. 334.

iusticiam. sentiens de domino quantum ipse donat in bonitate. et in simplicitate cordis querens illum. ius ęcclesię s. Gerici quod sub manu aduocatorum diutissime laborauerat. reformare cupiens. fideles ęcclesię eiusdem in unum conuocaui. et quod esset ius aduocati. diligenter inuestigaui. Cum autem iudices sacramento constricti. debitum seruitium aduocati. coram omnibus edixissent. videlicet quatuordecim solidos. tribus placitis legitimis tantum. in unoquoque placito persoluendos. nos hoc causa iusticię et in simplicitate cordis collaudantes. testimonio litterario. cum impressione nostri sigilli uolumus corroborari. Quod si quis qualibet occasione infringere temptauerit. iram dei super se uenturam sciat. et anathema quod pro hac eadem re fecimus sibi et posteris suis in ruinam esse cognoscat. Huius rei sunt testes. Domnus Bernardus prepositus s. Seuerini. Theodericus capellarius. Heinricus. Wilelmus. Reinbernus. Hertolfus. Wilelmus. Joannes. Euerardus. Helmericus. Wernerus. Livppo. Tiezo. De nobilibus autem. Herimannus comes de Udenkirchen. frater eius Arnoldus. Gerhardus comes de Julico. Vdo de mulesfort. Heinricus de Rumeschirche. Herimannus de Wanlo. De familia s. Petri. Almarus aduocatus. Teodericus. Sigebodo. Luidolfus. Heinricus. Bruno. Tietmarus. Wezelo. Lantbertus. Otto. Helmericus. Sigefridus. Wolbero. Liuzo. Cristianus. Bernardus. Gerlacus. Euruinus. Adelgerus. Azelinus. Actum est istud anno incarnationis dominicę. M. C. VI. Indictione XV. V. Idus Januarii. Anno regni Heinrici regis. II. impetrante Heizzecha. in Gerichesheim et apud sanctas uirgines colonię tunc temporis abbatissa.[1]

---

1) Aus dem Original im Staatsarchiv zu Düsseldorf, abgedruckt bei Lacomblet, U. B. I. S. 267.

Nro. IV.

Aebtiſſin Guda von Gerresheim ordnet zum Seelenheil der verſtorbenen Stiftsprieſter in der Kirche zum
h. Hippolyt (auch des ſeligen Gerrich genannt) ein
Nachjahr an. 1214—1231.

In nomine sancte et indiuidue trinitatis. Ego Guda
sic dicta miseratione diuina Abbatissa Gerreshem.
omnibus Christi fidelibus tam presentibus quam futuris
ad quorum noticiam hoc scriptum peruenerit in per-
petuum. Quum pium est et salutiferum animabus pro eis
post mortem sollicitudinem gerere que ex hoc seculo
transmigrarunt. quod solamen solum mortalibus post
diem uite huius relinquitur extremum. peruigili igitur
mentis indagatione diem illacrymabilem diem calamitatis
et miserie. diem magnam et amaram ualde pre oculis
habens instituere decreui memoriam fratrum nostrorum
sacerdotum in ecclesia b. ypoliti gloriosi martyris domino
seruientium. ad redemptionem animarum eorundem
sicut et in aliis plerisque ecclesiis pia imposuit consuetudo. Huius igitur saluberrime deliberationis conceptum
effectui mancipare festinans. communicato consilio dominorum venerabilium priorum Colon. Capituli necnon
et consilio conuentus tociusque collegii ecclesie Gereshemen. constitui. ut post discessum cuiuslibet sacerdotis
qui in ecclesia iam dicta adeptus fuerit stipendium
fructus sibi ac prouentus unius anni tam in agris quam
in decimis tutoribus anime sue siue parentibus uel ad
debita sua persoluenda uel pro redemptione anime
sue ad integrum deputentur. Successori interim am-
ministratione in cottidianis stipendiis assignata. Ita
tamen terminis anni et fati subdistinctis. si quispiam
ex ipsis sacerdotibus in die beati Joannis baptiste uel
post infra diem beati andree apostoli decesserit. fru-
ctibus inter predictas sollempnitates et prouentibus
collectis perfruatur. et nullis aliis deinceps colligendis.
Sin autem in die beati andree uel post infra natiuitatem
beati Joannis baptiste prescripte obierit siue decesserit

fructus ipsius anni colligendi eidem cedent ex integro
et prouentus. De predictis uero redditibus in salutem
anime deputatis marca subtrahenda est. de qua nouen
solidi ad consolationem conuentus distribuentur. III
videlicet solidi in die obitus sui. III in tricesimo. III
in anniuersario. reliqui uero III custodi ad prebenda
luminaria pro anima ipsius conferentur. Post discessum
uero sacerdotis qui curam habet parochie quia habet
necessarium sacerdotis coadiutorio et ex ratione archi-
dyaconi singulare tenetur scruitium impendere successori suo. cottituano stipendio quedam superadduntur
que in hac pagina nominatim sunt distincta. tercia
videlicet pars agrorum. quatuor domorum decime in
villa que dicitur Morpe. duarum in villa dellinchusen.
duarum in rothusen. Insuper decima que iacet in uicino
que pertinet ad luminaria ecclesie beati Gerici.
Insuper census attinentes. XVIII solid. et VI den.
et oblationes tocius parochie. Preterea pulli qui per-
soluuntur in parochia necnon et decima agnellorum.
presentenda in festo s. Walburgis que et successoribus
aliorum sacerdotum relinquitur. Quicunque igitur huius
piissime institutionis factum quod pie statutum est
consilio. ansu temerario in irritum ducere attemptauerit
uel maliciose per calumpniam infringere. auctoritate
Jhesu Christi et omnium simul a Domino potestatem
ligandi et soluendi habentium hominum anathematis
uinculo innodetur. sed qui recte hoc decretum scruare
studuerit in sanctorum omnium conscriptus collegio
eterne hereditatis beatitudine perfruatur. Itaque ne
maleuolorum impugnare possit malitia hoc pie et benigne
ordinationis beneficium et ut omni euo sequente permaneat ratum. tam sigilli nostri quam beati ypoliti
ecclesie Gereshemen. patroni appensione et munimine
coram testibus est reformatum.[1]

---

1) Entnommen aus einer Handschrift des XIV. Jahrhunderts
im Knipping'schen Sammelbande zur Geschichte des Stifts Gerresheim, beruhend im Provinzialarchiv zu Düsseldorf.

Nro. V.

Aebtiſſin Gertrud von Neukirchen (1254—1287) macht mehre Stiftungen zum Beſten der Abtei Gerresheim, unter Anderem zum Behuf der ununterbrochenen Beleuchtung der Tumba des ſeligen Gerrich.

Sciendum quod nos Gertrudis abbatissa de nûen-kirghen dicta comparauimus pro nostris denariis viginti duo iugera terre arabilis iuxta montem Güdesberch sita. de quibus soluentur ex nostra collatione conuentui Gherishem singulis annis duodecim maldra tritici coloniensis mensure. Hec quoque iugera villico in d e r n e commisimus excolenda ut dictam pensionem soluat annis singulis preter redditus nostre curtis d e r u e. Hec etiam iugera seminata bene dimittentur et assumentur in festo sancte Margarete sicut ag.i derne nostre curtis. Praeterea comparauimus duo iugera prati iuxta d e r n e sita que villicus ad predicta viginti duo iugera habebit. ut eo commodius et libentius soluat predictam pensionem. Praeterea comparauimus etiam nostris denariis viginti iugera terre arabilis que dedimus theoderico celerario in hereditaria pensione pro quatuordecim maldris siliginis mensure Coloniensis, de quibus decana recipiet quatuor maldra et cum duobus maldris emet sepum, cum quo luminabit tantum noctis altare beati Joannis Baptiste et Marie Magdalene supra chorum dominarum et ponentur lumina in crepusculo diei, de aliis octo maldris tumba beati Gerici diebus et noctibus debet illuminari et insuper ante crucem in monasterio tantum noctibus luminabit maldris de eisdem. dabit etiam decana campanario sancti Gerici duodecim denarios de eisdem maldris.[1]

---

1) Entnommen dem alten Heberegiſter der Höfe und Gefälle des Stiftes Gerresheim, das annoch im Staatsarchiv zu Düſſeldorf aufbewahrt wird. Daſſelbe gehört in ſeiner jetzigen Geſtalt dem XIV. Jahrhundert an und iſt im Jahre 1867 vom Archivrath Dr. Harleß veröffentlicht worden. Vgl. Dr. Th. Lacomblet's Archiv für die Geſchichte des Niederrheins, fortgeſetzt von Dr. Woldemar Harleß. Neue Folge. I. Bd. 1. Heft. S. 134.

Nro. VI.

Ein Patriarch und 15 Erzbischöfe und Bischöfe verleihen der Stiftskirche St. Hippolyti zu Gerresheim einen Ablaß von 40 Tagen für verschiedene Feste, unter anderen auch für das Fest des h. Herzogs Gerrich. Avignon, 1319 den 19. Mai.[1]

Uniuersis presentes litteras inspecturis miseracione diuina fratres Ysuardus Antiochen. Patriarcha. Raymundus Adrianopolitanus. Bostagnus Neopatren. Archiepiscopi. Wernerus Marmoren. Ptolomeus Torsellanus. Berengarius Christopolinus. Guillelmus ad partes Tartar. Nicolaus Argolic. Petrus Callien. Symon Parmensis. Petrus Naruien. Egidius Adrianopolensis. Orlandus Domensis. Guillelmus Niciensis. Bernardus Christopolitanus et Petrus ciuitatis noue. Episcopi. salutem in eo qui est omnium vera salus. Pia mater ecclesia de animarum salute sollicita deuotionem fidelium per quedam munera spiritualia. remissiones videlicet et indulgentias. inuitare consueuit ad debiti famulatus honorem. Deo et sacris edibus impendendum. ut quanto crebrius et deuotius illuc confluit populus Christianus assiduis saluatoris gratiam precibus implorando. tanto celerius delictorum suorum veniam et gaudia consequatur eterna. Cupientes igitur ut ecclesia canonicarum in Gherisheym in honore sanctorum Ypoliti sociorumque eius martyrum consecrata. Colon. dyocesis. congruis honoribus frequentetur et a Christi fidelibus iugiter veneretur. Omnibus vere penitentibus et confessis qui ad ipsam Ecclesiam in festo praedictorum martyrum. necnon in festiuitatibus Natiuitatis Domini nostri Jeshu Christi. Circumcisionis. Epyphanie. Parasceves. Resurrectionis. Ascensionis Domini et Pentecostes. in omnibus et singulis festiuitatibus beate Marie Virginis. beatorum Petri et Pauli et omnium aliorum aposto-

---

1) Aus dem Original im Staatsarchiv zu Düsseldorf, Stift Gerrisheim, Nr. 30.

lorum et euangelistarum. Inuentionis et Exaltationis crucis. Michaelis Archangeli. Joannis Baptiste. Georgii. Quirini. Jerici ducis.[1] Nicolai. Martini. Gregorii. Augustini. Ambrosii. Jeronimi ac sanctarum Marie Magdalene. Catharine. Gertrudis. Undecim milium virginum. in commemoratione omnium sanctorum et in dedicatione ipsius ecclesie ac per Octauas praedictarum festiuitatum causa deuotionis. peregrinationis vel orationis accesserint. vel qui in extremis laborantes dicte ecclesie quicquid suarum legauerint facultatum. aut qui corpori Christi cum solempniter circumfertur. deuotam praebuerint comitivam. seu qui in serotina pulsatione campane flexis genibus ter aue Maria deuote dixerint. aut qui circuiverint cymeterium dicte ecclesie dicendo orationem dominicam pro defunctis. vel qui interfuerint sermonibus. quandocumque in dicta ecclesia publice praedicatur. nec non qui ad fabricam. luminaria. ornamenta et alia dicte Ecclesie necessaria manus porrexerint adiutrices. de Omnipotentis Dei misericordia et beatorum Petri et Pauli apostolorum eius auctoritate confisi. singuli nostrum singulis quadraginta dierum de iniunctis sibi penitenciis misericorditer in Domino relaxamus. dummodo dyocesani voluntas ad id accesserit et consensus. In cuius rei testimonium presentes litteras sigillorum nostrorum fecimus appensione muniri. Datum Auinion anno Domini Millesimo Trecentesimo Decimo nono. mense Maii. Pontificatus sanctissimi patris Domini Johannis diuina providentia pape.

---

1) Im Stift Gerresheim bestand bis zur letzten Zeit die Tradition, daß der selige Gerrich ein Herzog gewesen sei. Vgl. S. 59.

Nro. VII.

Ein alter liturgischer Ordo [1]) der ehemaligen Stiftskirche zu Gerresheim.

Der alte liturgische Ordo, der hier zum erstenmal zum Abdruck gelangt, ist nachweislich viele Jahrhunderte hindurch in der ehemaligen Stiftskirche zu Gerresheim in Gebrauch gewesen. Offenbar liegt die kölnische Liturgie demselben zu Grunde, wenn derselbe auch in mancher Beziehung Varietäten darbietet; er kann daher füglich als ein Beitrag zur Geschichte derselben betrachtet werden. Der Hauptwerth desselben läßt sich kurz auf folgende Punkte zurückführen:

1) Er zeigt uns die Eigenthümlichkeiten der älteren kölnischen Liturgie. Es sind bis jetzt wenige solcher Ordines aus den alten Stiften und Klöstern der kölnischen Erzdiözese bekannt geworden, in welchen, wie im vorliegenden, bis ins Detail die geistvolle Schönheit, die erbauliche Ordnung und die lebhafte Scenerie der kölnischen Liturgie hervorleuchtet. Was darüber der Apostolische Nuntius, Msgr. Octavius Frangipani in seinem Werke Directorium ecclesiasticae disciplinae Coloniensi praesertim Ecclesiae accomodatum mittheilt, beruht auf der Liturgie des XVI. Jahrhunderts, die in manchen Punkten von der alten stark abweicht. Wie effectvoll wirken in vorliegendem Ordo die beiden in Dalmatiken gekleideten Cleriker, die in aller Frühe am Ostermorgen am Grabe des Herrn sitzen, der eine zu Häupten, der andere zu Füßen, und die Engel in weißem Gewande am Auferstehungsmorgen darstellen! Und wie schön passen zu diesem Bilde die zwei anderen Geistlichen, die an der rechten Seite des Grabes stehen und die in aller Frühe zum Grabe eilenden Jünger Petrus und Johannes repräsen-

---

1) Auch dieses Schriftstück beruht im Provinzialarchiv zu Düsseldorf und zwar in dem vorerwähnten Knipping'schen Sammelbande. Die Abschrift verdanke ich der Güte des Staatsarchivars Dr. Hegert, dem ich auch hier dafür meinen Dank ausspreche.

tiren! Schon im kölnischen Missale des XV. Jahrhunderts,
wie ein solches handschriftlich das Pfarrarchiv von
St. Alban aufbewahrt, kommt diese Scenerie in der liturgischen Auferstehungsfeier nicht mehr vor. Sie scheint
ihrem Ursprunge nach jener Zeit anzugehören, wo das
Christenthum mit aller Lebhaftigkeit ergriffen und ins
Leben eingeführt wurde, also vom VIII. bis XI. Jahrhundert. Unwillkürlich wird der Leser an den Heliand
erinnert, worin in gleicher Weise die evangelische Geschichte
mit der ganzen Lebendigkeit dramatischer Darstellung vor-
geführt wird. Auch das häufige Processioniren um den
Kirchhof und durch die weit ausgedehnte Pfarrei Gerresheim ist in dieser Beziehung characteristisch. Freilich wie
der Ordo jetzt vorliegt, stammt er dem Character der
Schrift gemäß aus dem XIV. Jahrhundert, was auch in
gleicher Weise die Anfangszeile des Liedes kundgibt:
Crist is instanden van der doit;
aber es liegt einmal in der Natur solcher Ordines, daß
sie Jahrhunderte hindurch stabil bleiben und ihr ursprün-
liches Colorit bewahren. Auch ist es möglich, daß das
Original des vorliegenden Ordo noch irgendwo entdeckt
werde; denn in dem früher erwähnten Knipping'schen
Sammelbande, worin auch das alte Necrologium der
Gerresheimer Kirche enthalten ist, heißt es: „Item up
wilche dage ind wannen men die prime misse up dem
vurss. hoemissen elter bynnen dem Jare pleit zu doin
ind doin sal, dat vyndet men allet beschreven in dem
ordinancien boiche. dat in der Geirkameren an der Ketten
gebonden leget.“ Es ist mir aber bisher nicht gelungen,
eine Spur dieses Buches zu entdecken.

2) Dieser Ordo erinnert an die Anfänge des Christenthums im Bergischen Lande. Seit alter Zeit (antiquitus),
heißt es in demselben, besteht in Gerresheim die Gewohnheit, daß am Feste des Kirchenpatrons, also des h. Hippolyt, die Canoniche von Werth Theil nehmen, wobei ihr
Villicus ihnen im Pfarrhause, oder wo es ihnen beliebt,
aufwartet. Abgesehen davon, daß noch der alte Name
Werth für die Stiftung des h. Suibbert gebraucht wird,

13*

während doch seit der Zeit des Kaisers Friedrich Barbarossa († 1190), der die dortige Burg baute, der Namen
Kaiserswerth in constanten Gebrauch kam, erinnert uns
diese innige Beziehung zwischen beiden Stiftern an jene
Zeit, wo noch die Pfarreien Gerresheim und Kaiserswerth
vor dem Aaper Walde, da wo die Ratinger-Düsseldorfer Landstraße von der Gerresheim-Kaiserswerther Straße durch-
schnitten wird, an einander grenzten. Dieses war seit dem
Jahre 1236 nicht mehr der Fall[1]); denn damals wurde die
Kaiserswerther Pfarrei in Stadt- und Außenbezirk getheilt;
ersterer bildete den Pfarrsprengel des dortigen Stifts resp.
des Stiftscanonich, der zugleich als Pfarrer fungirte; letzterer bildete die Pfarrei Kreuzberg, benannt nach einem Orte,
der ostwärts von Kaiserswerth auf dem von Golzheim bis
Kaiserswerth den Rhein entlang sich hinziehenden Höhen-
zuge gelegen war. Das Dorf Kreuzberg mit seiner Pfarrkirche, deren Lage noch heute genau bekannt ist, wurde
bei der im Jahre 1688 befürchteten Belagerung von
Kaiserswerth, wo die Franzosen in Besatzung lagen, von
letzteren abgerissen. Die Kaiserswerther Canoniche blieben
also zum Stifte Gerresheim, auch als ihr Pfarrbezirk nicht
mehr an den Gerresheimer grenzte, in freundlicher Beziehung, die zweifelsohne auf beiden Seiten um so höher
geschätzt wurde, als sie die letzte Erinnerungsspur inniger
Freundschaftsverbindung war zu einer Zeit, wo Kaiserswerth und Gerresheim noch die einzigen Klöster im Keldachgau waren und sich in den gemeinschaftlichen Bestrebungen zur Verbreitung und Befestigung des Christenthums begegneten. Darin war es auch wohl begründet,
daß die Einwohner von Werth (Kaiserswerth) und Rath
zu Gerresheim, der alten Ottonischen Zollstätte, keinen
Zoll zu entrichten brauchten; denn im alten Zolltarif heißt
es: Item de van Werde inde van Royde ingeuent
ingeynen tol.[2]) Diese freundlichen Beziehungen zwischen

---

1) Lacomblet, U. B. II. S. 117.
2) Lacomblet, Archiv, fortgesetzt von Dr. W. Harleß,
l. c. S. 137.

beiben Orten bestanden nach vorliegendem Ordo seit unvordenklicher Zeit (antiquitus); daher glauben wir nicht
zu irren, wenn wir letzteren hinsichtlich seiner Entstehung
spätestens dem XI. Jahrhundert zuschreiben. Derselbe
hat aber in späterer Zeit verschiedene Zusätze erhalten.

3) Endlich ist derselbe besonders wichtig für die Geschichte des seligen Gerrich, weil er über die liturgische
Verehrung desselben in der Gerresheimer Stiftskirche die
unzweideutigsten Zeugnisse enthält. Wie in den mitgetheilten Urkunden, wird auch hier die genannte Kirche
sowohl die des h. Hippolyt, als die des h. Gerrich genannt. In derselben befindet sich, wie der Ordo sagt,
eine Kapelle des h. Gerrich und in derselben ein demselben
geweihter Altar. Auch steht in dieser Kapelle der Sarcophag oder die Tumba des Seligen. Es wird ferner bezeugt, daß in derselben vom Sonntage Domine in tua
misericordia an, also vom Dreifaltigkeitsfeste, bis Freitag
vor Kreuzerhöhung incl. an allen Freitagen die feierliche
Conventualmesse gehalten wird. Gerrich wird unterschiedlos beatus (selig) und sanctus (heilig) genannt, — ein
Zeichen, wie sehr man im Gerresheimer Stifte von seiner
Heiligkeit und Verehrungswürdigkeit überzeugt war. Alle
diese Momente sind bezüglich der Frage, ob demselben
kirchliche Verehrung zu erweisen sei, von größter Bedeutung und eben deßhalb hat der Verf. dieser Schrift geglaubt, das ganze Schriftstück zum Abdruck bringen
zu müssen. Leider fehlt sein Anfang und Ende; denn
es umfaßt bloß die Zeit von Mariä Reinigung bis St.
Michael.

. . . .

in processione portabitur cyborium. Et Ebdomadarius
portabit ymaginem domine nostre tenens candelam
quam dabit abbatissa que est octava pars talenti.
Exeunte conventu cantrix incipiet antiphonam Ecce
nomen domini. Qua finita processio tacens intrabit
ecclesiam et cum conventus in ordine steterit cantrix
alta voce incipiet. Te deum laudamus. Domini

vero secundum versum et sic finient. Postea Ebdomedarius imponat benedictionem candelis ordine scripto.
qua finita aspergantur candele aqua benedicta et conventus et omnis populus. Et si etiam festum in diem
dominicum evenerit. nusquam fiet aspersio aque nisi
solum in ecclesia. Infra aspersionem clerici cantabunt
Asperges me domine. Interea custos dividet can-
delas. Quibus accensis cantrix incipiet iocunde antiphonam. Lumen ad revelat i o ne m. Antiphona
finita clerici incipient Nunc dimittis. Et ad quem-
libet versum et ad Gloria patri cantabitur antiphona Lumen ad revelationem. postea dicetur
collecta. Hiis expletis cantrix incipiat alta voce Responsum accepit symeon usquead Nunc dimittis.
Clerici vero cantabunt notam. Et cum istam antiphonam cantaverint usque benedixit deum et
dixit. ibi tacebunt et plebanus scilicet Ebdomadarius tenens ymaginem domine nostre vertet se ad
populum et cum ceteris clericis incipiet antiphonam.
Hodie beata virgo Maria. Qua finita domine
cantabunt. Nunc. d. d. s. t. in pace. Posteadicetur
collecta. Qua finita exeuntes circumibunt cimiterium.
Et cantrix incipiet antiphonam Ave gratia plena.
Et antiphonam Adorna thalamum. Cum vero
redeuntes intrant monasterium. cantabitur antiphona Cum inducerent. Ante altare crucis cantatur Tota pulchra es cum collecta. Ante altare
summum Glorificamus te. In II vesperis super
psalmos antiphona Tecum principium et sic per
omnia. Ymnus a solis ortus cardine. Cantatur
antiphona Homo erat. Ab epiphania domini usque
ad purificationem nulla dicentur suffragia nisi sola
antiphona de domina nostra ferialibus diebus. Rubum
quem viderat. Sabbato Glorificamus te. Postea
dicentur solita suffragia usque Invocavit nisi de sancta
cruce. Sciendum est quod si annunciatio sancte marie
vel festum Gregorii venerit in die dominico Letare.
agetur feria secunda proxima. Si autem annunciatio

sancte marie venerit in septimana. vel in die palmarum. celebrari debet sabbatho ante palmas sol-
lempniter.

Ordo in die palmarum. Processio cum silentio intrabit capellam sancti Gerici[1]) et incipietur lectio
de Exodo a lectore sine tytulo. Venerunt filii in
helym. Qua finita incipiet cantrix alta voce Colle-
gerunt. Clerici versum Unus autem. Post hec
legatur ewangelium Cum appropinquasset ihe-
rosolimis. Quo finito scolares assumptis secum
quibusdam emancipatis egrediantur ad crucem et ordi-
nent se ad stationem coram cruce. Interim exorcismo
et orationibus necnon et prefatione cum aspersione
aque benedicte super consecratione palmarum celebratis
egreditur conventus cum antiphona cum appropin-
quaret et alia cum audisset et alia ceperunt.
Postea cum conventus sacerdotes adversum meridiem
reliquerint et adeo processerint quod crucem facie tenus
respexerint. incipiat cantrix devote Ave rex noster.
Qua finita incipiat scola Gloria laus et honor.
Hoc ymno dicto ad crucem primum et circumquaque
secundum morem inclinantes disciplinato gressu scola
ad conventum revertitur. Deinde sacerdotes stantes
in loco suo depromant antiphonam. Occurrunt
turbe. Tunc conventus procedat cantando cum festi-
natione Occurrunt turbe. Dehinc subjungant Pueri
hebreorum et tunc proiciant sacerdotes cappas. Postea
aliam antiphonam Pueri hebreorum tollentes. Interea sternantur palme ab omnibus. Infra hanc antiphonam Scriptum enim. Postea Abbatissa procedet
et prostrata oracionem fundet ante crucem. Surgente
abbatissa incipiet cantrix ꝟ. Salvum me fac. Ad
introitum monasterii cantatur. Ingrediente domina.
Ante crucem in medio antiphona Ante sex dies.
Hiis peractis missa celebretur a clericis solum.

---

1) Diese Capelle lag mitten in der Chorabsis vor dem Haupt-
altare.

In secunda tertia et quarta feria non cantantur antiphone super horas sed tantum respousiones et preces. Omni sabbatho infra quadragesimam ad completorium cantatur media vita. Infra passionem alternatis diebus una die media vita. altera Salva nos. Istis vero tribus diebus cantatur continuis media vita. Infra passionem Gloria patri nou cantatur nisi ad psalmos.

In cena domini non cantatur. deus in adiutorium nec gloria patri. sed preces simpliciter sine Antiphona ad horas et pater noster et Miserere mei Deus sine gloria patri et sine precibus cum una collecta Deus a quo et iudas et sic ad III. VI. et IX. Dicta nona cantetur missa[1]) festive. una domina cantet Graduale sine tractu. Vespere enim dicentur infra missam. Post missam conventus intrat refectorium cum cruce qua celebratur resurrexio. Ibi benedicetur panis et vinum et partitur inter omnes. facta cena recedunt layci et manent sole domine. Statim abbatissa lavabit pedes dominarum. Interea cantabuntur antiphonae. Cena facta postquam surrexit. domine tu mihi lavas. Vos vocatis. mandatum novum. Ante diem festum. Hys expletis abbatissa sedebit super sedem sibi positam et decana cum aliquibus dominabus surget et lavabunt pedes abbatisse cantantes antiphonam In diebus illis. Tunc surgens abbatissa dabit omnibus aquam ut manus lavent. Hoc facto abbatissa dabit cuilibet domine duos denarios. Insuper dabit quatuor sextarios tritici. Et similiter villicus de derne quatuor. De tritico autem abbatisse fiet ille panis qui benedicitur in refectorio et erit maior aliis. Domini vero facta cena reportabunt crucem et ponent ante altare summum. Illa nocte non cantabitur completorium.

In parasceue nulle hore in aperto cantabuntur. Hora enim sexta Ebdomedarius indutus alba et

---

1) Unrichtig steht im Original Nona.

desuper cappa lector stans ad pulpitum ante summum altare incipiat propheciam sine tytulo in hunc modum alta voce.

In tribulatione sua mane consurgent ad me. Qua finita conventus incipiat tractum Domine audivi. Illo dicto Ebdomadarius stans ante altare dicat collectam absque dominus vobiscum et absque genuflexione in hunc modum. Oremus. Deus a quo et iudas. Denique legetur lectio in modum Epistolae sine tytulo Dixit dominus ad Moysen et Aaron. Sequitur tractus Eripe me. quem domine cantabunt. Postea dicetur passio in loco suo altaris absque Dominus vobiscum et absque tytulo et absque In illo tempore. scilicet Egressus Jesus cum discipulis suis. Finita passione sacerdos reponens librum in alium locum dicat orationes sicut scripte sunt. et ad omnes fiant genuflexiones nisi ad illam que dicitur pro judeis. Sciendum est quia iudei genua flectentes illudebant domino nostro Jesu Christo. Quandocunque fit in aliqua collecta inde vel iudeorum memoria. sicut in feria V. et hodie. omnino praetermittenda est genuflexio. similiter quia Iudas osculo pacis tradidit Christum in cena domini. quod in feria quinta et feria sexta et sabbato nullo modo dari debet osculum pacis ab aliquo sacerdote. Ebdomadarius et alii sacerdotes teneant crucem ante altare et cantent popule meus. Clerici respondeant Agios. Postea chorus Sanctus deus. Iterum sacerdotes Quia eduxi te. Clerici Agios. Chorus Sanctus. Iterum Sacerdotes Quid ultra. Clerici Agios. Chorus Sanctus. Hys dictis sacerdotes crucem nudatam ostendentes populo dicant hanc antiphonam. Ecce lignum crucis. Domine vero dicant hunc versum. Beati immaculati cum repetitione. Ecce lignum. Tunc domini adorantes crucem vnusquisque post alium antequam adorent cantabunt crucem tuam. Tunc domine deus misereatur cum repetitione crucem tuam. Deinde chorus dominarum cantet ymnum. Crux fidelis. Hoc ymno finito et ab omnibus cruce salutata descendant domine et stantes ante summum altare sacerdos indutus casula accedat et dicat Confiteor et perficiat Officium. Quo peracto cantrix vero alta voce dicat Dum fabricator. Hys omnibus peractis Clerici cum conventu crucem portantes ad sepulchrum cantantes Sicut ovis et versum In pace et antiphona vlulate. Nunc ponenda est crux in sepulchrum et dicetur hec antiphona, Joseph ab armathia. Postea ponendum est velamen super sepulchrum. Quo facto cantabitur Sepulto domino cum versu In pace. et antiphona Mulieres sedentes. Tunc conventus et quicumque uelit prosternat se ad sepulchrum et dicat orationes quales uelit.

In vigilia pasche antequam benedicatur Cereus. dicetur in choro letania. Qua finita hora iam sexta Ebdomedarius indutus cappa purpurea stans ad pulpitum ante summum altare incipiat. Exultet iam angelica. Hoc ymno finito legantur lectiones siue tytulo. In principio creavit deus celum. Qua finita Ebdomadarius stans ad altare dicat collectam. Deus qui mirabiliter. Sequitur prophetia. Factum est in vigilia. Tractus. Cantemus domino. Collecta Deus cuius antiqua miracula. Alia. Apprehendent septem. Tractus. Vinea facta est. Collecta. Deus qui nos ad celebrandum. Alia. Nec est hereditas. Tractus. Attende celum. Collecta. Deus qui ecclesiam. Tractus. sicut cervus. Collecta. Concede quesumus omnipotens. Hys expletis conventus descendat de choro et ante altare domini nostri cantrix incipiat. Rex sanctorum. et conventus versum perficiat. Hunc ymnum cantando intrabunt ecclesiam. Cantrix assumat sibi dominam quam velit et cantabunt singulos versus. Chorus vero primum versum pro repeticione. Intrantes ecclesiam locabit se conventus in loco suo. Due vero stabunt ad fontem cantantes que scripta sunt. Post hec autem recedant domine a fonte et accedat Ebdomedarius et compleat benedictiones super fontem et baptizabit primum infantem. Interea conventus intrabit monasterium cantando brevem letaniam et directo gressu intrantes chorum incipiant iocunde Kyrie eleyson. Statimque omnis campane singulariter a minima usque ad maximam compulsabuntur et cantabitur Gloria in excelsis. Alleluja. Confitemini cantabunt due domine. Quo finito chorus tractum Laudate dominum. Credo in vnum non cantabitur neque aliquid Offertorium neque hodie nec in cena domini dabitur pacis osculum. Sumpto corpore Christi Chorus incipiat Alleluja. Laudate dominum omnes. Gloria patri. Antiphona Vespere. Magnificat. Gloria patri. Sacerdos uero vna collecta compleat officium. Ad completorium Deus in adjutorium non dicitur, sed sic dicitur cum invocarem. In te domine. Qui habitat. Ecce nunc. Nunc dimittis. Ad omnis. Gloria patri. Statim sequitur pater noster. Credo in Deum. Tunc Collecta Benedicamus non dicitur. In sancta nocte summo mane custos excitabit conventum et mittet pro clericis. Quodsi erim omnis convenerunt. custos dabit cuilibet lumen vnius vlne et tam spissum ut portari possit in manu. Lumen vero abbatisse ponderabit fertonem. Tunc domini et totus conventus accedent ad sepulchrum cum thuribulis et accensis luminibus. deposito velamine levabunt crucem cantantes submissa voce. Christus resurgens. Deinde Cum rex glorie et portantes crucem circa claustrum. Et cum reversus fuerit conventus. ponetur crux ante altare summum tecta purpura. Hys actis duo clerici induti dalmaticis more angelorum sedebunt ad sepulchrum unus ad caput alter apud pedes. Alii duo stabunt in dextra parte ante scampnum in figura petri et Johannis. Tunc erunt omnis domine sub choro vnde exibunt scolares et alie quedam domine iuniores cum eis vna emancipate et scolares precedent et alie in ordine sequentur moderatim euntes et cantantes Angelus autem domini ita paulatim. ut finiatur antiphona antequam ante crucem steterint quia ante crucem stantes incipient. Gloria

patri et primo inclinabunt sepulchro postea clericis.
deinde conventui. postea repeticionem. Qua finita uadant
stare ante scampnum contra clericos. Interea omnes
alie domine que jam sub choro manserunt per claustrum intrant ianuam [1]) sancti seuerini cantantes. Erat
autem. Statimque cantrix et alia secum ibunt subtus
chorum sancti nicholay. Reliqui vero procedentes ante
sepulchrum ibique incipient Gloria patri. et inclinabunt altari. deinde clericis postea conventui sicut
priores. Tunc clerici cantabunt Antiphonam Et ualde
mane cum gloria patri, quando autem conventus in
ordine steterit. vna domina conventus incipiat Maria
Magdalena et omnis cum ea domine similiter cantando perficiant. Interea tamen ille due que sub choro
sancti nicholay sunt tracto gressu exient portantes
thuribula et cum uenerint ad scampnum inclinabunt
sepulchro et tunc clericis. deinde conventui. Postea
procedent contra sepulchrum et paululum remote a
sepulchro submissa uoce cantabunt. Quis reuoluit
nobis lapidem. Hoc finito inclinabunt aliquantulum
sepulchro. Quibus angeli respondebunt. Quem queritis.
Marie vero parum altius dicent. Jesum crucifixum.
Et angeli antiphonam non est hic. Statimque accedent
ad sepulchrum cum thure. Thurificato autem sepulchro
redibunt per medium. Hic recedent petrus et Johannes.
Ibique stantes domine verse ad conventum cantabunt
Antiphonam. Ad monumentum uenimus ge-
mentes.[2]) Quo finito vadant ad loca sua. Interea
petrus et Johannes debent secreto abisse sicut habetur
in quarta linea sub chorum sancti nicholay. Finita antiphona ad monumentum petrus et Johannes pro-

1) Diese Thür wurde deßhalb St. Severinus-Thür genannt,
weil dicht an derselben der St. Severinus-Altar gelegen war.
2) Diese Feier am Ostermorgen hieß in der Münsterkirche zu
Aachen „Kriescheniang" d. h. Klage der h. Magdalena um den aus
dem Grabe verschwundenen Leib des Herrn und wohnten demselben
die Bürgermeister der Stadt bei. Vgl. Laurent, Aachener Stadt-
rechnungen, S. 338.

cedant directo gressu usque per medium monasterium. Interea chorus cantat antiphonam Currebant duo similiter. De media uia Johannes festinans praecedat petrum. Ad sepulchrum enim cum uenerit. stabit et non intrabit. Petrus autem sequetur et prior tamen intrabit. Tunc angeli levabunt sudarium et lintheamina et dicent antiphonam venite et videte. Hys peractis conventus dominarum ante summum altare stabit in loco suo. Clerici vero de crucifixo purpuram deponentes usque ad pectus mediocri uoce unanimiter cantabunt antiphonam Cristus dominus resurrexit. Domine vero deo gratias. Secundo altiori uoce cantent que et prius et domine sicut prius. domini tertio in supinis et domine sicut prius. Hoc tercio dicto cantet omnis populus. Crist is instanden van der doit. Postquam populus per horam cantaverit cantent tam domini quam domine Te deum laudamus. Interea pulsabuntur matutine.

In sancto die pasche portabuntur reliquie absque cyborio et absque vexillis. Infra aspersionem aque benedicte cantatur vidi aquam. Deinde cantrix antiphonam Cum rex glorie. intrant tunc ecclesiam et cantatur in uia antiphona Cum rex glorie. Qua iuita cantrix incipiet. Saluc festa dies. Infra ecclesiam due domine stabunt per medium et cantabunt versus. Lectrix enim portabit eis librum. Hys versibus finitis exeuntes ecclesiam transibunt forum et intrantes paradysum. Ante crucem cantabunt domine Crucifixum et domini recordamini. In octava pasche portabitur cyborium et uexilla et alie reliquie et cantabuntur antiphone et alia omnia sicut in die pasche. Transeuntes forum intrabunt claustrum. Sciendum quod omnibus diebus dominicis infra pascha et pentecosten portabuntur reliquie circa cimiterium. In festo ascensionis circumibunt forum intrantes claustrum. In die pentecostes et in octava eiusdem eodem modo ibunt cum processione domine et domini sicut in die pasche et in eiusdem Octaua. In prima dominica post octavam pente-

costes circumibunt cimiterium et intrabunt paradysum
per januam que est a latere. In festo sacramenti circumibunt forum portantes sacramentum corporis dominici et intrabunt claustrum.

Si festum s. Marci infra Ebdomadam pasche vel in
aliquo die dominico evenerit. portabuntur reliquie et
patronus noster cum cyborio et uexillis cum eodem
cantu et per eandem uiam sicut in Octava pasche. si
autem predictum festum in alium diem evenerit. secundum hunc ordinem fieri debet. Omnis conventus tam
domini quam domine hodie nigris uestibus apparebunt
et cum eisdem reliquiis que portantur in diebus rogationum exibit processio per paradysum cum eodem cantu
qui cantatur in diebus rogationum et ibit ad quoddam
biuium prope puddale. deinde revertentes intrabunt
prope curiam que vocatur veyhof et sic per magnam
plateam circumibunt forum usque ad macellum. Ibique
per ferream portam ex directo tenentes semitam intrabunt ecclesiam sancti Gerici cantantes ea que
scripta sunt. Infra hec omnia Ebdomadarius preparet
se. precibus vero et aliis finitis conventus cantabit
summam missam. In rogationibus feria secunda mane
pulsabitur prima et cantabitur. deinde clerici cantabunt
missam ad summum altare. Postea conventus missam
pro defunctis. Qua finita pulsabitur et cantabitur
tertia et sexta. Interea conveniat conventus et omnis
populus et elevantes cyborium et cruces et vexilla
exibunt per paradysum. In illis tribus diebus domine
apparebunt nigris uestibus et clerici nigris cappis. Primo
die ibunt hubeltroyde cantantes letaniam et alia que
scripta sunt. Ibique Ebdomedarius et omnis conventus
cantabunt summam missam. Exaudivit de templo.
finita missa illi de Elnere reportabunt reliquias et libros
et omnia que illuc lata sunt. Si quid autem in reditu
perdiderint inde rationem reddent. Domine vero prandebunt. Ibique villicus amministrabit in uno choro
quatuor scutellas. unamquamque scutellam habentem
octo ova et vnum caseum et quattuor cuneos pro qua-

tuor obulis emptos tantumque in alio choro. Et duas scutellas equales prioribus scutellis et duos ·cuneos habebunt celerarie que prandebunt infra missam quia post missam ministrabunt conventui. Clerici vero nullam communionem caritatis illis duobus diebus perceperunt. Quodam tempore domina G u d a uenerabilis abbatissa in Gherisheym condoluit Canonicos illis diebus ieiunos recedere. constituit dari in perpetuum· de redditibus domus que vocatur Wanthuys quam denariis suis comparauit feria secunda quatuor canonicis duas scutellas equales prioribus scutellis et quatuor cuneos sicut alios. Dominabus autem quia vidit panem deficere constituit in vno choro tres cuneos et in alio choro tres. celerariis vero duos cuneos. In feria tertia similiter tantum constituit domina G. abbatissa. Vnde dominus noster Jesus Christus per suam magnam misericordiam quia ipse est pius et misericors dignetur animam eius excludere ab infernalibus penis et ut ipsa mereatur conregnare cum angelis dei in celestibus regnis. Hoc ipse prestare dignetur qui uiuit et regnat deus in secula seculorum. Amen.

Facto prandio h u b e l t r o d e erunt duo currus circumsepti frondibus et foliis in quibus domine reuertentur. In feria tertia ibit conventus m o r p e. Ibi cantabitur summa missa scilicet dominica. finita missa dabuntur conventui et canonicis tot scutelle et tanti cunei ex parte villici sicut heri dati sunt. Insuper predicta domina abbatissa Guda constituit de eisdem redditibus dari quantum heri datum est. Deinde deducent conventum duo currus.

In feria quarta exibit conventus per paradysum et ibit extra ciuitatem circa quendam campum qui vocatur broekelken et postquam reuersus fuerit ante summum altare stantes domine cantabunt cum Ebdomedario summam missam de vigilia.

Feria secunda post octavam pentecostes tunc omnes canonice communiter existentes in dormitorio debent esse in matutinis. Quibus finitis omnes communiter ibunt ad medium chori et cantabunt. M e m e n t o q u e s o cum versu. deinde legent p a t e r n o s t e r. preces collectas Beatorum. Hys finitis vadit dextera pars subtus chorum. cantando ante altare Deus eterne cum uersu et pater noster. preces. collectas Beatorum sicut prius. Postea incipiunt vigiliam perficiendo usque ad sextam lectionem. qua finita cantabunt Domine cunctorum. et ulterius cantabunt usque ad nonam lectionem qua terminata. cantabunt Libera me domine de morte eterna cum uersibus. Altera pars que remanet supra chorum leget interim cursum Beati usque ad psalmum. Ad dominum cum tribularer. Quo finito cantabit Libera me domine de viis inferni. Postea pater noster. preces. Collectas Beatorum. finito cursu iterum leget illa pars pater noster preces et Collectas Beatorum.

Omni die dominico post Octavas pentecostes usque ad adventum in aspersione aque Ebdomedaria imponat antiphonam alta uoce. Asperges me domine cum versu et Gloria patri et repeticione. Sequitur Collecta. In prima dominica post pentecosten dicta collecta. Ebdomedaria imponat Resp. Benedicat nos deus. Et sic cantantes eat conventus circa claustrum. Intra ianuam imponat Ebdomedaria Resp. vel antiphonam cum Collecta. Secundo dominico die in exitu cantabitur Sanctifica nos domine et sic usque ad aduentum. Sciendum est quod si in feria secunda uel tercia uel feria quarta aliquod celebre festum euenerit in precedente die dominico. cantabitur in introitu monasterii de festo Resp. vel antiphona cum collecta. Quamdiu autem uoluerint cum nullum festum fuerit possunt cantare de sancta trinitate. sin autem de ipsa dominica Resp. vel antiphona cum Collecta. A dominica Domine in tua misericordia omni feria sexta usque ad precedentem feriam sextam ante Exaltationem sancte crucis cantabit conventus missam pro defunctis in capella sancti Gerici et cursum qui vocatur Beati. Et cantatur propitius per ordinem. Et portabitur crux circa commune cimiterium secundum hunc ordinem. finita tertia descendet conuentus de choro.

et ante summum altare stantes cantent antiphonam propicius vero converte. Gloria patri. sequitur repetitio propicius. Qua finita domine flectentes se super terram et dicat Ebdomadarius Collectam Exaudi queso domine. finita Collecta domine erigant se et cantent exeuntes monasterium Antiphonam Cognoscimus domine. deinde sequitur antiphona domine deus rex. Iterum alia Antiphona Absolve domine nec omnia ante januam ecclesie sancti Gerici debent finisse et intrantes ecclesiam imponat Ebdomadarius vnam antiphonam. prima feria sexta antiphonam Omnipotens deus qui et in altera feria sexta sancta Maria succurre miseris. finita antiphona ante altare sancti Gerici Ebdomadarius flectens se super terram totusque conventus in loco suo dicant Kyrie eleison. christe eleison. Kyrie eleison. pater noster et preces et collectam que scripta est. Collecta finita Ebdomadarius assumat sibi vnam dominam quam uelit et incipiant letaniam et exeuntes tam sacerdos indutus alba veste quam conventus circumeant commune cimiterium et intrantes monasterium ante summum altare finiant letaniam. deinde sequitur summa missa.

In festo Walburgis post primum Benedicamus intrabit conventus capellam abbatisse et cantrix imponet antiphonam Sancto de semine orta. hac antiphona finita et collecta et benedicamus exibit conventus ante crucem. ibi dicentur suffragia. finitis vesperis abbatissa dabit conventui quatuor scophos vini ad bibendum.

Sciendum quandocumque aliqua festa infra pascha et pentecosten fuerint in quibus nichil proprii habetur si est unus martir. quaere cantum de sancto Georgio scilicet tertiam Resp. erunt filiae Jerusalem. si est festum apostoli vel apostolorum. quaere de sancto Marco. Si est festum martirum vel Confessorum. quaere de sancto Gordiano et epymacho. In festo sancti Johannis Baptiste est dedicatio in choro dominarum. attamen est consuetudo ut domine cantent de festo et

clerici de dedicatione. finitis vesperis dominarum plebanus
et canonici cum ceteris cantabunt vesperas de dedicatione
et completorium et in sancto die matutinam et missam.

Sciendum quod octava domine nostre ex merito
tenenda est undique et deuotissime. sed nos in loco
isto non possumus propter octavam patroni nostri nisi
penultimo et ipso die Octobris.

Scire debent tam presentes quam futuri quod bona
et honesta consuetudo in loco nostro instituta antiquitus et adhuc reservata est scilicet Canonicos de
insula reni videlicet Werda¹) festo nostri patroni
sancti ypoliti martiris interesse. villico vero suo eis in
domo nostri plebani uel ubicumque eis placuerit honeste
seruiente.

In festo sancti Michaelis post primum Benedicamus
Conventus in processione et Ebdomadarius in cappa
cum cruce et duabus candelis ibit super capellam
sancti Michaelis²) et in ordine stantes incipiat
cantrix Te sanctum dominum cum versu et Gloria
patri. Interea Ebdomadarius thurificabit altare et conventum et dicet Collectam. In eodem loco dicentur
solita . suffragia.

Nro. VIII.

Geſtützt auf das Päbſtliche Breve des Pabſtes Urban VIII.
„Coelestis Jerusalem" verbietet Erzbiſchof Ferdinand
von Köln in ſeiner Erzdiözeſe jedwede öffentliche Verehrung nicht beatifizirter oder canoniſirter Heiligen, wie
auch die Verbreitung von Wunder- und Privatoffen-
barungs-Geſchichten, ſo lange die Geiſtliche Oberbehörde
dieſelben nicht gut geheißen hat.
Bonn, den 6. April 1644.

Ferdinandus Dei et Apostolicae Sedis gratia electus et confirmatus sanctae Coloniensis Ecclesiae Archiepiscopus, sacri Romani Imperii Princeps Elector, et

---

1) d. i. Kaiſerswerth.
2) Dieſelbe lag der Stiftskirche gerade gegenüber.

per Italiam Archicancellarius, eiusdem Sedis Apostolicae Legatus natus, Episcopus ac Princeps Paderbor-
nensis, Leodiensis et Monasteriensis, Administrator Hil-
desheimensis Berchtesgadensis et Stabulensis, Comes
Palatinus Rheni, utriusque Bavariae Westphaliae An-
gariae et Bullionis Dux, Marchio Franchimontensis,
Comes Pirmontensis Lossensis Longiensis Sternenber-
gensis et Hornensis etc. venerabili Clero et universis
ac singulis Christifidelibus Civitatis et Archidioecesis
nostrae Coloniensis salutem in Domino sempiternam.
Commissa nobis Dominici gregis custodia facit, ut
sollicite studeamus ab illo removere, quae divinae
maiestatis oculos possunt offendere. Comperto itaque
fide dignorum testimoniis, quosdam ecclesiarum Rectores, dum quaestum specie pietatis velant, valde pro-
clives esse, ut credant vulgentque publice miraculosas
hominibus curationes praestitas esse, quae vel leviter
confictae sunt vel, cum naturae viribus accidant, sic
adiunctis quibusdam minus veris exaggerantur, ut appa-
reant prodigiosae, nec alio quidem fine spergant in
vulgus, quam ut populi venentur affluxum et largis
oblationibus locupletentur, parum alias solliciti, verum
Dei O. M. coelitumque cultum et honorem promovere.
Huic ut malo gliscenti quamprimum occurratur, et ut,
quod Oecumenica Synodus Tridentina vehementer urget,
hac in materia quaestus omnis eliminetur et abusus
tollatur, omnibus et singulis Praelatis, ecclesiarum
Pastoribus et Superioribus aliisque curam animarum
habentibus serio mandamus, ut vigili cura circumspi-
ciant, sicubi nova miracula ad alicuius Sancti vel
Sanctae invocationem contigerint vel contigisse puta-
buntur, ne ea promulgentur et populus eorum pu-
plica narratione concitetur ad fidem iis certam tri-
buendam, antequam locorum istorum Praelati, Rectores, Parochi vel ecclesiarum Superiores eadem Nobis
Nostrove in Spiritualibus Vicario generali primo tempore significaverint, adiecta plenissima totius rei gestae
narratione, ut matura deliberatione praemissa diligen-

14*

tique veritatis examine instituto, iuxta formulam a Concilio Tridentino Nobis hoc in negotio praescriptam, vel tamquam vera miracula beneficiaque coelitus collata comprobentur vel ut supposititia reiiciantur. Severe etiam prohibemus, ne hominum nondum a Sede Apostolica Canonizationis aut Beatificationis honore insignitorum imagines cum radiis, splendoribus aut laureolis ullus ullibi depingat seu proponat, aut tabellas votivas ex cera argentove seu alia materia, aut etiam lychnos ad eorum sepulturas apponat, antequam in Canonem Sanctorum vel Beatorum relati fuerint, quia haec ex piae matris Ecclesiae Catholicae consuetudine solent esse signa propria Sanctorum Canonizationis vel saltem Beatificationis honore in terris decoratorum, quos tota venerari solet Ecclesia. Exstat hac super re Constitutio Sanctissimi Domini nostri Vrbani VIII. Pontificis maximi, cuius tenorem quo facilius unicuique innotescat, ad verbum hic censuimus subnectendum:

„Urbanus Papa octavus ad perpetuam rei memoriam. Coelestis Hierusalem cives, quorum gloriosis natalitiis sancta laetatur mater Ecclesia, sicut huius sanctae Sedis Apostolicae ministerio a piis utriusque sexus Christi fidelibus venerantur in terris, ita Romanum decet Pontificem militantis Ecclesiae regimini divina providentia praepositum pro suo praecipuo honoris domus Dei zelo invigilare, ne quid in persouarum cum sanctitatis aut martyrii fama vel opinione defunctarum memoriam sive cultum inconsulta sancta Sede praedicta innovetur. Alios siquidem Nos sollicite animadvertentes abusus, qui irrepserant et irrepere non cessabant in colendis quibusdam cum sanctitatis aut martyrii fama vel opinione defunctis, qui etsi neque Canonizationis neque Beatificationis honore insigniti essent ab eadem Sede, eorum tamen imagines in oratoriis atque ecclesiis aliisque locis publicis atque etiam privatis cum laureolis aut radiis seu splendoribus proponebantur, miracula et revelationes aliaque beneficia a Deo per eorum intercessiones accepta in libris rerum

ab ipsis gestarum enarrabantur et ad illorum sepulchra tabellae, imagines et res aliae ad beneficia accepta
testificanda, et lampades et alia lumina apponebantur.
Volentesque proinde huiusmodi abusibus pro debito
officii pastoralis occurrere, re etiam cum venerabilibus
fratribus Nostris S. R. E. Cardinalibus contra haere-
ticam pravitatem in universa republica christiana ge-
neralibus Inquisitoribus ab eadem Sede specialiter deputatis communicata et mature considerata ac discussa,
de eorundem Cardinalium consilio sub die XIII. Martii
1625 declaravimus, statuimus et decrevimus, ne quorum-
vis hominum cum sanctitatis seu martyrii fama, quanta-
cumque illa esset, defunctorum imagines aliaque prae-
fata et quodcumque aliud venerationem et cultum
prae se ferens et indicans, in oratoriis aut locis publicis seu privatis vel ecclesiis tam saecularibus quam
regularibus cuiuscumque religionis, ordinis, instituti,
congregationis aut societatis apponerentur, antequam
ab Apostolica Sede canonizarentur aut beati declara-
rentur et, si quae appositae essent, amoverentur, prout
eas statim amoveri mandavimus. At pariter imprimi
de cetero inhibuimus libros eorundem hominum, qui
sanctitatis sive martyrii fama vel opinione, ut prae-
fertur, celebres e vita migravissent, gesta, miracula
vel revelationes seu quaecumque beneficia tamquam
eorum intercessionibus a Deo accepta continentes, sine
recognitione atque approbatione Ordinarii, qui in iis
recognoscendis theologos aliosque pios ac doctos viros
in consilium adhiberet, et ne deinde fraus aut error
aut aliquid novi et inordinati in re tam gravi com-
mitteretur, negotium instructum ad Sedem Apostolicam
transmitteret eiusque responsum exspectaret. Revelationes vero et miracula aliaque beneficia supradicta, quae
in libris horum hominum vitam gestaque continentibus
eatenus sine recognitione atque approbatione huiusmodi
impressa erant, nullo modo approbata censeri voluimus
mandavimusque. Ad horum hominum sepulchra ve-
tuimus etiam ac inhibuimus tabellas atque imagines

ex cera, aut argento seu ex alia quacumque materia,
tam pictas quam fictas atque exsculptas appendi seu
affigi, et lampades sive alia quaecumque lumina
accendi sine recognitione ab Ordinario omnino, prout
supra, facienda, Sedique Apostolicae referenda ac pro-
banda, declarantes, quod per suprascripta praeiudicare
in aliquo noluimus neque intendimus iis, qui aut per
communem Ecclesiae consensum vel immemorabilem temporis cursum aut per patrum virorumque sanctorum scripta
vel longissimi temporis scientia ac tolerantia praefatae Sedis Apostolicae vel Ordinarii celebrantur. Cumque postea
die II. Octobris eiusdem anni 1625. a quibusdam revocari
in dubium accepissemus, an tabellas aut imagines, quos
imposterum offerri contingeret, recipere et antea oblatas conservare liceret, Nos qui tantummodo voluimus
occurrere abusibus qui irrepere videbantur, certiorem
parare viam ad eorum in terris gloriam, quorum san-
ctimoniam divinae clementiae placuerit admirandis ope-
ribus illustrare, re prius cum eisdem Cardinalibus communicata, de simili eorum consilio declaravimus, quod
sicut numquam prohibuimus nec intentionis nostrae
fuit prohibere oblationem receptionemque tabellarum
et imaginum huiusmodi, ita ut deinceps nulli dobita-
tioni locus relinqueretur, statuimus et decrevimus, ut
quoties ad aliquam ecclesiam aut oratorium locumve
alium publicum secularem seu regularem tabellas et
imagines aliudve simile quispiam deferret, ac intercessione hominum inter Sanctos vel Beatos non ad-
scriptorum, quamvis cum martyrii aut sanctitatis fama
demortuorum, optata se impetravisse diceret, liceret
ecclesiasticis personis ecclesiarum locorumve praedictorum
curae praepositis tabellas et imagines, sive pictas sive ex
quavis materia fictas atque alia quaecumque collatae
gratiae fidem facientia, simul cum deferentis aliorumque
qui conscii fuissent attestationibus recipere atque appro-
bantibus Ordinariis, ad quos referre statim omnia
tenerentur, in secreto aliquo seorsim ab ecclesia loco
custodire ibidemque iam amota collocare et asservare,

ut si quando Dominus talium virorum merita beatificationis seu canonizationis honore in terris decorare
voluisset, extarent huiusmodi sanctitatis qualescumque
probationes, Apostolicae Sedis iudicio tunc examinan-
dae. Demum vero ut eiusmodi decreta observarentur
indubie ac omnimodam sortirentur executionem, cum
eisdem Cardinalibus re pariter communicata deque
eorundem consilio praemissis addidimus, statuimus, decrevimus atque declaravimus, ne ex tunc deinceps quispiam Ordinariorum, aut ab Apostolica Sede ad hoc specialiter delegatorum, super alicuius utriusque sexus
cum sanctitatis aut martyrii fama vel opinione defuncti
miraculis, revelationibus aliisque eiusmodi sanctitatem
redolentibus ex integro informationes quoquo modo re-
ciperet aut processum instrueret vel huiusque receptas
informationes instructumque processum ulterius pro-
sequeretur, nisi postulator prius per legitimas iuridice
susceptas probationes circa personam eius, de cuius
miraculis, revelationibus aliisque rebus gestis sanctitatem prae se ferentibus ageretur, praescriptam in
praefato nostro decreto formam omnino servatam exsti-
tisse docuerit, et nisi postea successive idem Ordina-
rius aut ab Apostolica Sede ad hoc specialiter Dele-
gatus diligenti praehabita disquisitione circa eandem
personam supracitato decreto nullatenus contraventum
esse rite pronunciaverit, utque id inviolabiliter observetur, statuimus insuper ac decrevimus, ne transmissi
ad urbem undecumque huiusmodi processus a Congregatione, sacrorum rituum Secretario, minusve a s. fidei
Promotore quomodolibet aperiantur, nisi prius in ipsa
s. rituum Congregatione, alio seiunctim oblato authen-
tico processu, ex eo Ordinarium aut ab Apostolica Sede
specialiter Delegatum rite ac recte, ut praemittitur,
cognovisse ac pronunciasse praelibato decreto nequaquam contraitum esse plene constiterit, ac dein a Nobis
iudicialiter aperiendi eos processus facultas indulta
fuisset. Insuper longissimum tempus illi usve immemorabilem cursum, de quo in praedicto decreto intelligi

declaravimus, esse tempus centum annorum metam ex-
cedens: deque his atque infrascriptis omnibus, quae in
his decretis disposita et ordinata sunt, aliqua suboriente
difficultate, Ordinariis locorum atque Delegatis Apo-
stolicis quibuslibet omnem omnino interpretandi facul-
tatem ademimus, utque Sedem Apostolicam desuper
consulerent ab eaque responsum exspectarent, mandavimus eisdem et alias prout in decretis desuper
editis plenius continetur. Quare inviolabili decretorum
praedictorum observationi quantum cum Domino possumus consulere volentes, motu proprio et ex certa
scientia ac mera deliberatione nostris deque Apostolicae
potestatis plenitudine decreta praedicta cum omnibus
et singulis in eo contentis tenore praesentium perpetuo
approbamus et confirmamus illisque inviolabilis Apostolicae firmitatis robur adiicimus, omniaque et sin-
gula decreta huiusmodi ab omnibus, ad quos spectat
et in futurum quomodolibet spectabit, observari omnino
praecipimus sub poena nullitatis quarumcumque informationum, processuum ac interpretationis aliter quam
praevia suprascripta praecognitione instructorum, eorumque admissionis, publicationis aut interpretationis, ita
ut earundem informationum receptiones processuumque
instructiones necnon eorum admissiones ac publicationes
et interpretationes habeantur pro non receptis, non in-
structis, non admissis, non publicatis, non interpretatis
eorumque amplius ratio aliqua nullatenus alicubi un-
quam haberi debeat. Decernentes praesentes litteras
et in eis contenta quaecumque, etiam ex eo, quod quicumque in praemissis seu eorum aliquo interesse ha-
bentes, seu quomodolibet habere praetendentes, ad praemissa vocati et auditi, minusque causae, propter quas
eaedem praesentes emanaverint adductae, verificatae
seu alias sufficienter aut etiam nullatenus iustificatae
fuerint, nullo umquam tempore de subreptionis, obrep-
tionis, nullitatis aut invaliditatis vitio, seu intentionis
nostrae aut alio quovis defectu etiam quantumvis magno,
inexcogitato et substantiali, sive etiam ex eo, quod in

praemissis seu eorum aliquo solemnitates et quaevis
alia servanda et adimplenda, servata et adimpleta non
fuerint, aut ex quovis alio capite, a iure vel facto aut
statuto vel consuetudine aliqua resultante, seu etiam
enormis, enormissimae et totalis laesionis, aut quocumque alio colore, etiam in Corpore iuris clauso seu
occasione vel causa etiam quantumvis iusta, rationabili
et privilegiata, etiam tali, quae ad effectum validitatis
praemissorum necessario exprimenda forent, aut quod
de voluntate nostra huiusmodi et aliis superius ex-
pressis seu relatis nihil ullibi appareret seu aliter pro-
bari posset, notari, impugnari, invalidari, retractari, in
ius vel controvertiam revocari, aut ad terminos iuris
reduci, vel adversus illas restitutionis in integrum, ape-
ritionis oris, reductionis ad viam et terminos iuris, aut
aliud quodcumque iuris, facti, gratiae vel iustitiae re-
medium impetrari seu quomodolibet concedi, aut im-
petrato vel concesso quempiam uti seu se iuvari in
iudicio vel extra posse; neque ipsas praesentes sub
quibusvis similium vel dissimilium gratiarum revoca-
tionibus, suspensionibus, limitationibus aut aliis con-
trariis dispositionibus pro tempore quomodolibet facien-
dis comprohendi, sed semper ab illis exceptas perpetuoque
validas, firmas et efficaces existere et fore, suosque
plenarios et integros effectus sortiri et obtinere, ac per
omnes et singulos, ad quos spectat et quomodolibet
spectabit in futurum, inviolabiliter observari. Sicque
et non aliter in praemissis omnibus et singulis per
quoscumque iudices ordinarios et delegatos etiam cau-
sarum Palatii Apostolici Auditores, et S. R. E. Car-
dinales, etiam de latere Legatos et Nuncios, et alios
quavis authoritate et potestate fungentes in quavis causa
et instantia, sublata eis et eorum cuilibet quavis aliter
iudicandi et interpretandi facultate et authoritate,
ubique iudicari et definiri debere, irritum quoque et
inane, si secus super his a quoquam quavis authoritate
scienter vel ignoranter contigerit attentari. Quocirca
venerabilibus Fratribus, Patriarchis, Primatibus, Archi-

episcopis. Episcopis et aliis locorum Ordinariis necnon dilectis filiis nostris et Apostolicae Sedis Nunciis ac haereticae pravitatis Inquisitoribus ubilibet existentibus per Apostolica scripta mandamus, ut statim atque praesentes litterae nostrae ad eorum et cuiuslibet eorum notitiam pervenerint, in sua quisque respective dioecesi vel provincia sedulo pervigilet, ne sine approbationibus praedictis imagines cum memoratis signis exponantur, aut miracula, revelationes ac beneficia praedicta publicentur aliave contra superius disposita fiant, transgressores vero, si Regulares fuerint, privatione suorum officiorum ac vocis activae et passivae, necnon suspensionis a divinis, si vero Clerici saeculares, privationis pariter suorum officiorum, suspensionis a divinis et ab administratione Sacramentorum executioneque suorum Ordinum et respective aliisque arbitrio praedictorum Ordinariorum seu Inquisitorum pro modo culpae infligendis poenis, plectendo. Qui autem libros impresserint aut imagines pinxerint, sculpserint seu quoquo modo affixerint vel formaverint, ceterique artifices circa praescripta qualitercumque delinquentes, praedicta omnia amittant et insuper pecuniariis aliisque etiam corporalibus poenis iuxta criminis gravitatem eorundem Ordinariorum seu Inquisitorum arbitrio afficiantur, contradictores quoslibet et rebelles ac praemissis non parentes per sententias, censuras et poenas ecclesiasticas aliaque opportuna iuris et facti remedia, omni et quacumque appellatione, recursu et reclamatione remotis, compescendo, invocato etiam ad hoc si opus fuerit auxilio brachii saecularis. Non obstantibus quatenus opus sit rec. mem. Bonifacii Papae VIII. etiam Praedecessoris nostri de una et in Concilio generali edita de duabus dietis ceterisque in contrarium facientibus quibuscunque.

Ut autem praesentes et in eis contenta quaecunque ad omnium noticiam deducantur et ne aliquis de eis ignorantiam praetendere possit, volumus pariter et mandamus, quod eaedem praesentes per aliquem seu aliquos ex cursoribus nostris ad Ecclesiae Lateranensis et Basilicae Principis Apostolorum de urbe necnon Cancellariae Apostolicae valvas ac in acie Campi Florae affigantur et publicentur et cum inde amovebuntur, earundem exempla in eisdem locis affixa dimittantur, quae sic publicatae et affixae post duos menses a die publicationis computandos, omnes et singulos quos concernunt perinde afficiant et arctent, ac si unicuique illorum personaliter intimatae ac notificatae fuissent. Quodque illorum transsumptis impressis, sigillo alicuius personae in dignitate Ecclesiastica constitutae munitis et manu alicuius Notarii publici subcriptis, eadem prorsus fides adhibeatur, quae praesentibus adhiberetur, si forent exhibitae vel ostensae. Datum Romae apud sanctam Mariam Maiorem sub annulo Piscatoris die V. Julii 1634. Pontificatus Nostri anno undecimo.

Anno Millesimo Sexcentesimo trigesimo quarto, Indictione secunda, Pontificatus Sanctissimi Domini Nostri Urbani divina providentia Papae VIII., die vero quinta Septembris supradictae litterae sive decretum affixum et publicatum fuit ad valvas Basilicarum S. Joannis in Laterano et Principis Apostolorum urbis ac in acie Campi Florae, ut moris est, per me Alexandrum Platinum praelibati S. D. N. Papae Curs.

pro D. Magistro Curs. Dominicus
Marg. Cursor.

Hanc itaque constitutionem ab omnibus et singulis Civitatis et Archidioecesis nostrae Coloniensis incolis, quantum eos attingit, integre et inviolate observari districte praecipimus, ut evitentur abusus qui ex nimis facili credulitate nasci solent, utpote cum indebito et vetito cultu quidam nondum in catalogum Sanctorum vel Beatorum relati velut Sancti publico cultu celebrantur.

Etsi antiquae Sanctorum et Sanctarum Reliquiae haberi debeant in veneratione, in qua hactenus habitae fuerunt, novae tamen aut ignotae numquam recipiendae minusque venerationi sunt exponendae, nisi prius ab Episcopo Dioecesano iuxta sacrosancti Concilii Tridentini ordinationem recognitae fuerint et approbatae. Quare deinceps nemo, quantumvis exemptus, ullas novas Reliquias a quocumque oblatas vel undecumque acceptas publicae venerationi praesumat exponere sine expressa Nostra aut Generalis Nostri Vicarii licentia in scriptis obtenta, sub gravi poena arbitraria. Inter novas Reliquias annumerandae seu iure ipso censendae sunt, quae antiquorum quidem Sanctorum esse dicuntur, sed iam recens ad eas ecclesias, in quibus modo sunt, delatae fuerunt. Ideo si quae non approbatae alicubi exponuntur, volumus ut removeantur, donec a Nobis vel Nostro Vicario generali sint recognitae et approbatae, exceptis iis, quas ab immemorabili tempore semperque pro veris Reliquiis habitas et cultas fuisse certum habetur et exploratum. Porro cum non solum in propria sua persona Sancti sint honorandi sed et in cadaveribus aliisque Reliquiis suis, (etenim sacra illa membra atque ossa viva quondam fuerunt Spiritus sancti domicilia atque templa, ad quorum vel attactum vel intuitum vel cultum maxima Deus edit prodigia, quod utriusque Testamenti exemplis perspicuum est) plane convenit, ut a fidelibus Christi populis honeste condantur pretiosisque loculis religiose conserventur ad illorum honorem et gloriam, cuius Sancti nimis honorificati sunt (Ps. 138, 17). Unde quo magis carpunt haeretici usum, vim et energiam sanctarum Reliquiarum, eo Concionatores, Parochi ceterique quotquot docendi munus curamque sustinent diligentius instruant populum de Sanctorum intercessione utilique et salutari invocatione atque religioso sacrarum Reliquiarum cultu; fuerunt enim instrumenta sanctarum animarum ad omne opus bonum et iterum cum ipsis participabunt aeternam beatitudinem. Eandem ob causam Christi fideles et ut fidem suam profiteantur seque inter mundi huius illecebras et persecutiones ad similem vitae consummationem accendant, sacra loca ubi Sanctorum corpora

quiescunt et Reliquiae servantur, Maiorum suorum
exemplo, pia suae praesentiae veneratione frequenter
visitent iisque quem merentur honorem impendant, ut
in omnibus adversis, periculis et angustiis suis, eorum
patrocinium tanto citius et efficacius obtinere mercan-
tur, quanto eis per huiusmodi officia et obsequia affectu
et spiritu facti fuerint viciniores. Porro nomine Reliquiarum intelligitur quidquid ex Sanctorum hac vita
descendentium corporibus reliquum mansit, sive sint
ipsa eorum corpora seu cadavera corporumque quae-
libet partes, carnes, ossa, dentes, capilli, ungues, cineres
item ac pulveres, in quos conversa fuerunt, item vestes
et varia utensilia, quibus usi fuerunt, dum in terris
versarentur, vela item panni et similiter, quae ipsos in
vita sua attigerunt vel eorum demortuorum ossibus
seu corporibus admota fuerunt, ex quibus tamen illae
Reliquiae tanto praestantiores censendae sunt, quanto
propinquius ad Sanctum spectabant; ideoque caro et
ossa integra Sanctorum in aestimatione Reliquiarum
praeferuntur aliis rebus, quae ad eorum corpora tantum
admota fuerunt, pulveribis item seu cineribus, in quos
conversio ac magna mutatio facta est. Reliquias itidem
Sanctorum diligenter in ecclesiis adservandas esse pro-
fitentur omnes Catholici, sicut Eucharistia et Chrisma,
cum nullum altare erigi possit, in quo non aliquid
Reliquiarum alicuius Sancti conservetur. Quare Praelati,
Rectores aliique Superiores Ecclesiarum praeter exter-
num illum decorem Domus Dei et ornatum, quo templa
debent esse conspicua, diligentissime curent, ut pretiosae
Sanctorum Reliquiae et lipsana ab omnibus sordibus
et pulveribus munda in vasulis honestis seu capsulis
obseratis atque iuxta Pontificalis praescriptum rite
prius benedictis locoque decenti (non tamen in taberna-
culo sanctissimi Sacramenti aut in armario sacrarum
vestium) pie diligenterque asserventur, ne item sacri-
legiis aut furto expositae sint neve vilescant ac sine
cultu iaceant vel irreligiose ab aliquibus tractentur.
Sicubi autem bellorum iniuria direpta aut deperdita

fuerint sacrarum Reliquiarum vasa quaedam argentea,
restaurentur aut alioquin decentes capsulae ligneae
fiant, quae ut minimum sericis ornentur pannis illius
coloris, qui pro sanctae Ecclesiae catholicae ritu sanctis
vel Apostolis vel Martyribus vel Confessoribus vel Virginibus, quorum Reliquiae ibidem reconduntur, conveniat. Insuper ut maiore in veneratione habeantur
apud fidelem populum Sanctorum Reliquiae, appen-
dantur tabellae in singulis ecclesiis, quibus declaretur,
quae et quales in unaquaque Reliquiae, iudicio Ordinarii Dioecesani approbatae, conserventur.

Reliquias Sanctorum in ecclesiis populo passim
ostendi ac temere omnium oculis exponi nequaquam
convenit, et quidem extra capsas seu loculos nullatenus, ad servandam maiorem earum reverentiam. Si
tamen vel ob magnam certorum festorum celebritatem
vel ad populi devotionem excitandam, vel ad Deum
per intercessionem Sanctorum suorum et exhibitionem
sacrorum pignorum placandum, Reliquiae huiusmodi
aut praeter consuetudinem aut pro more ostendendae
videantur, iubemus, ut non a laicis, etiam cuiusvis ordinis et dignitatis personis, sed a Clericis sacris ordinibus initiatis, superpelliceo ac desuper pluviali vel
minimum stola pro Reliquiarum Ecclesiae ratione indutis, solemni cum apparatu, accenso lumine ac sine
omni quaestu exhibeantur, et in ostendendis iis ea
gravitas reverentia et pietas adhibeatur, quae fidem et
religionem christianam prae se ferat et intuentium
animos ad omnem pietatem et reverentiam commoveat.

Ostendantur vero Reliquiae sincerae, non falsae
pro veris nec incertae et dubiae pro certis ac probatis,
non incognitae pro cognitis, sine superstitione omni,
impostura et abusu. Quocirca opus erit, singulis schedam
aliquam, e qua dignoscantur, apponere.

Dum publice in templo sacrae Reliquiae exponentur
item ac reponentur, Superiores et ii quorum interest
caveant, ne qua eis fraus fiat, adhibita congrua custodia, et numquam exponantur nisi cum debita reve-

rentia et supposita mappa seu lintheo et adhibitis luminibus atque Clero concinente Responsorium aut hymnum vel de Apostolis vel de Martyribus vel de Confessoribus vel de Virginibus, prout sunt Sancti Sanctorumque Reliquiae quae exponuntur vel reponuntur, et ultimo loco subiungatur: Vers. Resp. et Collecta de iisdem Sanctis.

Quamdiu insignes Reliquiae sacrae in altari vel alio loco erunt palam expositae, tamdiu candelae saltem duae grandiores ibidem colluceant, atque ad earundem custodiam semper adsit ut minimum unus Clericus maioribus initiatus ordinibus, a vitae morumque probitate commendatus et superpelliceo indutus; huius enim, non laici hominis, opera ministeriove adhibito licet Christi fidelibus pietatis et religionis causa, Rosaria seu numismata ad sacrarum Reliquiarum capsulas loculosque admovere et attingere, vel aliquas sacras Reliquias fidelibus osculandas porrigere. Insignes autem Sanctorum Reliquias sacra Rituum Congregatio declaravit esse caput, brachium, crus aut illam partem corporis, in qua passus est martyr, modo sit integra et non parva et legitime ab Ordinariis approbata. Improbae hominum cupiditati modum ponere volentes severissime prohibemus, ne ullae sacrae Reliquiae venales seu ad turpem quaestum exponantur (est enim haec apertissima simonia), neve extra Ecclesiam in qua asservantur ad infirmos exportentur, etiam cuiuscunque consuetudinis praetextu, nisi per Clericos sacris Ordinibus initiatos, et cum debita reverentia ac devotione. Cum publice in templo aut processione sacrarum Reliquiarum thecas gestare ad Clericos duntaxat spectare videatur, numquam sacrae Reliquiae vel imagines in processionibus, ut hactenus, a puellis deferantur, sed a Clericis sacris Ordinibus initiatis ac lintheatis aliisque paramentis ecclesiasticis indutis, quoad eius fieri potest, vel saltem a piis honestisque viris secularibus palliatis, idque aperto capite, praecedentibus duobus, si fieri possit, proxime thuriferariis illas continuo

incensantibus et hinc inde comitantibus taediferis, neque
tam longi itineris circuitu, ut aut populi devotio lan-
guescat, aut compotationibus aliisque factis indecoris
et irreligiosis occasio praebeatur.

Postremo in dilargiendis sacris Reliquiis haec ratio
deinceps observetur, ut nemini donentur umquam, nisi
ut loco sacro reponantur, maiori aut non minori saltem pietatis studio et provectione ibidem servandae,
quam ubi ante servabantur; notabiles vero Reliquiarum
partes nullus Praelatus, Rector ecclesiae aliusve Supe-
rior extrahere, exportare aut dare transferendas alicubi possit, sine expressa Nostra licentia in scriptis
obtenta et Capituli Ecclesiae suae seu aliorum Ecclesiae Provisorum consensu, quibus id permittentibus
donationis huius authenticae una cum Reliquiis donentur litterae et in indice Reliquiarum Ecclesiae seu Pro-
thocollo Capituli eadem donatio cum sufficienti Reliquiarum donatarum necnon personae dantis et acci-
pientis ac temporis expressione annotetur. In quorum
fidem praesentes litteras propria manu subscriptas
Sigilli Nostri appressione iussimus communiri in Oppido
nostro Bonnae Anno Millesimo Sexcentesimo quadra-
gesimo quarto, die VI. Aprilis.

Ferdinandus.

Georgius Paulus Stravius
Episcopus Joppensis Suffraganeus Coloniensis
et Vicarius Generalis etc.

Everhardus Richarts.

Alphabetisches Namen- und Sach-Register.

15*

Berichtigungen.

Seite 14 Zeile 20 von oben lies an statt in Geld und Früchten.
  „ 26 „ 28 „ „ „ bem „ ben.
  „ 64 „ 25 „ „ „ apud „ apuld.
  „ 84 „ 14 „ „ „ Oblate „ Oblade.
  „ 105 „ 25 „ „ „ Klostergebäuden statt Klostergebäude.
  „ 125 „ 19 „ „ „ entstellt worden statt waren.

Druck von L. Schwann in Düsseldorf.